헤
겔
과

현
대

사
회

# 헤겔과 현대 사회

**초판 1쇄 인쇄**  2024년 11월 11일
**초판 1쇄 발행**  2024년 11월 25일
—
**지은이**  찰스 테일러
**옮긴이**  박찬국
**펴낸이**  이방원
**책임편집** 박은창    **책임디자인** 양혜진
**마케팅** 최성수 · 김 준    **경영지원** 이병은 · 이석원
—
**펴낸곳**  세창출판사
　　　신고번호 제1990-000013호  주소 03736 서울특별시 서대문구 경기대로 58 경기빌딩 602호
　　　전화 02-723-8660  팩스 02-720-4579  이메일 edit@sechangpub.co.kr
　　　홈페이지 http://www.sechangpub.co.kr  블로그 blog.naver.com/scpc1992
　　　페이스북 fb.me/Sechangofficial  인스타그램 @sechang_official
—
**ISBN**  979-11-6684-354-9  93130

ⓒ 박찬국, 2024

# 헤겔과 현대 사회 ──

찰스 테일러 **지음** · 박찬국 **옮김**

## Hegel and Modern Society

# Hegel
# Charles Taylor

nevertheless, one must not conclude *a priori* that the stages of the two treatments are necessarily the same. Assuming that the two works are consistent, one is justified in supplementing the analysis of a principle in one from the analysis of the other ; for example, one can use the discussion of the moral consciousness in the *Phenomenology* to amplify the discussion in the *Philosophy of Right* of the kind of realization obtained by moral will which takes moral principles to be supreme. But one must not assume that the phase of mind

the *Phenomenology* Hegel had in the main reached his final position, but the principles of his thought still required to be worked out and were subject to revision. I doubt it the division of the categories of mind which he finally adopted was altogether clear to him at this time, and this is borne out by certain changes of terminology. The word ' mind ' is used in the *Phenomenology* to denote what is later called objective mind, and the account of the development of practical mind into objective mind, given with great care in

*(handwritten text, illegible)*

세창출판사

| | |
|---|---|
| BRel | *Begriff der Religion*(『종교의 개념』), ed. G. Lasson, Leipzig, 1925. |
| Differenz | *Differenz des Fichte'schen und Schelling'schen Systems der Philosophie*(『피히테와 셸링 철학체계의 차이』), ed. G. Lasson, Leipzig, 1928. |
| EG | *System der Philosophie*, Part III: The Philosophy of Spirit(『철학의 체계』 3부: 정신철학), in SW, x. References are to paragraphs. |
| EN | *System der Philosophie*, Part II: The Philosophy of Nature(『철학의 체계』 2부: 자연철학), in SW, ix. References are to paragraphs. |
| GW | *Die germanische Welt*(『독일 제국론』), ed. G. Lasson, Leipzig, 1920. |
| PhG | *Phänomenologie des Geistes*(『정신현상학』), G. Lasson edition, Hamburg, 1952. |
| PR | *Grundlinien der Philosophie des Rechts*(『법철학 강요』), ed. J. Hoffmeister, Hamburg, 1955, or Hegel's Philosophy of Right, trans. T. M. Knox, Oxford, 1942. Quotations are usually from the Knox edition. References are to paragraphs for the text and to Knox edition pages for the preface. |
| SW | *Sämtliche Werke*(『전집』), ed. Hermann Glockner, 20 vols., Stuttgart, 1927~1930. |
| VG | *Die Vernunft in der Geschichte*(『역사에서의 이성』), ed. J. Hoffmeister, Hamburg, 1955. 국내에는 『역사 속의 이성』이라는 제목으로 번역되었다. |
| WL | *Wissenschaft der Logik*(『논리학』), G. Lasson edition, Hamburg, 1963. 『대논리학』이라는 이름으로도 알려져 있다. |

일러두기

❊   이 번역에서 ( ) 안의 주는 찰스 테일러에 의한 것이며, [ ] 안의 주는 독자들의 이해를 돕기 위해서 역자가 삽입한 것이다.

❊   역주는 별색으로 표기하여 원주와 구분하였다.

❊   본문 내주는 원서의 표기를 그대로 따랐으나 통일성을 위하여 일부 수정하였다.

# 옮긴이의 말

"철학은 다시 시녀가 되었다. 더 이상 신학의 시녀는 아니지만, 동유럽에서는 정치의 시녀가 되었고 서유럽에서는 개별 과학들의 시녀가 된 것이다. 서유럽에서 철학은 더욱 비참한 처지에 있다. 왜냐하면 개별 과학들은 과학의 뒤꽁무니를 쫓는 과학 이론이 없어도 얼마든지 풍부한 성과를 낼 수 있기 때문이다. 철학은 시녀로서의 역할조차도 제대로 못 하고 있는 것이다."[1]

동구 사회주의가 무너지기 전, 독일의 철학자 라인하르트 마우러 Reinhart Maurer는 철학이 처한 상황을 위와 같이 묘사했다. 많은 사람이 철학이 처한 상황을 마우러와 같이 보면서 철학이 위기에 처해 있다고 말한

---

1    Reinhart Maurer, *Revolution und 'Kehre'*, Suhrkamp Verlag, 12.

다. 그런데 철학이 정치나 과학의 시녀가 되면 안 되는 것인가?

정치·경제적 혁명과 계획이 인간의 모든 문제를 해결해 줄 수 있다면, 철학은 마땅히 그러한 혁명과 계획의 주체가 되는 집단의 시녀가되어야 할 것이다. 따라서 이 경우 우리는 철학이 위기에 처해 있다고 말할 수 없을 것이다. 또한 과학과 과학을 응용한 기술이 인간의 모든 문제를 해결해 줄 수 있다면, 철학은 마땅히 과학의 시녀가 되어야 할 것이다. 이 경우에도 철학이 위기에 처해 있다고 한탄하는 것은 어리석은 일이 될것이다.

그러나 정치·경제적 혁명과 계획에 의해서 인간의 모든 문제를해결할 수 있으리라는 기대는 동구 사회주의의 붕괴와 함께 헛된 것으로드러났다. 또한 과학이 모든 문제를 해결할 수 있으리라는 기대 역시 오늘날 빚어지고 있는 환경 파괴와 핵전쟁의 위협, 그리고 우울증을 비롯하여 현대인들이 겪고 있는 온갖 정신적인 장애들로 인해 신뢰성을 크게 상실했다. 이런 상황에서 철학이 한갓 정치와 과학의 시녀가 되는 것에 만족하고 있다면 그것이야말로 철학의 위기라고 할 수 있다.

지금까지 헤겔 철학은 한갓 극복과 지양의 대상으로 취급되었다. 과학이 모든 것을 해결해 주리라는 신앙이 득세하는 곳에서는, 헤겔 철학은 폐기되어야 할 형이상학의 가장 극악한 형태로 취급되었다. 마르크스주의가 득세하는 곳에서는 헤겔 철학은 '죽은 개'가 아니라는 마르크스의 말에도 불구하고 사실상 '죽은 개'로 취급되었다. 왜냐하면 헤겔 철학은 마르크스주의에 의해 이미 극복·지양되어 버린 것으로 간주되어 왔기 때문이다. 동구 사회주의권이나 마르크스주의자들 사이에서 헤겔 철학에 대한 연구는 헤겔 철학이 갖는 독자적인 통찰을 드러내기 위해서가 아니라 마르크스 철학 연구를 위한 보조적인 수단 정도로 행해져 왔다.

그러나 변증법적 유물론에 대한 신앙은 전체주의 사회를 정당화하는 것으로 끝났다. 그리고 과학에 대한 신앙은 과학이 이룩한 물질적 풍요에도 불구하고 인간의 개인주의적 원자화, 고립화, 비속화, 그리고 이에 따른 불안과 고독, 삶에 대한 허무감을 유발하고 심화시키고 있다. 이러한 상황에서 헤겔 철학의 극복과 지양을 구가하면서 출발한 현대와 현대의 철학은 오히려 헤겔 철학에 다시 귀를 기울여야 하는 것이 아닐까? 이제는 헤겔의 철학을 그대로 답습하지 않고도 헤겔의 철학에서 현대와 현대철학이 나아갈 방향에 대한 시사를 얻을 수 있지는 않을까?

찰스 테일러는 이 책에서 이러한 문제의식과 함께 헤겔 철학에 대해 해설하고 논하고 있다.

테일러는 이 책의 제1장 '자유, 이성, 자연'에서 헤겔이 대결했던 문제가 무엇이었는지를 밝힌 후, 헤겔의 이러한 문제의식을 중심으로 헤겔의 핵심 사상을 탁월하게 재구성하고 있다. 따라서 헤겔 철학에 대해 문외한이라 하더라도, 헤겔 철학이 의도하는 바와 그것의 핵심적인 내용을 분명하면서도 깊이 있게 이해할 수 있을 것이다.

테일러에 따르면 헤겔은 근대 사회를 지배해 온 계몽주의의 주요한 흐름을 극복하려는 당대의 두 가지 사유 시도를 종합하려고 했다. 이 흐름이란 윤리학적인 입장에서는 공리주의적이고, 사회철학적 입장에서는 원자론적이며, 형이상학적인 입장에서는 인간을 포함한 모든 것을 인과법칙에 따르는 물질적인 객체로 볼 수 있다고 보는 흐름이다.

이러한 흐름을 극복하려는 두 가지 사유 시도 중 하나는 칸트와 피히테의 철학에서 나타난 시도다. 이 시도는 인간을 한갓 물질적인 객체가 아닌 주체로 파악하면서 인간의 '철저한 자유radical freedom'를 확보하려고 한다. 그리고 다른 하나는 헤르더의 철학에서 전형적으로 나타나고 있는데, 그것은 자연과 인간, 공동체와 개인이 조화를 이루는 표현적 통일 expressive unity의 상태를 추구한다. 이 두 가지 경향을 종합하는 것이 헤겔 철학의 근본적인 문제의식이었다. 테일러는 헤겔이 이러한 문제의식을 갖게 된 역사적 배경과 이러한 문제의식에서 어떤 방식으로 신을 변증법적 사유의 핵으로 갖는 헤겔의 철학이 형성되었는지를 명쾌하면서도 심도 있게 드러내고 있다.

　제2장 '정치와 소외'에서 테일러는 헤겔 철학이 갖는 한계에도 불구하고 그것이 현대가 부딪치고 있는 문제들을 해결하는 데에 어떠한 통찰을 주는지를 살펴보고 있다. 테일러는 특히 공리주의적이고 원자화된 현대 사회에 환멸을 느낀 현대인들이 '절대적 자유absolute freedom를 향한 열망'을 갖게 되기 쉽다는 사실에 주목한다. 절대적 자유란 모든 제약 조건에서 벗어나 인간이 절대적 주체가 됨으로써 누릴 수 있는 자유를 가리킨다. 테일러는 이러한 열망이 갖는 파괴성과 공허한 성격에 대해서 헤겔 철학을 원용하여 예리하게 분석하면서 그에 대한 대안 또한 헤겔 철학에서 모색하고 있다.

　제2장에 이어 제3장 '자유의 문제'에서 테일러는 헤겔의 정치철학을 해설하는 것과 아울러 현대가 부딪치고 있는 문제를 헤겔 철학을 원용하여 해결하려는 정치철학적 사유 시험을 행하고 있다. 제3장에서 테일러는 헤겔 철학의 입장에서 특히 마르크스주의가 갖는 한계를 드러내면서, 현대를 지배하고 있는 두 경향으로서의 공리주의적이고 실증주의적 사유방식과 마르크스주의를 넘어선 새로운 이념을 모색하고 있다.

테일러는 헤겔에 대한 방대한 연구서인 『헤겔*Hegel*』을 통해서 국제적인 명성을 얻은 헤겔 연구가다. 그러나 그는 단순히 헤겔 주석가에 그치지 않고 헤겔 철학을 창조적으로 재해석함으로써 공동체주의라는 독자적인 정치철학을 모색했다. 『헤겔과 현대 사회』는 테일러 자신이 저자 서문에서 말하고 있듯이, 『헤겔』을 단순히 요약한 것이 아니다. 현대의 위기를 극복한다는 문제의식과 함께 헤겔 철학을 고찰한다는 독자적인 목적을 갖는 책이다.

나는 이 책을 번역하면서, 헤겔 철학에 대한 명쾌하고 평이하면서도 정곡을 찌르는 그의 해설과 독창적이면서도 투철한 그의 철학적 사색에 깊은 감명을 받았다. 이렇게 훌륭한 책을 번역하게 된 것은 나에게는 큰 영광이고 기쁨이다. 이 책이 헤겔 철학에 관심이 있는 사람들뿐 아니라 현대가 부딪치고 있는 문제를 해결하는 방안을 고민하는 사람들에게도 많은 통찰을 줄 것이라고 믿는다.

이 책은 원래 서광사에서 『헤겔 철학과 현대의 위기』라는 제목으로 1988년에 출간되었지만, 오랫동안 절판 상태로 있었다. 이번에 다시 책을 내면서 많은 부분을 수정했다. 끝으로 이 책의 재출간을 도와주신 세창출판사 임직원 분들께 깊은 감사를 드린다.

2024. 10. 1.
박찬국

# 2015년판에 대한 서문

프레드릭 노이하우저 Frederick Neuhouser

　　1975년 케임브리지대학 출판부는 19세기 독일 철학에 대한 영어권의 수용을 영원히 바꿔 놓을 한 권의 책을 출판했다. 찰스 테일러의 『헤겔』은 헤겔 사상에 대한 포괄적인 해석을 제공했다. 이 책은 "'변증법'이나 '자신을 정립하는 정신'과 같은 [헤겔의] 용어들이 분석철학의 '타자'인 '대륙' 철학 전통은 본질적으로 이해할 수 없는 것이라는 사실을 입증한다"라고 여겨 왔던 독자들에게 그 사상이 갖는 철학적 의의를 드러내는 데 바쳐졌다. 『헤겔』이 영미권 젊은 독자들에게 끼친 영향은 아무리 강조해도 지나치지 않다. 칸트 이후 독일 사상에 관심은 있었지만 그것에 접근할 방법을 갖지 못했던 우리에게 테일러의 책은 헤겔의 텍스트를 생산적으로 읽을 수 있는 새로운 방향을 제시해 주었다. 헤겔 사상은 현재 유

10

럽 밖에서 부활하고 있는바 ─이는 40년 전에는 상상할 수 없었던 일이다─, 이는 테일러의 선구적인 작업이 없었다면 불가능했을 것이다.

『헤겔』이 이 출간된 지 4년 후, 테일러의 훨씬 짧은 저작인『헤겔과 현대 사회』가 출간되었다. 이 책은 테일러가 헤겔의 사상에서 현대의 관심사와 가장 관련이 있다고 생각한 부분, 즉 사회와 정치철학에 초점을 맞추기 위해 이전 책을 '압축'한 것이다. 이 책의 논지는 계몽주의와 그 낭만주의 후계자들이 우리에게 물려준 두 가지 열망, 즉 급진적 자율성에 대한 열망과 자연 및 사회와의 표현적 통일에 대한 열망을 헤겔의 사회철학이 충족시킨다는 것이었다. 이러한 목표를 달성하기 위해, 헤겔은 개인의 정체성을 구성하는 사회적인 제도들이 개인의 자유, 그리고 행복과 양립한다고 ─더 나아가 구성한다고─ 볼 수 있는 방식으로 이성과 자유에 대한 계몽주의의 사상을 다시 사유해야 했다. 『헤겔과 현대 사회』의 중요한 공헌 중 하나는 2차 세계대전 이후 영미권에서 만연했던 헤겔에 대한 고정 관념에 맞서 싸웠다는 점이다. 이러한 관념에 따르면, 헤겔은 모든 것을 결정하는 국가를 위해 개인의 이익을 희생하는 것을 자유라고 봄으로써 전체주의를 변호했던 원조 파시스트다. 이와 반대로 테일러의 헤겔은 개인의 권리들을 부정하기보다는 오히려 그것들을 공동체의 구성원으로 존재한다는 본질적 선과 통합하는 것을 목표로 삼았다. 이는『헤겔과 현대 사회』가 사회적 분화分化를 유지하면서도 (그리고 자유주의가 주창하는 개인의 권리를 유지하면서) 개인이 자신의 사회적 참여를 비非도구적인 것으로, 즉 자신의 선善의 근본적인 차원으로 가치 있게 여길 수 있도록 해주는 사회적 삶의 형식들을 육성해야 한다며 그 필요성을 강조한 이유를 설명해 준다.

테일러의 책을 다시 읽어 보면 그가 헤겔이 시의성時宜性을 갖는다고 생각했던 근거가 오늘날에도 여전히 타당하다는 것을 알 수 있다. '산업 문명', 특히 현재의 신자유주의적 세계화라는 형태에서의 산업 문명은 1979년에 테일러가 상상할 수 있었던 것보다 훨씬 더 발전하여, 모든 사회적 과정을 더욱 효율적인 (그리고 더욱 수익성 있는) 물질 생산이라는 최우선 목표에 종속시켰다. 그 결과 전통적인 형태의 공동체들이 파괴되었으며, 생산을 지탱하는 인간은 원자화되고 소외되고 있다. 자유로운 개인들이 자신의 사회적 활동을 단순히 유용할 뿐만 아니라 자신이 누구인지를 '표현'하는 것으로 보는 사회에 대한 헤겔의 비전은 40년 전보다 훨씬 더 먼 목표처럼 보인다. 이 때문에 테일러의 획기적인 연구는 오늘날에도 사회철학자들이 새롭게 읽어 볼 가치가 있다.

# 편집자의 말

이 시리즈[2]가 목적하는 바는, 현대 유럽 철학을 앵글로·색슨 세계의 많은 독자에게 이해하기 쉽게 소개하는 동시에 이 철학이 갖는 중요한 의의를 분석철학에 친숙한 사람들에게 알리는 것이다.

이 시리즈가 헤겔에 관한 책과 함께 시작되는 것은 매우 적절하다. 왜냐하면 우리는 헤겔 철학을 고찰함으로써 이 시리즈가 매개하고자 하는 두 전통 사이의 차이를 가장 선명하게 파악할 수 있기 때문이다. 앵글로·색슨 세계의 현대 분석철학은 20세기 초에 무어와 러셀과 같은 사람들에 의해서 관념론과 헤겔의 영향에 대한 반발로서 시작되었다. 영국과 미국의 관념론자들은 이미 헤겔과는 상당히 거리가 있었지만, 그럼에도

---

2      바리올대학의 앨런 몬테피오르(Alan Montefiore)와 런던대학의 히데 이시구로(Hidé Ishiguro)가 편집한 모던 유러피언 필로소피(Modern European Philosophy) 시리즈를 가리킨다.

그들의 전체론적 철학은 용어나 목표 면에서 분명히 헤겔적이었다. 무어와 러셀은 흄에서 유래하는 다른 전통의 영향을 크게 받았다. 그렇지만 그들은 또한 동시대의 유럽 철학자들에게서 상당한 영향을 받았다. 무어와 러셀은 유럽 철학자들의 저작에 의거하여 영국의 헤겔주의자들에게 대항했다. 그들은 특히 헤겔 철학에 매우 비호의적이었던 유럽의 철학자들, 무어의 경우에는 브렌타노, 러셀의 경우에는 프레게를 찬양했다.

만약 우리가 앵글로·색슨 세계의 철학적 사유에서 급진주의 또는 반反전통주의의 근대적 기원을 다시 살펴본다면 —그리고 빈 학파의 대다수 철학자는 철학상의 우상 파괴자인 동시에 정치적인 급진주의자였다—, 우리는 헤겔을 축으로 하여 부각되는 또 하나의 다른 대립적인 흐름을 발견한다. 영국에서 '체제 측의' 사유방식과 영향력에 대한 철학적 반항은 헤겔의 영향하에서 행해지기보다는 오히려 그에 반항하는 형태로 전개되었다. 이에 반해 많은 유럽 국가에서 친마르크스주의적 경향의 철학자들, 예를 들어 프랑스의 사르트르와 메를로퐁티와 관련해서는 그 반대가 사실이다. 헤겔 철학이 파리의 학계에 진지하게 소개되고 있었던 1930년대 중반에 에이어[3]는 헤겔을 주요한 공격 대상으로 삼았던 빈 학파가 주창했던 논리실증주의의 투사가 되어 빈에서 옥스퍼드로 돌아왔다. 논리실증주의는 영국에서는 단명했다. 또한 빈 학파의 몇몇 구성원이 망명했던 미국에서조차도 그것은 지속적인 영향력을 갖는 학파라기보다는 하나의 중요한 국면으로 나타났다. 그러나 논리실증주의가 가장

---

3    [역주] 앨프리드 줄스 에이어 경(Sir Alfred Jules Ayer, 1910년 10월 29일-1989년 6월 27일)은 영국의 철학자로서 논리실증주의의 대표적 철학자 중 하나이다.

관심을 가졌던 철학적인 덕목 중 많은 것이 계속해서 촉진되었다. 오늘날의 소위 분석철학은 수사적이고 장대한 구조에 의심을 갖고 개념 분석을 완벽하게 할 것을 요구하는데, 이러한 태도는 영어권 세계에서 점점 더 지배적인 것이 되었다. 분석철학이 표방하고 또한 분석철학을 유럽의 지배적인 철학 학파들로부터 구별하는 철학적 태도는, 분석철학에 엄청난 영향을 끼쳤던 비트겐슈타인의 『철학적 평론*Philosophical Remarks*』(1930)의 서문에서 간결히 표명되고 있다.

이 정신은 우리가 모두 서 있는 유럽과 미국 문명의 광대한 흐름을 규정하는 정신과는 다르다. 후자는 상승 운동, 보다 크고 보다 복잡한 구조를 끊임없이 건설하는 방식으로 자신을 표현한다. 이에 반해 전자는 구조가 어떤 것이든 간에 명석을 추구하는 방식으로 자신을 표현한다. … 따라서 후자[주류를 이루는 정신]는 하나하나 구조를 부가한다. 말하자면 그것은 한 단계에서 다음 단계로 상승한다. 이에 반해 다른 정신은 그것이 존재하는 곳에 머문다. 그것이 포착하려고 노력하는 것은 항상 동일하다.

'분석적'이라든가 '유럽적'(혹은 '대륙적')이라든가 하는 규정이 매우 불충분한 것이라는 사실은 모든 사람이 다 알고 있다. 분석철학의 최근 전통에 중요한 영향을 미쳤던 많은 철학자(예를 들어 프레게, 푸앵카레, 슐리크)는 유럽 대륙에서 태어나고 성장했다. 또한 어떤 사람들(예를 들어 비트겐슈타인, 헴펠, 카르납, 포퍼)은 만년에는 미국이나 영국으로 이주했지만, 처음에는 유럽에서 자신의 사상을 펼쳤다. 폰 리히트, 힌티카, 그리고 펠레스달은 독자적인 분석철학을 전개했지만 동시에 유럽적인 철학 전통의 영향을 크게 받았다. 스칸디나비아의 나라들과 폴란드, 그리고 보다 최근의 독일에는 개념 분석에 종사하는 많은 철학자가 존재한다.

게다가, 분석적 전통의 영향을 받지 않았던 유럽의 여러 대학 ―그리고 이러한 대학들은 프랑스와 이탈리아의 거의 모든 대학, 또한 독일어권 국가들과 동구의 대학 대부분을 포함한다― 에서는 어떠한 통일적인 전통도 전혀 보이지 않았다. 예컨대 헤겔주의자, 마르크스주의자, 현상학자, 토마스주의자는 서로 심각할 정도의 입장 차이를 보였으며, 심지어 서로 대화조차도 하지 않았다. 그러나 이러한 입장 차이는, 분석철학의 주요한 대표자들과 (이것들은 또한 라틴 아메리카와 일본, 그리고 미국과 캐나다의 몇몇 대학에서조차 지배적인) 유럽 대륙의 주요한 철학 학파들 사이에서 보이는 서로에 대한 무지와 불신에 비하면 '사소한' 것이다. 그리고 이러한 무지와 불신은 아주 최근까지 가장 우수한 대학원생들의 경우에도 자신들이 잘 아는 영역과 무지한 영역, 유능한 영역과 무능한 영역이 명확히 구분되기 때문에 더욱 심각한 것이 된다. 그들은 어떤 이유로 그들 사이에 그러한 괴리가 존재하게 되는지에 대해서 서로 토론할 의향조차 갖지 않는다.

이렇게 서로 간의 대화를 막는 장애들의 배후에 놓여 있는 여러 차이점은 헤겔을 넘어서 칸트에게로 거슬러 올라가고, 철학 학파들이 칸트의 저작에 반응했던 다양한 방식과 다시 그들의 후계자들이 보였던 반응으로까지 거슬러 올라가 살펴볼 때만 올바로 이해될 수 있다. 그러나 이러한 차이점들이 심각한 장애가 된 것은 상당히 최근의 현상이다. 브렌타노만 해도 19세기 말에 정신철학에 대해서 쓰면서 존 스튜어트 밀과 동시대의 영국 철학자들을 자주 언급했다. 무어도 우리가 앞에서 지적했듯이 브렌타노를 언급한다. 베르그송은 그의 저서에서 윌리엄 제임스를 자주 논하고 있다. 후설에게 가장 중요한 철학자 중 하나는 흄이었다. 러셀이 진지하게 논의한 사상가들에는 프레게와 푸앵카레뿐만 아니라 마이농도 포함된다. 그러나 이들을 계승한 사람들의 한 집단[분석철학 연구자들]은 다른 집단[유럽 대륙 연구자들]이 허황한 수사를 일삼고 엄밀성을 전적으로 결여하고 있는 덕분에 살아남아 있다고 확신한다. 다른 집단은 전자가 무미건조하고 천박하며 번쇄하기 짝이 없는 사소한 탐구에 몰두하고 있다고 비난한다. 이들 두 집단은 상대방의 저작을 읽지 않으며 서로를 존중하지 않는다. 이는 매우 불행한 일이다.

　　이 시리즈의 저작들은, 분석철학의 전통 안에서 연구해 왔으면서도 현재는 유럽적인 전통의 철학자들에 의해 제기된 문제들과 대결하고 있는 철학자들이 쓴 것들이다. 이러한 저작들은 [유럽 대륙의 전통 철학자들에 대한] 단순한 소개를 넘어서 본격적인 철학적 논변을 담고 있다. 우리는 이 저작들이 보다 풍부하고 덜 편협한 사고의 틀을 형성하는 데 기여할 것으로 믿는다. 이러한 보다 넓은 틀에서 두 집단은 서로 비판하고 서로 자극을 주고받을 것이다. 그리고 서로의 견해에 차이가 생기더라도, 서로에 대한 무지와 경멸 또는 곡해로 인한 것은 아닐 것이다.

이 책은 전반적으로 『헤겔*Hegel*』(C.U.P., 1975)의 압축판이다. 그러나 이 책을 압축한 목적은 그것을 보다 간결하고 이해하기 쉬운 책으로 만드는 것 이상의 것이었다. 이 책은 그 책보다 더 간략하며, 또한 ―희망컨대― 보다 이해하기 쉽다. 나는 『정신현상학*Phänomenologie des Geistes*』에 대한 해석과 예술, 종교, 그리고 철학에 대한 장들뿐만 아니라 헤겔의 철학 체계에서 가장 설명하기 어려운 부분인 논리학에 대한 설명까지도 생략했다.

따라서 이 압축본이 중점을 두는 바는 전혀 다르며, 이것이 이 책의 두 번째 목적이다. 이 책은 헤겔의 철학을 해설하는 것을 넘어서 현대의 철학자들에게 그가 왜 여전히 유의미하고 중요한지를 보여 주려고 한다. 달리 말해서 나는 우리가 현대의 문제들을 반성할 때 사용하는 술어들을 헤겔이 어떻게 해서 제공하게 되었는지를 보여 주려고 한다. 아마

나는 이러한 목적을 보다 겸손하게, 즉 어떻게 해서 헤겔이 내가 사고할 때 사용하는 술어들을 형성하는 데 도움이 되었는지를 보여 주고 싶었다고 말해야만 할 것이다. 그러나 이러한 겸손은 품위가 있기는 하지만, 솔직하지는 못한 것이다. 사실상 나는 만약 우리가 근대가 직면하고 있는 문제들과 딜레마를 통찰하기 위해 필수 불가결한 개념들과 사유 양식들을 형성하는 데 헤겔이 공헌했다고 믿는다. 나는 바로 이러한 사실을 이 책에서 논증하고자 한다.

이 책은 3장으로 구성되어 있다. 제1장은 헤겔의 사상을 해설하는 것을 주요 목표로 하고 있다. 이 장은 헤겔 세대의 많은 사람이 공유한 문제의식과 열망에 대한 서술과 함께 시작하며,『헤겔』제3장과 거의 동일한 내용을 새롭게 서술하고 있다. 제2장은 헤겔의 정치철학을 고찰한 후 그것이 오늘날에 갖는 의미를 논한다. 이것은『헤겔』제4부를 수정한 것이다. 마지막 장인 제3장은 헤겔 시대의 문제의식과 열망이 어떤 식으로 약간 변형된 방식으로 우리 시대에서도 계속 존재하고 있는지를 보여 주려고 노력한다. 그러한 문제의식과 열망은 자유라는 문제를 중심으로 하고 있다. 따라서 나는 우리가 이 문제를 가장 잘 규명하려고 할 때 헤겔로부터 얼마나 큰 도움을 받을 수 있는지를 보여 주려고 했다. 이 장은 대체로『헤겔』의 마지막 장을 새로 서술한 것이다.

제3장에서 내가 제시하려고 한 많은 논점이, 특히 언어와 의미에 대한 물음에 20세기의 관심이 집중되고 있다는 사실에 대해 논한 것이 시론적試論的이며 단편적이라는 사실을 인정한다. 내 논의는 개략적이지만, 상당한 논쟁의 여지가 있을 수 있다. 그러나 내가 이 단계에서 더 잘 변호할 수 있는 테제를 제시할 수 있을 것 같지 않다. 우리는 인제야 20세기의

여러 흐름에 독창적인 점이 무엇인지를 더 냉철하고 투철하게 평가할 수 있게 된 것 같다. 이에 대해 나는 다른 기회에 보다 수미일관된 방식으로 말할 수 있기를 희망한다.

그러나 우선 나는 우리의 언어철학에서 몇몇 주요한 문제는 인간 주체, 특히 자유에 대한 극히 당혹스러운 문제들과 밀접하게 연관되어 있다는 광범하게 주장되는 견해를 받아들인다. 그리고 바로 이것이 우리가 헤르더, 헤겔, 그리고 훔볼트의 저작을 새로 읽어야 할 필요가 있다고 내가 믿는 이유이다. 이 점에서 나는 이 책이 최소한 헤겔과 관련하여 약간의 기여라도 하기를 바란다.

차례

# 제1장

자유, 이성, 자연

## 1. 표현과 자유

헤겔은 그의 청년 시절에 대두되었던 두 가지의 사상적·감성적 경향을 철학적으로 종합했다. 이 두 가지 사상적·감성적 경향은 아직도 우리 문명에서 근본적인 중요성을 갖고 있다. 헤겔 철학이 왜 끊임없는 관심의 대상이 되었는지를 알기 위해서는, 이 두 경향을 살펴보고 이 두 경향이 우리 시대까지도 영향을 미치고 있다는 사실을 확인하는 것에서 부터 출발하는 것이 아마 가장 좋을 것이다.

이 두 경향은 18세기 후반에 독일에서 일어났던, 계몽주의의 주류에 대한, 특히 프랑스 계몽주의에 대한 사상적인 반발들이다. 그것들은 낭만주의의 중요한 원천이 되었다.

첫 번째 경향은 ─나는 이를 '표현주의expressivisim'[1]라고 부르고자

1    이 용어는 이사야 벌린의 '표현주의(expressionism)'에서 유래한 것이다. I. Berlin, "Herder and

한다— 질풍노도Sturm und Drang 운동과 함께 시작되었다. 이 경향은 제일 먼저 헤르더의 저작에서 가장 인상적으로 나타났다.

어떤 의미에서 이 경향은 계몽주의적 인간관, 즉 인간을 [모든 것을] 객체화하는 과학적 분석의 주체이자 객체로 보는 견해에 대한 항의로 간주될 수 있다. 이 경향은 계몽주의가 인간을 이기주의적 욕망 —자연과 사회는 이러한 욕망을 충족하기 위한 수단에 지나지 않는다— 의 주체로 보는 것을 중점적으로 비판한다. 계몽주의는 윤리학적인 측면에서는 공리주의적이고, 사회철학적인 측면에서는 원자론적이며, 인간에 대한 과학적인 탐구에서는 분석적인 철학이었다. 그것은 또한 인간과 사회를 재조직하고 인간들 사이의 완전한 상호 조정을 통해 사람들을 행복하게 만들기 위해 과학적인 사회 공학에 호소하는 철학이었다.

이에 반해 헤르더 등은 계몽주의적 인간관에 대립하는 인간관을 제시했다. 그들이 자신들의 인간관을 형성할 때 주요한 모델로 삼은 것은 [예술 작품과 같은] 표현적 대상이었다. 그들은 인간의 삶을 어떠한 부분이나 측면도 다른 모든 것과의 관계에서만 고유한 의미를 갖는 예술 작품의 통일성과 유사한 통일성을 갖는 것으로 보았다. 인간의 삶은 어떤 중심핵 —어떤 지도적인 원리 또는 영감— 으로부터 자신을 전개한 것이거나, 또는 인간의 삶이 저지되고 왜곡되지만 않는다면 그러한 방식으로 자신을 전개할 그런 것이다.

이러한 견지에서 볼 때 계몽주의의 분석적 인간학은 인간의 자기

---

the Enlightenment", in *Aspects of the Eighteenth Century*, ed. E. Wasserman (Baltimore, 1965) 참조.

이해를 희화戲畵화한 것일 뿐만 아니라 가장 그릇된 자기 왜곡 중 하나였다. 인간을 두 개의 상이한 요소, 즉 이성과 감성, 또는 정신과 육체가 합성된 것으로 보는 것은 인간의 생생하고 표현적인 통일을 무시하는 것이었다. 그리고 사람들이 이러한 이분법에 따라 살려고 노력하는 한, 그들은 자신들이 실현해야 할 저 통일적인 표현을 억압하고 절단하거나 심하게 왜곡해야만 한다.

뿐만 아니라 인간에 대한 이러한 분석적 과학은 인간의 삶이 갖는 통일성을 침해했을 뿐 아니라 개인을 사회로부터 고립시키고 사람들을 자연으로부터 분리했다. 분석적인 인간 과학에 대한 이러한 비판적 견해에서는 표현이라는 표상이 중심적인 의미를 갖는다. 이는 그러한 표상은 인간의 삶이 갖는 통일성과 관련하여 모델이 될 뿐 아니라 사람들은 표현 활동에서 자신을 최고로 실현하기 때문이다. 이 시기에 예술은 처음으로 인간이 수행하는 최고의 활동이자 최고의 자기실현으로 간주되었다. 이러한 사상은 현대 문명의 형성에서 큰 역할을 했다. 표현과 관련된 위의 두 사실은 서로 밀접히 연관되어 있다. 인간의 삶 자체가 표현적 통일체로 간주될 수 있었던 것은, 인간이 표현 활동에서 자기 자신을 최고로 실현하는 것으로 간주되었기 때문이다.

그런데 사람들은 어떤 문화에 속함으로써 표현적 존재가 된다. 그리고 문화는 어떤 공동체 속에서 형성되며 전해진다. 공동체는 그것 자체가 하나의 표현적 통일체다. 원자론적이고 공리주의적인 계몽주의처럼 공동체를 단순히 개인들이 자신의 사적인 목표를 달성하기 위해 조립하는 (또는 이상적으로 조립해야 할) 도구로 보는 것은 공동체의 본질에 대한 희화이며 왜곡이다.

이에 반해 헤르더가 말하는 민족Volk은 자신의 구성원들을 양육하는 어떤 문화의 담지자이다. 민족으로부터 분리된다면 그 구성원들은 극단적인 [정신적] 궁핍에 처해질 것이다. 우리는 여기에서 근대 민족주의의 기원을 보게 된다. 헤르더는 각 민족은 그 자신의 특별한 정신, 또는 대체할 수 없는 독특한 표현 양식을 가지고 있다고 보았다. 그리고 이것은 결코 억압되어서는 안 되고, 다른 민족의 표현 양식을 모방하려는 (많은 교양 있는 독일인이 프랑스의 철학자들을 모방하려고 노력했던 것처럼) 어떠한 시도에 의해서도 대체될 수 없다고 보았다.

아마 이것이 표현주의적 사유방식에서 가장 주목할 만한 혁신적인 측면이었을 것이다. 어떤 의미에서 그것은 17세기와 18세기의 분석적·원자론적 사유를 넘어서 아리스토텔레스적 형상의 통일성, 즉 인간 삶의 발전적 전개를 주도하는 통일성으로의 귀환으로 나타난다. 그러나 표현이라는 표상을 통해 수행되는 가장 중요한 혁신 중의 하나는, 각 문화와 그 안에 사는 각 개인은 실현해야 할 그 자신의 '형상'을 가지고 있으며 다른 어떠한 문화도 그것을 대신할 수 없으며, 대신 발견해 줄 수도 없다는 이념이다. 따라서 헤르더는 근대 민족주의의 창시자일 뿐 아니라, 민족주의의 과잉을 제어하는 주요한 흐름 중의 하나인 표현적 개인주의를 수호하는 역할도 했다.

표현주의는 또한 인간과 자연의 관계와 관련해서도 초기의 계몽주의와는 첨예하게 대립하는 견해를 제시한다. 인간은 정신과 육체의 합성물이 아니라 양자를 포괄하는 표현적 통일이다. 그러나 신체를 갖는 존재로서의 인간은 전 우주와 교류하며, 이러한 교류는 표현적인 교류다. 따라서 자연을 단지 인간이 사용할 수 있는 대상으로 보는 것은, 우리를 관류貫流하고 우리를 부분으로 포함하는 커다란 생명의 흐름을 무시하는 것이다. 표현적 존재로서의 인간은 객체화하는 과학의 분석적이고 무미건조한 태도에 의해서 단절된, 자연과의 친밀한 교류를 회복하지 않으면 안 된다.

이것이 18세기 후반에 프랑스 계몽주의에 반발해서 대두된 하나의 중요한 경향이다. 그러나 언뜻 보기에 이것과 정반대되는 것처럼 보이는 또 하나의 경향이 있다. 그것은 도덕적 자유라는 가치를 내세우면서 계몽주의적 사상의 철저한 객체화에 대항하는 경향이었다. 그것은 인간의 본성을 객체화하는 것에 대항하는 강력한 경향이었다.

만약 인간이 내적인 반성에서든 외적 관찰에서든 객체화된 자연의 일부로 취급되어야만 한다면, 인간의 행위는 다른 모든 자연적인 사건과 마찬가지로 인과적으로 설명되어야만 할 것이다. 이러한 견해를 받아들인 사람들은 다음과 같이 주장했다. "이것은 자유와 양립하지 않는 것도 아니다. 인간 행위의 동기가 자신의 욕망일 경우에는 설령 그것이 인과적이라고 하더라도 인간은 자유롭지 않겠는가?"

그러나 자유에 대해 가장 철저한 견해를 취하는 입장에서 볼 때, 이러한 주장은 받아들여질 수 없는 것이었다. 도덕적 자유는 도덕적으로 올바른 것을 실현하기 위해, 모든 욕망에 반해서 결정할 수 있다는 것을 의미하지 않으면 안 된다. 이러한 급진적인 견해는 동시에 도덕성에 대한 공리주의적 정의를 부정했다. 도덕적으로 올바른 것은 행복에 의해, 따라서 욕망에 의해 규정될 수 없었다. 도덕적으로 자유로운 주체는 자신의 다양한 욕망에 사로잡혀 자신을 상실해서는 안 되고, 욕망에서 벗어나 결정을 내릴 수 있지 않으면 안 된다.

이러한 철저한 자유의 주창자는 말할 나위도 없이 칸트다. 루소는 몇 가지 점에서 이러한 이념을 예시했을 뿐이지만, 칸트는 이 이념을 정식화했다. 이러한 정식화는 철학자 중의 한 거인이 행한 정식화였고, 그것은 당시에도 탁월한 것이었으며 지금도 역시 그렇다. 칸트의 비판철학과 같은 강력하고 내용이 풍부한 철학에서 어떤 하나의 주제만을 강조하는 것은 과도한 단순화임에 틀림이 없다. 그러나 이러한 철저하게 자유로운 도덕적 주체성을 정의하는 것이 칸트 철학의 주요한 동기 중의 하나였다고 말한다 해도 과도한 왜곡은 아닐 것이다.

칸트는 두 번째 『비판서』인 『실천이성비판*Critique of Practical Reason*』에서 도덕적 자유에 대한 자신의 사상을 전개하고 있다. 도덕성은 행복이라든가 쾌락과 같은 동기로부터 철저하게 분리되어야만 한다. 도덕적 명법은 정언적categorical이다. 그것은 우리를 무조건적으로 구속한다. 그러나 우리가 추구하는 행복의 대상은 모두 우연적이다. 따라서 그중의 어느 것도 무조건적인 도덕적 의무의 근거가 될 수 없다. 도덕적 명법은 단지 의지 그 자체 안에서만, 즉 우리의 본성인 이성적인 의지가 우리를 구속하는 것 안에서만 발견될 수 있다.

따라서 칸트는 도덕 법칙이 선험적으로a priori 우리를 구속하는 것이지 않으면 안 된다고 말한다. 또한 이러한 사실은, 도덕 법칙은 우리가 욕구하는 대상이나 우리가 계획하는 행동의 특수한 성질에 의존할 수 없고 순수하게 형식적이지 않으면 안 된다는 것을 의미한다. 형식적으로 필연적인 법칙, 즉 자기모순을 허용할 수 없는 법칙이 이성적 의지를 구속하는 것이다. 칸트가 여기에서 사용하고 있는 논증은 자주 논박을 받아 왔는데, 이렇게 논박을 받아 온 것은 당연하다고 여겨진다. 우리가 무엇을 해야 할 것인가라는 구체적인 물음에 대한 확답을 주기 위해 칸트가 한갓 형식적인 법칙에 호소했던 것은 항상 원을 사각형으로 만들려고 하는 것과 유사한 것으로 간주되어 왔다. 그러나 칸트 도덕철학의 핵심 사상으로서 커다란 영향을 끼친 것은 철저한 자유의 이념이었다. 이성적인 의지로서의 나를 구속하는 순수하게 형식적인 법칙을 따름으로써 나는 모든 자연적인 고려 사항과 동기로부터, 또한 그것들을 지배하는 자연적 인과성으로부터 나의 독립성을 확보하게 된다. "그러나 이러한 독립성은 가장 엄밀한, 즉 선험적인 의미에서 자유라고 불린다"(*Critique of Practical Reason*, bk I, Sect. 5). 나는 철저한 의미로 자유로우며, 자연적 존재로서가 아니라 순수한 도덕적 의지로서 스스로를 규정하는 존재이다.

이것이 칸트 윤리학의 핵심 사상이다. 도덕적 삶은, 도덕적 의지에 의한 자기 규정이라는 이러한 철저한 의미의 자유와 동의어이다. 이러한 자유는 '자율'이라고 불린다. 그것으로부터의 어떠한 일탈도, 어떤 외적인 요인에 의한 의지의 한정도, 어떠한 욕망도, 심지어 기쁜 마음으로 친절을 행하고 싶어 하는 욕망도, 또한 어떠한 권위도, 심지어 신 자신의 권위도 타율로서 배격된다. 도덕적 주체는 올바르게 행위할 뿐만 아니라 올바른 동기로부터 행위하지 않으면 안 된다. 그리고 올바른 동기도 도덕법칙 그 자체, 즉 도덕적 주체가 이성적 의지로서의 자기 자신에 부여하는 도덕 법칙에 대한 존경 이외의 것일 수 없다.

도덕적 삶에 대한 이러한 견해는 자유에 대한 열망을 앙양시켰을 뿐 아니라, 또한 경건한 감정 또는 종교적인 외경의 감정을 크게 변화시켰다. 외경의 마음을 불러일으키는 신성한 것은 이제 신이 아니라 오히려 도덕 법칙 그 자체, 즉 이성이 자기 자신에게 부여한 명령이 되었다. 따라서 사람들은 기도할 때가 아니라 도덕적 자유 안에서 행위할 때에 신적인 것에, 즉 무조건적인 존경의 마음을 일으키는 것에 가장 근접하게 된다고 생각하게 되었다.

　　그러나 이렇게 엄격하면서도 사람들을 고양시키는 학설은 부정적인 측면을 갖고 있었다. 자유는 욕망과 대립하는 것으로 정의되곤 한다. 칸트는 도덕적 삶을 [욕망과의] 영구적인 투쟁으로 보는 것이다. 자연적 존재로서의 인간은 자연에 의존하지 않으면 안 된다. 따라서 인간은 여러 욕망을 갖지 않을 수 없다. 그러나 칸트 철학에서는 욕망들은 자연에 의존하고 있다는 바로 그 이유로, 욕망들과는 전적으로 다르게 순수 이성에서 비롯되는 도덕성의 요구들과 부합될 수 없기 때문이다(bk I, pt III. 149). 그러나 더욱 중요한 사실은, 사람들이 이성과 욕망 사이의 최종적 평화는 득보다는 실이 많지 않을까 하는 불안감을 갖게 된다는 사실이다. 왜냐하면 양자 사이의 대립이 없다면 자유도 사라질 것이기 때문이다. 칸트는 실제로는 이 문제를 결코 해결하지 못했다. 그러나 그는 눈물의 골짜기[2]인 이 차안此岸에서는 최고의 상태 ―이 상태에서는 우리를 도덕 법칙에서 일탈하도록 자극하는 욕망이 더 이상 생기지 않을 것이다― 가 불가능하다고 믿음으로써 이 문제를 직시하지 않고 쉽게 피할 수 있었다. 그는 오히려 우리가 완전성에 도달하기 위해서 끊임없이 투쟁해야만 하는 과제에 직면해 있다고 생각했다. 그러나 이것은 그의 후계자들에서 격렬한 논쟁거리가 되었다. 왜냐하면 그들은 칸트의 급진적인 자유의 사상뿐 아니라 표현적 인간관에도 강하게 매혹당했기 때문이다.

---

2　　[역주] 『구약성서』 「시편」 84:5-6. 눈물의 골짜기란 눈물을 흘리며 가는 장소를 의미한다.

조금만 생각해 보면, 이렇게 양자 모두에 매혹당하는 것이 전혀 놀랄 만한 것은 아니라는 점이 드러난다. 양자 사이에는 깊은 친밀성이 있다. 표현설은 우리에게 자유에 입각한 자기완성을 도모하도록 지시하지만, 이것이야말로 외적 침해로부터의 단순한 자유가 아니라 자기를 스스로 규정하는 자유다. 그러나 자기를 스스로 규정하는 자유에 관한 가장 순수하고 가장 비타협적인 최고의 견해는 칸트의 견해였다. 그것이 한 세대 전체를 매료시켰던 것도 전혀 이상한 일은 아니었다. 피히테는 철학을 위한 두 개의 기초, 즉 주체성과 자유에 근거를 두는 것과 객체성과 실체에 근거를 두는 것 사이에서 하나를 택할 것을 요구하면서, 단호하게 첫 번째를 택하고 있다. 만약 인간의 자기 완성이 자기를 스스로 규정하는 주체의 완성이고 주체성이 이성에 입각한 자기 소유를 의미한다면 칸트가 우리의 주목을 일깨우는 도덕적 자유야말로 하나의 정점이라고 보아야 할 것이다.

그러나 양자의 친근성은 다른 곳에서도 나타난다. 칸트의 자기 규정적 자유에는 완결이 요구되었다. 또한 자신이 갇혀 있는 경계를 넘어서 모든 것을 규정하려고 노력하지 않으면 안 된다. 그것은 내적인 정신적 자유에 만족할 수 없으며 자신의 목적을 자연에도 실현하기 위해 노력하지 않으면 안 된다. 그것은 전면적인 것이 되지 않으면 안 된다. 어떻든 이러한 이념은 칸트의 비판적 저작을 읽으면서 그 이념에 매혹당했던 당시의 젊은 세대에 의해서 (보다 나이 많고 현명한 사람들이 어떻게 느꼈든 간에) 위와 같은 방식으로 수용되었다.

그러나 독일 민족을 자신의 세력권으로 끌어들였던 이 두 견해 사이에는 이러한 깊은 친근성만이 있었던 것은 아니고 명백한 충돌도 있었다. 철저한 자유는 자연과의 분리, 즉 유물론적이고 공리주의적인 계몽주의가 몽상했던 어떠한 것보다도 철저한 이성과 감성 사이의 분열, 따라서 외적 자연과의 분열이라는 대가를 치르는 방식으로만 가능한 것처럼 여겨졌다. 자유로운 자아는 이러한 자연의 인과법칙으로부터 독립해 있지 않으면 안 되며, 심지어 그의 행위가 현상적으로 자연법칙에 일치하는 것처럼 보일 때조차 철저하게 독립해 있지 않으면 안 된다는 것이다. 철저하게 자유로운 주체는 자기 자신으로 귀환하지만, 그것은 자연과 외적인 권위과 대립함으로써 자신의 개인적 자아로 또한 다른 사람들과 아무런 관계도 없는 결심으로 귀환하는 것으로 여겨졌다.

1790년대의 젊은 —그중에는 나이 든 사람들도 있었지만— 독일 지식인들 사이에서 이 두 이념, 즉 표현과 철저한 자유의 이념은 커다란 영향력을 발휘했다. 그것은 부분적으로는, 사람들이 새로운 정체성의 필요를 더욱더 절실하게 느끼게 만들었던 독일 사회의 변화에서 비롯되었다. 그러나 그러한 영향력은 낡은 질서가 붕괴하고 있으며 프랑스 혁명의 충격으로부터 새로운 질서가 대두하고 있다는 느낌에 의해서 더욱 배가되었다. 이 혁명이 공포정치 후 이제까지의 찬미자들 사이에 혁명에 대한 적의를 환기시켰다는 사실마저도 이 시대 사람들이 느꼈던 긴박감을 가라앉힐 수는 없었다. 오히려 대변혁이 필연적이고 가능하다는 느낌이 팽배했으며, 다른 시대라면 터무니없는 것으로 보였을 희망을 불러일으켰다. 대변혁이 임박해 있다고 느껴졌고, 이러한 희망은 독일의 [정치적] 상황, 그리고 프랑스 혁명에서 취해진 방향 전환 때문에 곧 정치적 영역을 떠나 문화와 인간 의식의 영역에서 더욱 강렬해졌다. 더욱이, 프랑스가 정치 혁명의 모국이었다면 위대한 정신 혁명은 독일 이외의 어디에서 수행될 수 있었을까?

사람들은 이 두 가지의 이상, 즉 철저한 자유와 표현적 충만의 이상을 통일하기를 희망했다. 그들 사이의 친근성 때문에 만약 어느 한쪽이 강하고 절박하게 느껴질 경우에는, 다른 한쪽도 그럴 것이라는 사실을 피할 수는 없었다. 구세대 사람들은 어느 한쪽을 도외시할 수도 있었다. 따라서 헤르더는 칸트 사상의 비판적 성격에 호의적이지 않았다. 헤르더가 쾨니히스베르크에서 [칸트에게서] 배우고 있던 동안에는 두 사람이 서로 친밀했음에도, 1780년에는 약간 소원하게 되었다. 헤르더는 칸트의 선험적 탐구에서 주체를 분열시키는 또 하나의 이론을 보았을 뿐이었다. 칸트는 헤르더의 역사철학에 대해서 무시하는 태도를 보였으며, 표현설의 강력한 전개에 대해 거의 매력을 느끼지 못했던 것 같다.

이 두 경향의 통일이라는 과제를 떠맡은 사람들은 그들의 후계자들, 즉 헤겔까지 포함한 1790년대의 세대였다. 이러한 종합이 피히테와 셸링, 슐레겔 형제, 횔덜린, 노발리스, 슐라이어마허와 같은 초기 낭만주의 세대의 주요한 목표였다. 그리고 그것은 또한 낭만주의적이지 않았던 더 나이 든 사람들, 특히 실러의 목표이기도 했다.

종합의 방식은 다양했다. 프리드리히 슐레겔의 과제는 괴테와 피히테를 통일하는 것이었다. 그에게 괴테의 시는 미와 조화의 극치로 나타났고, 피히테의 철학은 자아의 자유와 숭고함에 가장 충실한 것이었다. 슐라이어마허와 셸링과 같은 사람들은 칸트와 스피노자의 통일을 주창했다.

그러나 가장 공통적인 방식 중 하나는 역사적인 통일을 시도하는 것이었다. 그것은 고대와 근대의 삶에서 가장 위대한 것들을 통일하려고 했다. 우리는 이러한 시도를 실러, 프리드리히 슐레겔, 청년 헤겔, 횔덜린, 그리고 그 외의 많은 사람에게서 찾아볼 수 있다. 18세기 후반의 많은 독일인에게 그리스인은 표현주의적 완성의 모범이었다. 이것이 빙켈만의 다음 세대에 독일을 지배했던 고대 그리스에 대한 열광의 원인일 것이다. 고대 그리스는 자연과 인간의 최고의 표현 형식 사이의 완벽한 통일을 달성했다고 여겨졌다. 인간적인 것은 자연적인 것과 직접적으로 조화를 이루었다. 그러나 이러한 아름다운 통일은 사멸했다. 사실상 그것은 사멸하지 않으면 안 되었다. 왜냐하면 이것은 철저하게 자유로운 존재로 우리를 실현하는 것에 필요 불가결한 자기의식의 더욱 높은 단계로 이성이 발전한 대가였기 때문이다. 실러가 말하듯(*Aesthetic Education of Man*, para. 11), "지성이 정확한 논증적 이해에 도달하려고 시도할 때, 그것은 감정과 직관으로부터 자신을 분리하지 않을 수 없었다." 그리고 그 아래(para. 12)에서 보듯, "인간의 다양한 잠재력이 전개되려면, 그것들을 서로 대립시킬 수밖에 없었다."

달리 말하면 아름다운 그리스적 종합은 인간이 성장하기 위해서는 내적으로 분열되어야만 했기 때문에 사멸하지 않으면 안 되었다. 특히 이성의 성장과 그로 말미암은 철저한 자유의 성장을 위해서는 자연적이고 감성적인 것으로부터 결별이 필요했다. 근대의 인간은 자기 자신과 싸우지 않으면 안 되었다. 표현적 모델의 완성만으로는 불충분하고 그것은 철저한 자유와 통일되어야만 한다는 사상이, 원초적 통일의 상실은 불가피하며 그것으로 귀환하는 것은 불가능하다는 자각에 입각한 이러한 역사관에 명확히 나타나 있다. 잃어버린 그리스의 미에 대한 강렬한 향수가 한계를 넘어서 그리스 세계로의 회귀의 시도로 발전하는 일은 저지되었다.

인간이 완전한 자기의식과 자유로운 자기 규정을 실현하도록 이를 발전시키기 위해서 위와 같은 대가는 필수적이었다. 그러나 그리스 세계로 되돌아간다는 희망은 사라졌다 하더라도, 인간이 자신의 이성과 능력들을 충분히 발전시킴으로써 조화로운 통일과 완전한 자기의식 양자를 결합하는 더 높은 종합이 가능하리라는 희망은 존재했다. 초기의 그리스적 종합이 비반성적인 종합이었다면 ─그리고 반성은 인간이 자기 내부에서 분열하는 것이기 때문에 [자기 분열을 결여한 그리스적 종합은] 비반성적인 것일 수밖에 없었다─, 새로운 통일은 획득된 반성적 의식을 충분히 수용하여 이것에 의해 수행될 것이다. 횔덜린은 『히페리온 단편 *Hyperion Fragment*』에서 이 점에 대해 이렇게 말하고 있다.

> "우리의 실존에는 두 개의 이상이 있다. 그 하나는 가장 위대한 소박함의 상태다. 이러한 상태에서 우리의 욕구, 우리의 모든 힘, 그리고 우리가 관계하는 모든 것은 서로 일치한다. 이러한 일치는 우리의 어떤 행동 없이도 단지 자연 자신의 조직화를 통해서 성취된다. 다른 하나는 최고로 도야된 상태다. 이 상태에서 이러한 일치는 **우리가 우리 자신에게 부여할 수 있는** 조직화에 의해서 무한히 다양화된 욕구들과 능력들 사이에 일어날 것이다."

인간은 첫 번째 상태에서 두 번째 상태로 이행하도록 요청된다.

우리는 출발점이 아니라 더 높은 다른 유형의 통일로 귀환해야 한다는 이러한 나선형의 역사관은 두 가지 이상 사이의 대립을 표현하는 것과 동시에 그것들이 통일되어야만 한다는 희망을 표현하는 것이었다. 사유와 감성의 가장 중요한 과제는 ―한때는 필연적이었지만 이제는 넘어서야만 하는― 심각한 대립을 극복하는 것에 있다고 여겨졌다. 이러한 대립은 철저한 자유와 종합적 표현이라는 두 가지 이상 사이의 분열을 가장 예리하게 표현하는 대립이었다.

이러한 대립은 사유·이성·도덕성에 대한 욕망·감성의 대립, 가장 충실한 자기의식적인 자유에 대한 공동체적인 삶의 대립, 자기의식에 대한 자연과의 친밀한 교류의 대립이었다. 또한 이러한 대립은 자연을 관류하는 무한한 생명으로부터의 유한한 주체성의 분리, 즉 칸트의 주관과 스피노자 철학의 실체 사이의 대립이기도 했다.

이러한 위대한 재통일은 어떻게 수행될 수 있을 것인가? 최대의 도덕적 자율을, 우리의 내외를 관류하고 있는 커다란 생명의 흐름과의 완전한 교류와 어떻게 결합할 수 있을까? 이러한 목표는 우리가 자연 그 자체를 정신에 기초를 두고 있는 것으로 생각할 경우에만 도달될 수 있다. 인간의 최고의 정신적 측면인 도덕적 자유가 그의 자연적 존재와의 일시적이고 우연적인 조화 이상의 것을 성취하려면, 자연 그 자체가 정신적인 것으로 되지 않으면 안 되는 것이다.

우리가 자연을 맹목적인 힘이라든가 객관적인 사실로 간주하는 한, 그것은 인간이 갖는 이성적이고 자율적인 측면과 융합될 수 없다. 우리는 자연주의에 굴복하든가 우리 자신 내에서의 일시적이고 부분적인 화합으로 만족해야만 한다. 더 나아가 이러한 화합은 쉴 새 없는 노력에 의해서 획득되고, 우리가 부단히 그리고 불가피하게 교류해야 하는 우리 주위의 거대한 자연에 의해서 끊임없이 위협당한다. 만약 철저한 자유에 대한 열망과 자연과의 완전한 표현적 통일에 대한 열망이 똑같이 완전하게 충족되려면, 또한 만약 인간이 자기 규정적인 주체로 존재하면서 자연으로서의 자기 자신과 우주와 일치하려면, 다음과 같은 것이 필수적이다. 즉 먼저 나의 근본적인 자연적 경향이 자발적으로 도덕성과 자유를 향하는 것이 필수적일 뿐만 아니라, 나는 대자연의 일부이기 때문에 나의 내외에 있는 자연 질서 전체가 정신적인 목표들을 향하고 주체적 자유와 하나가 되어 가는 것이 필수적이다. 만약 내가 정신적 존재이면서도 자연과 교류하면서 자연에 대립하지 않으려면, 이러한 교류는 어떤 정신적 존재나 힘과 관계하는 교류가 되지 않으면 안 되는 것이다.

그러나 이는 정신적인 목표들을 실현하고자 하는 정신성이 자연의 본질에 속한다는 사실을 의미한다. 자기 자신을 실현하려고 노력하는 정신적 원리가 자연의 근저에 존재한다는 것이다. 그런데 자연의 근저에 놓여 있는 정신적 원리를 정립하는 것은 우주적 주체를 설정하는 것과 다름없다. 이러한 사상이 여러 낭만주의적 세계관의 기초가 되었고, 또한 청년 셸링의 사상 전개 속에서 표현되었던 것이다.

그러나 우주적 주체성의 정립만으로는 충분하지 않다. 예컨대 여러 범신론적인 견해는 세계를 정신 또는 혼에서 발현하는 것으로 본다. 그렇지만 그들은 자율과 표현적 통일을 결합하기 위한 근거를 제공할 수 없다.

왜냐하면 이 경우에 인간은 자연 전체를 관류하는 신적인 생명의 지극히 작은 일부에 지나지 않기 때문이다. 자연적인 신과의 이러한 친교는 인간이 생명의 커다란 흐름에 순종하고 철저한 자율성을 포기하는 것을 의미할 수밖에 없다. 따라서 이 세대의 견해는 ─이 세대는 이러한 견해를 헤르더와 괴테로부터 끌어내었다─ 단순한 범신론이 아니고 인간을 소우주로 보는 르네상스 시대의 인간관이었다. 인간은 단순히 우주의 일부가 아니고 우주 전체를 반영한다. 자연이라는 외적인 현실로 자신을 표현하는 정신은 인간을 통해 자신의 의식적인 표현을 확보하게 된다. 이 것이 셸링 초기 철학의 기초다. 그것의 원리는 자연의 창조적 생명과 사유의 창조력이 하나라는 것이었다.[3] 호프마이스터가 지적하듯이, 여기에서 우리는 괴테로부터 낭만주의 철학자들을 거쳐 헤겔에 이르기까지 여러 상이한 형태로 거듭하여 나타나는 두 가지 근본이념을 엿볼 수 있다. 즉 첫째로 우리는 자신이 자연과 동일한 실체라는 바로 그 이유 때문에 자연을 인식할 수 있고, 우리가 자연과 친교하려고 노력할 경우에만 자연을 본래대로 파악할 수 있으며, 우리가 자연을 지배하고 분석적 판단의 범주들에 복속시키기 위해 해부하려고 할 때는 자연을 본래의 모습대로 파악할 수 없다는 것이다.[4] 두 번째로, 우리가 자연을 인식할 수 있는 것은 자연을 만들었던 것, 즉 자연 속에서 자신을 표현하는 정신적인 힘에 우리가 접촉하기 때문이라는 것이다.

그러나 만약 위와 같다면 유한한 정신으로서의 우리는 모든 자연의 근저에 있는 이 창조적인 힘과 어떠한 관계에 있을까? 이것이 우리 속의 창조적인 힘과 하나라는 사실은 무엇을 의미할까? 이 말은 단지 이 사유의 힘이 이미 자연 속에서 완성되어 있는 생명을 의식 속에 반영하는

---

3      Hoffmeiser, *Goethe und der deutsche Ideallismus* (Leipzig, 1932), 10.

4      따라서 괴테는 다음과 같은 시를 썼다.

> "눈이 태양과 같은 것이 아니라면
> 태양을 보는 것은 불가능했을 것이다.
> 우리에게 신 자신의 힘이 존재하지 않는다면
> 신적인 것이 어떻게 우리를 매료시킬 수 있을까?"

힘이라는 사실을 의미할 뿐일까? 이 경우에 이성은 우리가 따라야 하는 규범의 자율적인 원천이 아닐 것이다. 오히려 그 경우 우리가 성취할 최고의 과제는 우리가 속하는 대우주의 질서를 충분히 표현하는 것일 테다. 만약 철저한 자유를 향한 열망이 보존되려면, 소우주, 즉 인간의 의식은 자연의 질서를 단순히 반영하기만 하는 것이 아니라 그것을 완결 또는 완성시키는 것이어야 한다. 이러한 견해에 따르면, 자연 속에서 자신을 전개하는 우주적 정신은 의식적인 자기인식을 통해 자신을 완성하려고 노력하며, 이러한 자기의식의 장이 인간의 정신이다.

따라서 인간은 그 자체로 완결된 자연을 반영하는 것 이상의 것을 수행한다. 인간은 오히려, 우주적 정신이 자기표현 ─그것의 최초의 자기표현은 우리 눈앞에 있는 자연이다─ 을 완결시키기 위해 필요로 하는 매체이다. 표현주의적 견해에서 본 인간이 자기인식의 표현인 삶의 형식 속에서 자기완성을 성취하는 것처럼, 정신으로서 자연의 근저에 놓여 있는 힘도 자기인식에서 자신의 가장 완성된 표현에 도달한다. 그러나 이것은 인간을 넘어선 어떤 초월적인 세계에서 행해지는 것은 아니다. 만약 그렇다면 우주적 정신과 합일하기 위해서는 인간이 자신의 의지를 더 높은 존재에 종속시키는 것, 즉 타율을 받아들이는 것이 필요하게 될 것이다. 오히려 [우주적] 정신은 인간을 통해 자기인식에 도달하는 것이다.

따라서 자연이 정신을, 즉 자기인식을 실현하는 것을 향하는 반면에, 의식적 존재로서의 인간은 자연을 정신으로, 또한 자기 자신의 정신과 동일한 것으로 보려고 하는 자연 파악을 기도한다. 이러한 과정에서 사람들은 새로운 자기 이해에 도달한다. 그들은 자신을 우주의 개별적인 단편으로서가 아니라 오히려 우주적 정신의 매체로서 보는 것이다. 따라서 사람들은 자연과의, 즉 그 자신을 자연 속에서 전개하는 정신과의 최고의 통일과 동시에 가장 충실한 자율적 자기표현을 성취할 수 있다. 바로 이 두 가지는 인간의 근본적인 정체성이 정신의 매체라는 데 있는 이상, 서로가 서로를 수반하는 것이지 않으면 안 된다.

이러한 우주적 정신의 사상은 우리가 그 의미를 제대로 이해한다면, 원을 사각형으로 만들 수 있는 유일한 사상이다. 그리고 그것은 유한한 정신과 우주적 정신이 합일될 수 있는 근거를 제공할 수 있으며, 인간이 전체와 결합하면서도 자신의 자기의식과 자율적 의지를 희생하지 않는다는 필요조건을 충족시키는 유일한 사상이다. 그리고 낭만주의 세대가 구하려고 그렇게 고투했고, 또한 셸링이 자연의 창조적 생명과 사유의 창조적인 힘의 동일성에 관한 그의 사상을 통해, 그리고 "자연은 눈에 보이는 정신이고, 정신은 눈에 보이지 않는 자연이다"라는 정식을 통해 정의하려고 노력했던 것이 이러한 종류의 것이었다.

헤겔이 발전시킨 것도 결국은 이러한 종류의 사상이었다. 비록 헤겔의 '정신Spirit, Geist'이 종종 '신'이라고 불릴지라도, 또한 헤겔이 자신은 기독교 신학이 말하고자 하는 것을 명료하게 했다고 주장했을지라도, 그것은 전통적 유신론의 신은 아니다. 이 신은 인간들과 전혀 무관하게 존재할 수 있는 신이 아니며, 아브라함, 이삭, 야곱의 신처럼 창조 이전에도 즉 인간이 존재하지 않아도 존재할 수 있는 신이 아니다. 이와는 반대로 그것은 인간을 통해서만 정신으로서 존재할 수 있는 정신이다. 인간은 의식, 이성적 사고, 의지로서 신의 정신적 존재를 위한 매체이며, 더 나아가 불가결한 매체이다. 그러나 동시에 '정신'은 인간으로 환원될 수는 없다. 그것은 인간의 정신과 동일한 것이 아니다. 이는 우주 전체의 근저에 놓여 있는 정신적 실재이며, 정신적 존재로서 여러 의도를 가지고 있고, 유한한 정신들에서 기원하는 것이 아니라 오히려 유한한 정신이 봉사하는 목적을 실현하기 때문이다. 헤겔의 후기 철학에서 인간은 자신을 자신보다 큰 정신의 매체로 볼 때 [참된] 자기 자신에 도달한다.

이러한 관점에서 볼 때 헤겔의 종합은 낭만주의 세대가 가졌던 근본적 열망의 실현으로 간주될 수 있다. 이러한 견해는 언뜻 보기에 약간 의외의 것으로 생각될지도 모른다. 왜냐하면 우리는 보통 헤겔을 낭만주의 철학자로 보지는 않기 때문이다. 오히려 우리는 헤겔을 낭만주의 세대에 대한 가장 예리한 비판자 중의 한 사람으로 알고 있다.

그러나 이러한 역설은 여기서 신속히 일소될 수 있다. 가장 완전한 이성적 자율과 최대의 표현적 통일을 결합하려는 열망은 헤겔의 철학적 노력에서도 중심적인 지위를 차지하고 있었다고 나는 말하고 싶다. 이 점에서 그는 동시대의 낭만주의 철학자들과 일치했다. 다만 헤겔과 그들의 차이점은 헤겔이 이 목표에 도달하기 위해 다른 방법을 취했다는 데 있다. 그리고 바로 이 점으로 인해, 불가능하게 보이는 종합을 이루려고 하는 그의 기도는 당시에 가장 인상적인 것이 되었으며 지금까지도 강력하게 영향을 끼치고 있는 것이 되었다.

헤겔과 동시대의 낭만주의 철학자들 사이의 차이점은, 헤겔은 종합이 이성을 통해 성취된다고 집요하게 주장했다는 데 있다. 낭만주의 철학자들에게는 이것이 불가능한 주장인 것처럼 생각되었다. 왜냐하면 현실을 이해될 수 있는 것으로 만들기 위해서 그것을 분석하고 분절한 것이야말로 이성이었기 때문이다. 이성적 사유는 주로 분할하고 구별하는 데 관여하는 것으로 여겨졌다. 유한한 주체와 무한한 주체를 결합하기 위해서는 우리의 희망을 직관에서, 즉 전체에 대한 어떤 직접적인 종합적 파악에서, 또는 이렇게 새롭게 기도된 종합의 표현을 분석적인 철학적 논증에서보다는 차라리 예술에서 찾는 것이 적절한 것 같았다(예컨대 셸링이 그가 행한 정식화 중의 하나에서 했던 것처럼).

이성적 사유가 주체와 전체를 종합하기 위한 매체가 되는 것은 불가능하다고 생각되었지만, 그것은 또한 다른 관점으로부터 볼 때 주체적 자유의 매체가 되기에도 부적절한 것처럼 보였다. 확실히 그것은 너무 제한하는 성격을 가졌다. 이성적 사유는 사유를 어떤 일정한 경계 안에 가둔다. 주체의 무한하고 무제한적인 자유의 가장 충실한 실현은 오히려 자유분방한 상상력, 즉 자신의 창작물로부터 한걸음 물러나 그 이상의 것을 고안하여 [이전의] 창작물을 초월하는 능력에 의해 가능한 것으로 여겨졌다. 프리드리히 슐레겔의 '아이러니irony' 사상의 근저에는 위와 같은 생각이 깔려 있었다. 또한 노발리스의 '마술적 관념론'도 그것과 동일한, 끊임없는 변환을 시도할 수 있는 창작력을 주창했다.

헤겔은 이성을 포기하려는 이러한 두 가지 유혹을 단호하게 물리쳤다. 그는 이러한 유혹에 굴복하는 것이 자유와 표현적 통일의 종합을 애초부터 불가능하게 만든다는 점을 명확히 통찰하고 있었다. 만약 우리와 우주적 원리의 통일이 이성을 포기하고 이성의 언어로 명확히 언표될 수 없는 어떤 직관에 의해 성취된다면, 우리는 본질적인 것을 희생하게 된다. 완전히 명확한 이성적 이해가 자기 규정적 자유의 본질이고, 이러한 자유는 결국은 순수한 이성이 법칙을 부여할 경우에 성립하기 때문이다. 우리가 이성적으로 설명할 수 없는 직관, 즉 순수한 직관에 의해 자연과의 통일을 성취하는 것은 생의 커다란 흐름 속에서 자신을 상실하는 것이다. 그리고 이것은 자율과 표현의 종합이 아니라 자율을 포기하게 되는 항복이다. 그것은 나선이 한 단계 상승하게 되는 종합이라기보다는, 오히려 반성에 의해 깨어진 최초의 [직접적] 통일로 복귀하는 것과 구별하기 어려운 그런 것이다.

또한 주체의 자유가 끊임없이 창조하는 상상력에 있다는 사상은 주체성의 자율과 표현, 그리고 자연의 완전한 합일에 대한 요구들과 모순된다. 끊임없이 새로운 형식을 창조하도록 고무되는 주체성은 정의상 결코 완벽한 표현을 성취할 수 없다. 그것은 또한 자기 자신을 진정으로 표현하는 형식을 발견할 수 없는 주체성이다. 무한한 변화를 꾀하는 이러한 낭만주의적 이상은 피히테가 주창했던 끊임없는 노력의 철학에서 시사를 얻은 것이다. 따라서 그것은 헤겔이 '악무한惡無限'이란 용어로 혹평했던 [피히테의 철학과] 동일한 결함을 갖고 있다.

헤겔이 미학에 대한 강의[5]에서 논하는 낭만주의의 아이러니 사상은 정신의 외적인 표현들이 갖는 어떠한 의미도 부정한다. 그러한 표현들 모두는 끊임없이 창조하는 '자아' 앞에서 의미를 상실한다. 그러나 이러한 '자아'는 동시에 외적인 표현을 구하기 때문에 항상 절망할 수밖에 없다. 따라서 아이러니의 의기양양한 자기 긍정은 상실감과 열망Sehnsucht[6]에 굴복하는 것이며, 정신에 의해 버려진 세계로부터 도피하는 것이다. 이러한 사실은 많은 낭만주의 철학자가 체험했던 것이며, 헤겔도 '아름다운 영혼'[7]에 대한 묘사에서 지적하고 있는 것이다. 헤겔에 따르면, 끊임없

---

5    *Die Idee und Ideal*, 95-102.
6    *Ibid.*, 99.

이 창조한다고 하는 낭만주의적 주체의 주장과 이 주체가 세계를 신에 의해 버림받은 것으로 체험하는 것 사이에는 내적인 연관이 있다. 헤겔은 '현실적인 것은 이성적인 것'이라는 통찰에 입각하여 이와 같은 체험과 끊임없이 싸우고 있다.

어떤 의미에서 우리는 이렇게 이성을 포기한 것이, 한 극단에서는 자연, 역사 또는 신과의 친교 속에서 반半범신론적으로 이성을 포기하는 것, 그리고 다른 극단에서는 신에 의해 버려진 세계에서 존재하는 고독한 주체의 운명에 대한 첨예한 느낌 사이에서 낭만주의 철학이 동요하는 원인이라 주장할 수 있다. 헤겔은 이 두 현상을 강력하게 공격하게 된 것이다.

그러나 낭만주의적인 해결책이 부적절하다는 사실을 입증하는 것이 문제를 해결한 것은 아니다. 오히려 이러한 사실에 대한 반성은 사람들이 종합을 성취한다는 과제에 절망하게 만들지도 모른다. 왜냐하면 낭만주의 철학이 이성을 방기放棄하는 것에 대한 헤겔의 반론이 설득력을 갖더라도, 이성에 대한 낭만주의 철학의 반대는 여전히 효력을 갖는 듯하기 때문이다.

그러나 헤겔은 이러한 이의에 대해 답하려고 시도한다. 이러한 이의에 대한 그의 고투가 그의 저작에서 거듭 거론되는 중요한 주제들에서 나타난다. 한편으로는 무한한 활동으로서, 다른 한편으로는 이성에 의해 명령된 것으로서 자유에 대한 요구는 그의 무한, 즉 유한자를 포용하면서

---

7    [역주] 이것은 헤겔의 용어로, 현실에 대해 항상 환멸을 느끼면서 현실에 적대적인 태도를 취하는 소외된 의식 상태를 가리킨다.

원圓과 같이 자기 자신으로 복귀하는 무한에 대한 사상에서 화해된다.

또한 분석하고 분할하는 것으로서의 이성과 표현적 통일의 요구들 사이의 불일치라는 문제를 해결하기 위해 헤겔은 지성과 이성을 구별한다. 헤겔에게 '지성'은 낭만주의자들이 이성적 사고에 귀속시킨 모든 특색을 갖는다. 그것은 구별하고 분할한다. 그러나 이성은 이러한 구별과 분할을 다시 운동시킴으로써 포괄적 통일을 성취하는 보다 고차적인 사유 양식이다.

헤겔은 이성적 사고가 주체와 객체, 자기와 타자, 이성적인 것과 감정적인 것의 구별에 대한 명확한 의식을 포함하는 해결책을 제시한다. 즉 낭만주의자들의 이의에 대해, 헤겔은 궁극적 종합은 통일뿐 아니라 분열도 수용하지 않으면 안 된다고 주장함으로써 답하려고 한다. 헤겔은 1801년의 『피히테의 철학과 셸링의 철학 체계의 차이 *Differenz des Fichte'schen und Schelling'schen Systems der Pilosophie*』에서 이렇게 말하고 있다. "절대자는 동일과 비동일의 동일이다. 대립과 통일은 모두 그 안에 있다"(77).

그러나 '어떻게 해서 이것이 해결책이 된다는 말인가'라고 묻는 사람들이 있을지도 모른다. 그러한 해결책은 이 문제가 해결 불가능한 것이라는 사실을 인정하는 것처럼 생각된다. 대립과 통일을 결합하는 것은 무엇을 의미하는 것인가? 헤겔에 대해 적대적인 비판자들이 주장하는 것처럼, 헤겔은 사유될 수 없는 것을 흡사 필연적인 진리인 것처럼 보이도록 언어유희를 하는 것인가? 이러한 물음에 답하기 위해 우리는 이제 헤겔이 수행한 철학적 종합의 주요 내용을 고찰해야 한다.

## 2. 구체화된 주체

이성적 자율과 표현적 통일의 종합을 실현하려는 시험이라고 할 수 있는 헤겔의 저작은 우리 내부에서 자유와 자연의 대립, 개인과 사회의 대립, 인식하는 주체와 그의 세계 사이의 건널 수 없는 심연, 유한한 정신과 무한한 정신, 인간과 신 사이의 보다 깊은 심연을 극복하는 것을 목표한다.

앞장에서 언급된 나선형 역사관에 따라, 헤겔은 이러한 대립들이 인간의 발전 과정 초기에는 더 첨예하게 나타나지만, 대립이 최고도로 전개될 때 대립하는 두 항은 서로 화해하게 된다고 주장한다. 그리고 이 '화해'는 단순히 "원래의 상태로 되돌아가는 것"을 의미하지 않는다. 주체와 자연의 분리 이전의 원시적 상태로 되돌아가는 것은 불가능하다. [헤겔이] 원하는 바는, 분리의 결과물인 자유로운 이성적 의식을 통일성과, 즉 자연, 사회, 신, 더 나아가 운명 또는 사태의 추이와 화해시키면서도 그것을 보존하는 것이다.

이것[자유로운 이성적 의식]은, 이러한 화해를 드러내고 그것을 의식시키는 것과 관련하여, 다시 말해 실현시키는 것과 관련하여 —왜냐하면 이 경우에 실현과 자기의식은 서로 분리될 수 없기 때문이다— 철학이 결정적이고 불가결한 역할을 행하기 때문에 더욱더 필수적이다.

그러나 이러한 대립들은 그것들의 각 항이 다른 항과 대립할 때만 존재하는 것이 되는데, 어떻게 화해될 수 있을 것인가? 사실 바로 이것이 우리의 문제이다. 인간은 자연, 사회, 신 및 운명으로부터 분리될 때만, 자기의식적이고 이성적인 자율을 성취한다. 그는 자기 자신의 자연적 충동을 제어하고, 불합리한 사회적 관습과 결별하고, 신 및 군주의 권위에 도전하고, 운명의 명령을 받아들이는 것을 거부함으로써 내적인 자유를 얻을 수 있다. 헤겔도 이러한 사실을 실로 명확히 깨닫고 있었다. 바로 이것이야말로 그가 대립을 무시하고 단지 원래 그대로의 원시적 통일로 돌아가려는 시도를 반대했던 이유다.

헤겔의 해결책은, 이러한 기본적인 이분법에서 각 항이 완전히 이해되었을 때에는 자신의 대립자에 대립할 뿐만 아니라 그것과 [자신이] 동일한 것이라는 사실을 보여 주는 것이었다. 그리고 우리가 사태를 더욱 깊이 음미할 때, 사태가 그러한 이유는 대립과 동일성이라는 관계들이 근저에서 서로 결합해 있기 때문이라는 사실을 알게 될 것이다. 대립과 동일성은 어떤 것도 그 자체적으로 존재할 수 없기 때문에, 즉 어떤 것도 두 항 사이에 존재하는 유일한 관계일 수 없기 때문에 명확히 구별될 수 없다. 오히려 그것들은 일종의 원환 관계다. 대립은 그것 이전의 동일성으로부터 일어난다. 이것은 필연적이다. 그 동일성은 그 자체만으로는 자신을 유지할 수 없기 때문에 대립을 낳지 않으면 안 되었던 것이다. 여기에서 자연스럽게 나오는 결론은 대립은 단순히 대립만은 아니라는 사실이다. 각 항과 그것에 대한 대립자의 관계는 특히 친밀한 것이다. 각 항은 단순히 어떤 타자가 아니라 '그 자신의' 타자와 관계하는 것이다. 이러한 은폐된 동일성은 통일성이 회복될 때 필연적으로 다시 나타나게 된다.

따라서 헤겔은 상식적인 동일성의 관점은 철학에서는 변증법적이라고 불릴 수 있는 사고법에 의해 대체되어야 한다고 본다. 그리고 헤겔은 그러한 사고법이 변증법적이라고 불릴 수 있는 것은, 그것이 무모순성의 원리, 즉 $-(p-p)$[8]를 침해하지 않는 하나의, 또는 일련의 명제로 파악될 수 없다는 것을 드러내 주기 때문이라고 주장한다. 헤겔의 철학에서 현실을 참으로 올바르게 파악할 수 있는 최소한의 원리들은 다음 3개의 명제이다. A는 A이다. A는 또한 -A이다. -A는 자기 자신이 결국 A라는 사실을 보여 준다.

헤겔은, 이러한 사변의 진리를 파악하게 될 때 우리는 자유로운 주체성이 자연, 사회, 신 및 운명과의 대립을 어떻게 극복하는지를 볼 수 있게 된다고 주장한다. 이러한 주장은 사람들을 상당히 당혹하게 한다. 이는 언뜻 보기에 언어의 속임수 같다. '동일'과 '대립', '동일'과 '차이'라는 용어는 정확히 무엇을 의미하는가? 위의 주장은 정확히 무엇을 의미하는가? 그리고 우리는 그것을 어떻게 논증할 수 있는가?

헤겔이 여기에서 무엇을 의미하고자 하는지를 명확히 알려고 한다면, 우리는 먼저 그의 〈정신〉[9]이란 개념, 또는 우주적 정신이란 개념을

---

8    [역주] p가 p이면서 동시에 p가 아니라는 사실은 있을 수 없다.

이해하지 않으면 안 된다. 우리가 단지 '동일성'과 '차이'에 대해서 말할 때 추상적이고 기묘한 것처럼 생각하게 되는 것이, 그것들을 〈정신〉에 적용할 때는 그렇게까지는 나타나지 않을 것이다. 그런데 후기 헤겔에서 무한한 정신의 근본적 원형은 주체로서 제시된다.

이 주체라는 용어가 어떻게 〈정신〉에 적용되는가를 보기 전에, 헤겔의 주체라는 용어가 무엇을 의미하는지 음미해 보는 것이 좋을 것이다. 또한 주체라는 개념은 데카르트 이래 합리론과 경험론을 지배했던 이원론을 극복하는 단서로서 그것 자체가 철학적으로 중요한 개념이기 때문에, 이 개념에 대한 음미는 더욱 가치 있는 일이다.[10]

헤겔의 사상은 헤르더 등에 의해서 전개된 표현주의적 이론에 기초해 있다. 이 이론은 우리가 주체, 즉 인간을 어떤 일정한 형상을 실현하는 것으로 보는 아리스토텔레스적인 범주를 재도입했다. 그러나 그 이론은 이 실현된 형상을 주체가 어떤 존재인지를 명확히 한다는 의미의 표현, 즉 그 형상이 실현되기 전에는 알 수 없었던 어떤 것의 표현으로 봄으로써 아리스토텔레스적인 사상에 다른 차원을 부가했다. 이 두 개의 원형, 즉 아리스토텔레스가 말하는 형상과 근대적인 개념인 표현의 합일을 통해 우리는 자기실현이라는 개념을 얻게 된 것이다.

헤겔의 주체론은 자기실현론이었다. 따라서 그것은 철저하게 반

---

9    [역주] 아래에서 〈정신(Geist)〉은 인간 개개인의 정신이 아니라 헤겔이 말하는 형이상학적인 우주
     정신, 즉 절대정신을 가리킨다. 〈이성〉도 절대이성으로서의 절대정신을 가리키며, 〈이념(Idee)〉,
     〈개념(Begriff)〉도 인간 개개인의 이념이나 개념이 아니라 절대정신의 이념과 개념을 가리킨다.

10   헤겔은 사실상 근대의 철학적 인간학의 발전사에서 하나의 중요한 고리, 즉 이원론에도 기계론에
     도 반대하는 고리이며, 우리는 그의 이러한 사상이 여러 가지 방식으로 마르크스주의와 현상학에
     까지 계승되고 있음을 볼 수 있다.

反이원론적인 것이었다. 왜냐하면 이러한 표현주의적 이론은 (경험론까지 포함하여) 데카르트 이후 철학의 이원론을 반대하며, 그 계보의 양쪽 [데카르트적인 합리론과 경험론] 모두를 반대하기 때문이다. 이 이원론은 주체를 외부의 세계와 자기 자신을 지각하는 의식으로 보았다. 그것은 비물질적이며, 따라서 주체 자신의 신체를 포함하는 물체의 세계와 이질적인 것이었다. 사유, 지각, 이해 등의 '정신' 작용은 이러한 비물질적인 존재에 귀속된다. 그리고 이러한 주체는 전적으로 그 자신을 명료하게 통찰할 수 있는 것, 즉 그 자신의 내용 또는 '관념'을 명확히 볼 수 있는 것으로 (이것이 데카르트의 생각이었던 것 같다) 여겨지고 있다.

그런데 이러한 견해는 아리스토텔레스적 전통에서 이해된 생명—자기를 조직하고 자기를 유지하는 형상, 자신의 물질적인 체현 속에서만 운동할 수 있기 때문에 이것으로부터 분리될 수 없는 형상으로서의 생명—을 용납할 여지가 없다. 이런 종류의 생명은 이원론에서는 소멸해 버린다. 왜냐하면 그것의 본질은 이원론이 초래한 분열을 해소하는 것이기 때문이다. 그러한 생명은 물질적인 것이긴 하지만 형상을 전개하는 가운데 의도성과 같은 것을 나타내며, 때에 따라서는 우리가 정신과 연관시키는 지능까지도 나타낸다. 우리는 여러 생물에 대해서 자신들의 환경을 '고려하고 있는 것'으로 여긴다. 이는 이러한 생물들이 새로운 상황에 지능적으로 적응할 수 있기 때문이다.

이에 반해 이원론은 이러한 모든 지능 작용을 신체와 이질적인 정신에 귀속시킨다. 따라서 물질은 전적으로 기계론적으로 이해되어야 할 것으로 남게 된다. 따라서 데카르트적·경험론적 이원론은 기계론과 중요한 연관을 갖는다. 데카르트는 생리학에 대한 기계론적 설명을 시도했다. 또한 근대의 기계론적 심리학은 역사적으로 경험론과 밀접한 관련을 갖고 있다. 그것은 하나의 항[정신]이 억압된 이원론이다.

그러나 근대의 이원론적 경향은 아리스토텔레스의 철학적 상황과 상이한 철학적 상황에서 대두되었다. 그 경향은 부분적으로는, 유대교적·그리스도교적 기원으로부터 우리에게 전해진 의지에 대한 견해 —그리스적 사유와는 전적으로 무관한 견해— 에 의해서 육성되었다. 그것은 자기 규정적 주체라는 이념과 더불어 성장한다. 요컨대 그것은 순수한 이성적 사고와 철저한 자유에 대한 근대적 집착과 긴밀한 관계에 있다. 우리가 이미 본 것처럼, 헤겔은 이것들을 일소하고 초기의 단계[아리스토텔레스 철학]로 되돌아갈 생각이 없다.

또한 실제로 정신이 외부의 지배로부터 가장 자유로운 것처럼 생각될 때는, 우리가 순수 사유에, 즉 정신의 반성적 활동에 관심을 집중시킬 때, 과학이나 수학의 어떤 문제를 깊이 생각할 때, 도덕의 어떤 원리를 숙고할 때다. 예컨대 우리의 정서 생활에는 그러한 자유가 있는 것 같지는 않다. 이원론이 가장 올바른 견해로 여겨질 수 있는 영역은 이러한 순수 사유의 영역이다. 우리는 자신의 신체 속에서 '느낄' 수 있는 적에 대한 격렬한 분노를 신체와 무관한 정신에 속하는 것으로 보기를 주저하겠지만, 논리학의 문제나 도덕적 행위의 문제에 관한 나의 순수한 내적인 반성을 [정신 이외의] 어디에 속하는 것으로 볼 수 있겠는가?

여기에서 표현 이론의 다른 일면이 갖는 의미가 명확하게 드러나게 된다. 우리는 헤르더가 표현적 인간론과 아울러 그것의 본질적인 부분으로서 표현적 언어 이론을 전개시켰던 것에 놀랄 필요는 없다. 이 언어 이론에 따르면, 여러 단어가 의미를 갖는 것은 그것들이 세계나 정신 속의 사물들을 지시하거나 언급하기 때문이 아니라, 보다 근본적으로는 언어 사용자로서의 인간에 특유한, 우리 및 사물에 대한 어떤 종류의 의식 —헤르더는 이에 대해 '성찰Besonnenheit'이라는 말을 사용했다— 을 표현하거나 체현하기 때문이다. 언어는 기호들의 집합으로 간주되는 것이 아니라 보는 것과 경험하는 것의 일정한 방식을 표현하는 매체로 간주된다. 그러한 것으로서 언어는 예술과 밀접한 관련을 갖는다. 따라서 언어 없이 사유는 있을 수 없다. 또한 여러 민족의 언어는 그 민족이 사물을 보는 방식을 반영한다.

따라서 표현설은 이원론에 반대되는 것이다. 언어, 예술, 몸짓 또는 어떤 외적 매체 없이는 사유는 존재하지 않는다. 그리고 사유가 이러한 매체로부터 분리될 수 없다는 사실은, 사유가 이러한 매체 없이는 있을 수 없다는 것뿐 아니라 사유가 매체에 의해서 형성된다는 것을 의미한다. 즉 한 관점으로부터 동일한 사상으로 기술될 수 있는 것도 새로운 매체로 표현되면, 예컨대 하나의 언어로부터 다른 언어로 번역되면 그 의미가 변하고 만다. 달리 말해 우리는 사유의 내용과 매체에 의해 '부가된' 것을 명확히 구별할 수 없는 것이다.

이처럼 질료와 형상에 관한 아리스토텔레스의 사상, 또는 종래의 호칭에 따르면 질료 형상설hylomorphism은 정신이 신체로부터 분리될 수 없는 관계에 있다고 보는 '생물체의 개념'을 제시한다, 또한 이 표현 이론은 사유와 그 매체가 서로 분리될 수 없는 관계에 있다고 보는 '사유하는 존재의 개념'을 우리에게 제시한다. 따라서 표현설은 사람들이 신체를 벗어난 정신에 귀속시키기 쉬운 작용 —순수 사유, 반성, 숙고— 을, 외적 매체에 반드시 의지할 수밖에 없는 구체적인 실존에 귀속시키는 것이다.

따라서 질료 형상설과 새로운 표현관을 통일한 표현주의적 이론은 철저하게 반反이원론적이다. 헤겔의 주체론도 그러했다. 주체와 그의 모든 작용은 아무리 '정신적'인 것이라 해도 항상 구체화되어 나타난다는 것이 헤겔 사상의 근본적 원리이다. 그리고 이러한 사실은 두 개의 상호 관련된 차원에서 그러하다. 즉 주체는 '이성적 동물', 다시 말해 사유하는 생물로서 나타나는 동시에, 표현적 존재로서, 다시 말해 자신의 사유를 항상 필연적으로 매체를 통해 표현하는 존재로서 나타나는 것이다.

이러한 필연적 구체화의 원리는 헤겔의 〈정신〉 또는 우주적 정신의 핵심을 이루는 것이다. 그러나 〈정신〉이란 개념에 대해 고찰하기 전에 어떻게 해서 이러한 표현주의적 주체론이 우리에게 동일성과 대립의 통일에 대해 말할 수 있는 근거가 될 수 있는지에 대해 고찰할 것이다.

헤겔의 표현론은 우리가 데카르트적·경험론적 이원론에서 보는 바와 같은 생명과 의식 간의 분열을 알지 못한다. 이원론에서 여러 생명 작용은 연장된 물질적 존재의 세계로 격하되며, 기계론적으로 이해되어야 하는 것으로 간주된다. 다른 한편 정신의 모든 작용은 별개의 비물질적인 것에 속한다. 따라서 데카르트는 동물을 복잡한 기계로 볼 수 있었다. 그러나 아리스토텔레스를 신봉하는 사람이라면 이런 종류의 이분법을 지지할 수 없을 것이다. 왜냐하면 생물은 작용하는 통일체이며 단순히 부분들의 연쇄가 아니기 때문이다. 더구나 생물은 변화하는 상태를 통해서 일정한 형상을 유지하면서 원초적 목적proto-purpose을 보여 준다. 그뿐 아니라 생물은 새로운 상황에 적응하는 데 있어서 일종의 원초적 지능을, 즉 자기의식적인 존재가 목표를 실현하려 하고 자신과 환경을 고려하면서 명확하게 발휘하는 지능과 유사한 지능을 보여 준다. 바꾸어 말하면, 생물은 작용하는 통일체일 뿐 아니라 행위자로서의 성질을 갖는 것이다. 이러한 사실로 인해 생물은 인간적 주체에서 정점에 달하는 발전 선상에 놓이게 된다.

이러한 방식으로 헤겔은 데카르트 철학에 의해 손상되었던 생물들의 연속성에 대한 사상을 회복했다. 그러나 우리 자신과 동물 사이에만 연속성이 있는 것이 아니라, 연속성은 우리 자신 속에도, 즉 생명 작용과 심적 작용, 생명과 의식 사이에도 있다. 표현주의적 견해에 의하면, 이것들은 인간에게서 서로 분리되어 두 개의 부분이나 능력에 귀속될 수 없다. 그러나 헤겔은 헤르더와 마찬가지로, 인간을 이성적 사고가 부가된 동물로 해석할 수 없다고 생각한다. 이와 반대로 인간은 전혀 다른 종류의 통일체다. 이는 반성적 의식이라는 사실이 그의 모든 것을 변화시키기 때문이다. 그의 태도, 신체 구조, 그가 걸리는 병 등은 말할 것도 없고 여러 감정, 욕망, 자기 보존의 본능조차 다른 동물과 다르게 된다. 생물을 통일체로 보는 사람은 누구나 이러한 방식으로 사태를 고찰할 수밖에 없다.

따라서 이러한 견해는 생물들의 연속성뿐 아니라 그들 사이의 질적인 비연속성도 주장한다. 생물로서의 인간은 다른 동물과 철저하게 다른 것은 아니지만, 단순히 '동물 더하기 이성an animal plus reason'은 아니다. 인간은 완전히 새로운 통일체이다. 그리고 이는 인간이 다른 동물들과는 전혀 다른 원리들에 입각하여 이해되어야만 한다는 사실을 의미한다. 따라서 우리는 연속성이란 개념과 아울러 존재 수준들의 계층성이란 개념을 갖게 된다. 우리가 여기서 말할 수 있는 것은 단순히 여러 유형이 아니라 계층성이다. 왜냐하면 '더 높은' 수준에 속하는 것은, 더 낮은 것이 불완전하게 구체화하는 것을 보다 고도로 실현하고 있다고 볼 수 있기 때문이다.

헤겔은 의식적 주체성에서 정점에 달하는 이러한 존재의 계층성이라는 사상을 고수한다. 보다 낮은 유형의 생물은 주체성의 원초적 형태를 보여 준다. 이는 생물들의 [발달] 정도가 높아짐에 따라서 의도, 생명형태로서의 자기주장, 자신을 둘러싸고 있는 환경에 대한 [다른] 인식을 보여 주기 때문이다. 요컨대 생물들은 점차 행위자처럼 되며, 최고의 동물(인간)은 오로지 자기 자신이 되기 위한 표현력을 원하게 된다. 나중에 보겠지만, 헤겔은 이러한 계층성을 살아 있는 존재를 넘어서 창조물 전체에 확대한다. 동물이 인간적 주체성을 지향하는 것처럼, 더 높은 단계의 생명을 지향하는 무기체들 사이에서도 계층성을 볼 수 있다. 따라서 생물이 의식의 원초적 형태인 것처럼, 예컨대 태양계의 통일은 생물의 원초적 형태로 간주될 수 있다.

지금까지 살펴본 헤겔의 이론은 다른 표현주의적 사상가들 ─예컨대 헤르더─ 의 이론과 별로 다르지 않다. 그러나 그는 또한 그 속에 칸트의 관념에서 비롯된 사상을 끌어들인다. 앞에서 보았듯이 의식은 생명과 연속적 또는 비연속적일 뿐 아니라 또한 어떤 의미에서는 생명을 '부정한다.' 왜냐하면 인간은 의식하고 인식하는 이성적인 존재로서 이성적 사유의 명석성과 자족성을 목적하지만, 그가 이것을 달성하는 것은 자연 ─외부의 자연뿐 아니라 내부의 자연─ 으로부터 자신을 분리하는 것에 의해서만 가능하기 때문이다. 이 때문에 그는 이성적 사유를 자신의 욕망, 성벽, 취미로부터 분리하고, 또한 무의식적인 경향의 흐름으로부터 그것을 가능한 한 자유롭게 하려고 노력한다. 이성적 의식은 인간을 [이성적 사유와 무의식적인 경향으로] 분열시키고, 자신을 생명에 대립시키는 사명을 갖는다. 그리고 특히 데카르트의 이원론에서 표현되고 있는 것은 이러한 것이었다.

따라서 인간은 불가피하게 자기 자신과의 불화 속에 빠진다. 인간은 이성적 동물이지만, 이는 생물이면서도 사유하는 존재를 의미한다. 또한 오직 그가 살아 있는 존재이기 때문에만 사유하는 존재일 수 있다. 그렇지만 그는 사유의 절박한 요구에 의해 생명과, 즉 자신 속에 있는 자생적이고 자연적인 것과 대립한다. 그 결과, 그는 자신을 분열시키고 원래 통일되어 있던 자신의 내부에 분열과 불화를 초래하게 된다.

이성적 사유, 즉 불화는 인간의 출발 상태가 아니고 그가 우여곡절 끝에 도달하게 되는 상태다. 이는 다음 두 가지 사실을 의미한다. 첫째로, 그것은 생명 형태들의 계층성을 넘어서 사유 양식의 계층성이 있다는 것을 의미한다. 자기 자신에 대한 인간의 이성적 의식이 성장함에 따라 이러한 자기의식에 관한 인간의 표현 양식도 변화해야만 한다. 즉 인간의 언어, 예술, 종교, 철학은 변화해야 한다. 왜냐하면 사유는 그것의 매체가 변화되지 않으면 사유 자체도 변화하지 않기 때문이다. 따라서 높은 표현 양식에서는 낮은 표현 양식에서보다 더 정확하고 명료하며 수미 일관된 사유가 가능하게 된다.

이러한 종류의 계층성에 관한 사상이 헤겔 철학에서 중요한 역할을 행하고 있다. 이러한 사실은 예술, 종교 및 철학과 관련하여 가장 잘 알려져 있다. 이것들은 〈정신〉을 이해하기 위한 매체이지만, 그것들 간의 순위는 동일하지 않다. 어떤 의미에서 우리는 동일한 진리를 이들 세 개의 양식으로 표현한다. 그것들은 단지 [진리에 어느 정도 상응하는가 하는]

상응성의 수준이 다를 뿐이다. 이러한 계층성은 낮은 수준이 더 높은 수준의 원초적 형태를 포함하는 계층성, 즉 같은 종류의 통일성에 대해서 높은 수준의 것보다 더 빈약한 표현을 나타내는 다른 종류의 [즉 생명 형태의] 계층성과 유사하다.

두 번째로, 이성적 사유가 인간의 출발 상태가 아니고 오히려 인간이 우여곡절 끝에 도달하는 상태라는 사실은 인간이 역사를 갖는다는 사실을 의미한다. 명석성에 도달하기 위해 인간은 노력과 투쟁에 의해 보다 덜 발전된 의식 단계들을 극복해 나가지 않으면 안 된다. 인간은 유치한 존재로 출발해서 고투를 통해서 서서히 문화와 지성을 획득해 나가지 않으면 안 된다. 그리고 이것은 우연한 불행은 아니다. 사유 또는 이성은 우리가 앞에서 살펴보았듯이 살아 있는 존재[생물] 속에서 구체화될 경우에만 존재할 수 있기 때문이다. 그러나 생명의 과정은 무의식적이며 무반성적인 충동에 의해 지배되고 있다. 따라서 의식적 생명의 잠재력을 실현하기 위해서는 노력, 내적 분열, 오랜 시일에 걸친 변혁이 필요하다. 따라서 우리는 이렇게 오랜 시일이 걸리는 변혁에는 의식 양식이 고도화되어 간다는 것 이상의 의미가 있다는 사실을 알 수 있다. 그러한 변혁을 위해서는 인간이 충동과 싸우고, 이성적 사유와 자유의 여러 요구를 표현할 수 있는 문화로 자신의 충동을 변화시키는 것이 필요하다. 이렇게 인간의 역사는 문화의 형식이 고도화되어 가는 과정이기도 하다.

아마 우리는 이제 앞 절(1절)의 마지막 부분에서 제기되었던 수수께끼 같은 주장, 즉 동일성과 대립은 서로 불가분의 관계에 있다는 주장을 이해할 수 있는 지점에 와 있다. 우리는 헤겔의 주체 개념을 통해 이러한 주장의 의미를 명확히 할 수 있는 것이다.

사유하는 이성적 주체는 구체화될 경우에만 존재할 수 있다. 이런 의미에서 우리는 주체가 자신의 구체화(또는 신체화)라고, 달리 말해 사유하는 존재로서의 나는 나의 살아 있는 신체라고 말할 수 있다. 그러나 동시에, 이러한 구체화는 욕망과 충동의 흐름 속으로 주체를 흡수하여, 주체를 우리 자신 안에 존재하는 무반성적인 통일 상태 및 자연과의 무반성적인 통일 상태로 머물게 하는 경향을 갖는다. 이성은 자신을 실현하기 위해 이러한 경향과 싸우지 않으면 안 된다. 그리고 이러한 의미에서 이성이 구체화된 것[생명]은, 사유하는 이성적 주체와 다를 뿐 아니라 이성의 대립물이고 한계이며 이성에 대한 적대자다.

이런 의미에서 우리는 주체가 자신이 구체화된 것과 동일하면서도 그것과 대립하고 있다고 말할 수 있다. 이는 주체가 헤겔의 철학에서는 일차원적으로, 즉 어떤 일정한 속성들을 갖는 하나의 존재로서가 아니라, 이차원적으로 정의되고 있기 때문이다. 주체는 구체화를 통해 존재하려 한다. 그러나 동시에 주체는 목적론적으로 어떤 완전성, 즉 이성과 자유의 완전성을 지향한다. 이는 아리스토텔레스와도, 표현주의적 이론과도 일치한다. 그리고 완전성에 대한 이러한 요구는, 적어도 처음에는 주체가 존재하기 위한 조건들 [즉 구체화의 조건들]과 대립한다.

주체가 자기 자신뿐 아니라 자신의 타자와 관계하는 것을 가능하게 하는 것은 주체가 갖는 이러한 복잡한 내적 구조다. 적어도 의식적인 존재로서 존재하기 위해서 주체는 생명체로 구체화되어야 한다. 그러나 의식의 완전성을 실현하기 위해서는, 주체는 자신을 제한하는 생명의 자연적 성벽과 싸우지 않으면 안 된다. 주체가 존재하기 위한 조건들은 자신의 완전성에 대한 요구와 충돌한다. 주체는 이렇게 필연적으로 내적인 갈등 또는 우리가 모순이라고까지 말할 수 있는 것에 사로잡혀 있다.

이렇게 동일성과 대립이라는 두 관계는 서로 밀접하게 연관되어 있다. 그러나 동일성은 존재의 불변적인 조건들에 근거하고 있고, 대립은 주체가 오랜 시간에 걸쳐서 달성하는 주체 실현의 요구로부터 생기는 것이다. 따라서 우리는 두 관계가 다음과 같은 시간적 유형 아래 서로 연관되어 있는 것으로 볼 수 있다. 원초적인 동일성은 분열에 굴복해야만 하는데, 이는 주체가 자신 속에 분열의 싹을 포함하지 않을 수 없기 때문에 불가피하다.

그러나 이러한 시간적 유형에서 제3의 단계, 즉 화해에 대해서 우리는 어떻게 생각해야 하는가? 우리는 앞 절의 마지막 부분에서, 충분히 이해된 대립은 통일의 회복을 보여 준다는 헤겔의 생각을 살펴보았다. 그리고 이러한 사실도 또한 헤겔의 주체 이론에서 수미일관되게 연역될 수 있다. 인간은 사유와 생명, 이성과 자연의 대립 상태에 영구히 머무르지는 않는다. 오히려 양자는 변용되어 더 높은 통일에 도달한다. 조야한 자연, 즉 충동적 생명은 변혁되고 정교해지면서 인간의 더 높은 소망을 반영하게 되고 이성의 표현이 된다. 그리고 이성도 자연을 지배하기 위하여 싸우는, 즉 자연보다 더 고귀한 것임을 자부하는 이성이기를 그친다. 이성은 자연이 이성적 계획의 일부라는 것, 즉 인간을 더 높은 합일에 도달하도록 교화하기 위해서는 분열이 있어야만 한다는 사실을 알게 된다. 이성적 주체는 이러한 더 큰 이성, 즉 전체의 근저에 놓여 있는 이성적 계획과 자신을 일치시키게 되며, 자기 자신을 자연과 대립하는 것으로 보지 않게 된다. 이제는 자연이 변용되어 이성적 사유의 적절한 표현이 되었기 때문이다.

이렇게 인간의 역사는 분열로 끝나지 않는다. 그것은 분열을 넘어서 훨씬 높은 문화적 형식으로 나아간다. 이러한 문화적 형식 속에서 우리의 자연은, 즉 우리의 환경과 관계하고 있는 개인적, 집단적인 삶은 자율적인 개인의 계획보다 더 큰 이성적 계획을 표현한다. 그리고 인간 역사는 훨씬 더 높은 의식의 양식에 도달하게 되는바, 이러한 의식의 양식에서 우리는 이러한 더 큰 계획을 보며 이것과 일체화하게 된다. 헤겔은 이러한 더 높은 의식 양식을 '이성Vernunft'이라고 부르고, 사물들을 서로 분열된 것, 또는 서로 대립된 것으로 보는 의식 양식을 '지성Verstand'이라고 부른다.

이러한 통일은 시작 단계에서의 미분화된 통일과는 매우 다르다. 그 통일은 '매개된' 통일이다. 그것은 자연의 변용과 이성의 발전에서 필수적인 단계였던 분열에 대한 의식을 보존하고 있다. 또한, 충분히 의식적이고 (아마도) 본질적으로 이성적인 통일이다.

이처럼 인간적 주체는 동일성과 대립의 관계에 관한 헤겔의 테제에 대한 모델이다. 인간적 주체는 자신의 본질적 구체화와 동일할 뿐만 아니라 대립하고 있으며, 이러한 이중적 관계는 또한 시간 유형에서 표현될 수 있다. 최초의 동일로부터 필연적으로 대립이 성장한다. 그리고 이러한 대립 자체는 그것의 불가피성과 이성적 필연성에 대한 승인에 근거하는 더 높은 통일로 나아간다.

## 3. 주체로서의 절대자

그러나 어떻게 해서 이러한 인간론이 '동일성과 비동일성의 동일성'이라는 놀랄 만한 테제를 정당화하는가? 비록 헤겔의 주체론을 통해 우리가 인간이 피할 수 없는 갈등 ―'모순'이라고 부르고 싶은 정도의 갈등― 에 대해 통찰할 수 있다는 사실을 인정하더라도, 어떻게 해서 이것이 동일성과 대립 사이의 밀접한 연관에 대해 말하는 것까지도 정당화하는가?

이러한 물음에 대한 답은 그러한 주체론이 인간뿐 아니라 우주적 정신 또는 〈정신〉에도 적용된다는 것이다. 그리고 실로 우리는 이미 앞 절 끝부분에서, 인간에게서 보이는 대립의 해결을 위해서는 인간을 넘어선 〈정신〉의 계획인 이성적 계획이 존재해야만 한다는 사실을 살펴보았다.

그런데 헤겔에게 절대자는 주체이다. 모든 현실의 근저에 있으면서 자신을 모든 현실 속에서 나타내는 것, 즉 스피노자에서의 '실체', 그리고 질풍노도 시대의 사람들이 만물을 관류하는 신적인 생명으로 간주했던 것을 헤겔은 〈정신〉으로 이해했다. 그러나 정신 또는 주체성은 필연적으로 구체화되어 있다. 따라서 〈정신〉 또는 신은 자신이 지탱하고 자신이 그 속에서 나타나는 우주로부터 분리되어 존재할 수 없다. 오히려 우주는 〈정신〉 또는 신의 구체화이며, 이러한 구체화가 없다면 —내가 나의 구체화 없이는 존재하지 않는 것과 마찬가지로— 〈정신〉 또는 신은 존재하지 않을 것이다. 우리는 여기서 헤겔 철학이 스피노자주의라거나 범신론이라는 비난을 받아야만 했던 이유를 알 수 있다. 그리고 이런 점에서 헤겔은 질풍노도 또는 낭만주의 사상에 의해 영향받았던 그 시대의 많은 사람에 속한다. 헤겔의 답변을 정확히 평가하기 위해서 우리는 〈정신〉에 대한 헤겔 특유의 사상을 보다 면밀히 고찰해야만 한다.

우리는 헤겔의 표현주의적 주체론에서 서로 합류하는 구체화의 두 모델이 있다는 사실을 이미 살펴보았다. 하나는 아리스토텔레스에서 유래한 것으로서 살아 있는 신체 속에서만 있을 수 있는 생명 형태에 관한 사상이었다. 그리고 다른 하나는 사유의 표현을 위해서는 매체가 필요하다는 사상이다. 이 두 사상은 내가 인간으로서, —또는 표현주의적 관점에 보다 적합하게 말하자면— 이 인간, 이 공동체의 일원으로서 무엇인지를 적절하게 표현하는 생활 양식에 관한 사상 속에서 합류한다. 생활 양식은 생명의 필수적인 기능들인 영양, 생식 등을 행하는 양식인 동시에 우리의 본질을, 즉 우리의 '정체성'을 드러내고 결정하는 문화적 표현이기도 하다. 우리는 혼인 관계, 사회의 경제적 생산 양식을 이 두 개의 차원에서 고찰할 수 있으며, 표현주의적 관점에 설 경우에는 마땅히 그래야만 한다. 그것들은 생명과 생식을 지탱하는, 인간들 사이의 관계이다. 그러나 그것들은 또한 역할, 가치, 바람aspiration, 성공과 실패, 공평 등에 관한 정의定義를 포함하고 있다. 우리가 인간의 결혼 또는 생산 양식으로서 인정하는 것은 어떤 것이든 이러한 정의를 포함하고 있다. 이를 달리 표현하자면, 이러한 관계들은 언어 없이는 불가능하다는 것이다.

그러나 구체화의 이 두 차원이 인간을 이해하는 데 필수적이라 할지라도 그 각각이 적용되는 영역이 전적으로 합치하는 것은 아니다. 인간에게는 우리가 단순히 생명 기능이라고 해석해야 하고 문화적 표현으로 해석해서는 안 되는 것들 —예컨대 소화 기능— 이 있다. 또한 생명의 기능들과 관련짓지 않고서도 이해할 수 있는 문화적 표현이 있다(마르크스주의자와 프로이트주의자는 동의하지 않을 것이지만). 그리고 이러한 표현들은 두 차원[생명 기능과 문화적 표현]으로서 이해되어야만 하는 결혼 제도라든가 생산 양식 등에 못지않게 중요하다.

그러나 이 두 차원은 〈정신〉에서는 전적으로 일치한다. 우주는 신의 '생명 기능'의 구체화, 즉 신이 존재하기 위한 조건이다. 그것은 또한 신의 표현, 즉 신의 본질을 나타내기 위해 신에 의해 정립된 것이다. 따라서 우주는 생명 형태와 유사한 것으로서 파악되어야만 한다. 다시 말해 우주는 아리스토텔레스에서 유래하는 '내재적 목적론'의 범주에 의해 이해되어야만 하고, 신이 그 자신이 무엇인지를 말하는 텍스트와 유사한 것으로 해석되어야만 한다.

신에게서는 생명과 표현이 이렇게 완벽하게 일치한다는 점이 무한한 정신으로서의 신을 유한한 정신으로서의 우리로부터 구별 짓는 것이다. 우리는 우주를 신이 존재하기 위한 조건으로서, 그리고 또한 신에 의해 정립된 것으로서 보지 않으면 안 된다. 신은 자기 자신의 존재 조건을 스스로 정립하는 자로서 간주될 수 있다. 이런 의미에서 우주는 흡사 설계된 것처럼 보인다. 물론 이때 우리는 자신의 창조물과 분리되어 존재할 수 있는 설계자의 표상을 떠올리지 않도록 주의해야 하지만, 우주는 필연적인 구조를 가지고 있다고 말할 수 있다. 우리가 [우주로부터] 독립해 있는 설계자 없이 설계된 우주라는 이 어려운 개념을 고찰하기 전에 우주가 갖는 이러한 필연적 구조를 살펴보자.

만약 우주가 신 또는 〈정신〉의 존재 조건으로서 정립된 것이라면, 우리는 우주의 일반적 구조를 〈정신〉의 본성으로부터 연역할 수 있다. 그런데 〈정신〉 또는 주체성은 우리가 보았듯이 이성과 자유와 자기의식의 실현, 또는 자유롭고 이성적인 자기인식의 실현을 목표로 하는 것으로서 목적론적으로 이해되어야만 한다. 우리는 이 세 개의 술어(이성, 자유, 자기의식)가 표현주의적 주체론에서 서로 어떻게 연관되어 있는지를 볼 수 있다. 이성적인 자기인식은 생명에서 표현된, 따라서 구체화된 자기에 대한 이성적인 인식이다. 완전한 자기인식은 이 표현이 자신과 일치하는 것으로서 인정되었을 때 달성된다. 만약 그렇지 않고 표현이 왜곡되어 있고 그 이상의 변화가 필요하다고 생각되면, 자기인식은 아직 완전한 것이 아니다. 이는 자기인식에서 표현과 자기의 비일치성에 대한 인식이 아무리 분명한 것이라 하더라도 마찬가지이다. 왜냐하면 표현주의적 견해에 따를 경우, 우리가 본래 무엇인가 하는 것은 그것의 표현 이전에는 알려지지 않기 때문이다. 따라서 왜곡된 존재는 자신이 본래 무엇인지를 알기 위해 더욱 완전한 표현을 향해 나아갈 수밖에 없다.

그러나 표현주의적 견해에 의하면 자유는 자아가 적합하게 표현될 수 있는 조건이다. 따라서 완전한 자기인식은 자유 없이는 불가능하다. 만약 우리가 자기인식이 주체의 본질에 속한다는 사상을 여기에 덧붙인다면, 그것을 거꾸로 한 명제도 또한 진리이다. 자유 (즉 완전한 자기표현)는 자기인식 없이는 불가능하다. 그런데 헤겔은 표현주의적 이론의 이러한 공통적인 근거에 다음과 같은 테제를 덧붙인다. 즉 주체성의 본질은 이성적인 자기인식이며, 자기인식은 개념적 사유라는 명석한 매체를 통해서만 가능할 뿐이고 모호한 직관이나 언표될 수 없는 통찰에 의해서는 불가능하다는 것이다. 따라서 헤겔의 철학에서는 이성적 사유도 완전한 표현이나 자유의 조건이며, 이 역도 성립한다.

그러면 이제 이러한 사실을 인간으로부터 〈정신〉으로 적용할 때, 그러한 사실이 세계의 필연적 구조에 대해서 무엇을 드러내 주는지를 살펴보자. 만약 주체로서의 〈정신〉이 자유를 통해 자기인식에 도달하려면 우주는 먼저 많은 유한한 정신을 포함해야만 한다. 〈정신〉은 구체화되어야만 한다. 그런데 구체적 현실은 외적인 현실이며, 공간과 시간 속에 펼쳐진, 서로 분리되어 존재하는 부분들이다. 따라서 의식이 존재하기 위해서는 그것은 어떤 위치를 점하지 않으면 안 된다. 또한, 어떤 장소와 시점에 존재하지 않으면 안 된다. 그러나 만약 의식이 어떤 장소, 어떤 시간에 존재한다면 그것은 다른 장소, 다른 시간에는 존재하지 않는다. 따라서 의식은 자신과 자신이 아닌 것 사이에 한계를 갖는다. 즉 유한하다.

이처럼 우리는 유한한 정신이 필연적으로 존재해야 한다는 사실을, 〈정신〉이 구체화되어야 한다는 요청으로부터, 그리고 외적인 공간적·시간적인 현실 안에서의 구체화가 갖는 본질적 성격으로부터 보여줄 수 있다. 그러나 의식 자체가 성립되기 위한 요건에 입각한 논증도 있으며, 헤겔은 그것을 자주 사용하고 있다. 헤겔은 칸트와 피히테로부터

의식은 필연적으로 양극적bipolar이며 주관과 객관의 구별을 필요로 한다는 사상을 받아들였다. 이 사상은 칸트의 선험적 연역에서 중요한 역할을 하고 있다. 선험적 연역은 객관성의 요청에, 즉 보편적이고 필연적으로 결합되는 현상들은 나의 경험에서만 서로 결합되는 현상들로부터 구별되어야만 한다는 요청에 의거하고 있다. 칸트의『순수이성비판』의 탁월한 공적은 이러한 주관적인 것과 객관적인 것의 구별을, 물자체와는 다른 것으로 간주되는 경험(현상) 내에서 회복시킨 것이다. 또한 경험의 성립을 위해서는 이처럼 객관적인 극이 필수적이라는 주장이 칸트의 관념론 논박의 근저에 놓여 있다.

피히테는 동일한 원리를 받아들였다. 자아가 비아非我를 정립하는 것은 그것이 의식의 성립 요건이기 때문이다. 헤겔은 이 원리를 자기의 것으로 하였는데, 이 원리는 그가 내세우는 일반적인 견해, 즉 이성적 인식은 분리를 필요로 한다는 견해의 일부이다. 의식은 주체가 대상에 대립할 때만 가능하다. 그러나 대상에 대립한다는 것은 다른 것에 의해 제한되는 것이며, 따라서 유한하다는 것이다. 이러한 사실에서 만약 우주적 정신이 완전한 인식에 도달하는 것은 여러 유한한 정신이라는 매개물을 통해서만 가능하다는 결론이 도출된다. 따라서 유한하고 제한된 여러 주체는 필연적으로 존재해야 한다. 여러 유한한 주체에게 장애가 되는 대상과의 대립 없이 자신을 직접적으로 인식하는 우주적 정신이라는 사상은 논리적으로 일관되지 못하다. 이러한 정신의 생은 기껏해야 애매모호한 감정의 생에 불과하여 거기에는 '의식'이나 '이성적 인식'이라 불릴 수 있는 어떤 것도 없다. 그것은 직관에 대한 낭만주의적 숭배와 관련된 범신론적인 몽상일 뿐, 헤겔의 〈정신〉과는 아무런 관계도 없다.

이처럼 〈정신〉은 필연적으로 여러 유한한 정신으로 구체화된다. 이러한 논의의 맥락에서 볼 때, 〈정신〉은 대립과 분열로부터 자기 자신으로 귀환한다, 또는 정신의 자기의식은 의식을 포함한다라는 테제와 동일하다. 헤겔은 〈정신〉의 생이 갖는 이러한 양극적인 성격을 지적하기 위해 '의식'이란 용어를 종종 사용한다.[11] 그리고 그는 이러한 양극성을 피하려는 어떠한 인간론도, 그리고 자기 일치에서 정점에 이르는 것으로서의 의식에 대한 어떠한 이론도 거부하려고 한다.[12]

이처럼 〈정신〉은 유한한 정신을 매체로 갖지 않으면 안 된다. 이것은 〈정신〉이 가질 수 있는 유일한 매체이다. 그리고 이러한 매체는 단지 하나일 수 없다. 왜냐하면 〈정신〉은 어떤 하나의 유한한 정신이 속하는 특수한 장소와 시점에 국한되어 있을 수 없기 때문이다. 〈정신〉은 자신이 자신을 필연적으로 한정限定한 결과물인 많은 유한한 정신을 자신의 매체로 삼음으로써 보충해야만 한다.

따라서 〈정신〉은 여러 유한한 존재, 즉 우주의 여러 단편 가운데서 자신을 구체화해야만 한다. 그리고 이것들은 〈정신〉을 구체화할 수 있는 성질을 갖는 것들이어야만 한다. 그것들은 살아 있는 존재일 수밖에 없다. 왜냐하면 살아 있는 존재만이 표현 활동, 즉 의미를 표현할 수 있는 외적인 매체 ─소리, 몸짓, 신호 등─ 을 사용하여 활동할 수 있기 때문이다. 또한 표현 활동을 할 수 있는 존재만이 정신을 구체화할 수 있다. 따라서 우리는 〈정신〉이 존재하려면 우주는 여러 이성적 자아를 포함해야

11    예컨대, *PhG*에서 장들의 구분에서 보다시피.
12    또는 헤겔의 표현에 따르면, 이러한 사상은 '나는 나다'라는 사상, 즉 주체에 관한 피히테 철학의 근저에 놓여 있는 사상이다.

만 한다는 사실을 알 수 있다.

살아 있는 존재일 수밖에 없는 여러 유한한 정신, 따라서 여러 유한한 살아 있는 존재자가 존재한다. 유한한 살아 있는 존재자들은 자신의 외부 세계와 교류한다. 따라서 우주는 무기적인 자연 이외에 다종다양한 생물까지도 포함해야 한다. 무기적인 자연과 많은 종species은 유한한 생명의 존재를 가능하게 하는 배경과 기초로서 필수적이다. 그러나 우리는 헤겔이 많은 종과 무기적인 자연의 필연적 존재를 입증하기 위해 사용하는 다른 논증을 볼 수 있다. 〈정신〉이 구체화되기 위해서는 우리가 이미 보았다시피 외면성, 즉 공간과 시간에서의 연장, 생명, 그리고 의식적 생명이 필수적이다. 물론 이 모든 것이 다 인간에게 존재한다. 그러나 여러 유한한 의식적 생명만이 존재하며 자기들끼리만 교류하는 우주는, 생명이 의식을 갖지 않고 존재할 뿐 아니라 생명도 의식도 갖지 않는 무기적인 자연도 존재하는 우주만큼 풍부하지도 다채롭지도 않을 것이다. 가장 풍부한 우주는 이것들이 (또한 헤겔이 자신의 '자연철학'에서 무기적인 자연 안에서 구별하고 있는 것들인 천체, 원소, 빛, 소리, 열, 전기 등이) 모두 다 존재하는 우주이다.

현실의 세계는 우리가 생각할 수 있는 가장 풍부한 세계라는 라이프니츠의 원리가 헤겔의 철학에서 재현되는 것이 기이하게 보일지 모른다. 그러나 그것은 헤겔 자신의 입장과 수미일관된 것이다. 우리가 앞에서 본 것처럼, 우주는 〈정신〉의 구체화, 〈정신〉이 존재하기 위한 조건의 실현임과 동시에 그것의 표현, 즉 〈정신〉이 무엇인가에 대한 진술이다. 이 후자의 관점에서 볼 때 여러 차이가 최대한으로 전개되는 세계가 훌륭한 세계라는 것은 의심할 나위가 없다. 이러한 세계가 〈정신〉에 대한 한

층 더 풍부하고 명료한 진술인 것이다.[13]

우주의 일반적 구조(이것에 대해서는 여기에서 약간의 암시만이 주어졌을 뿐이다. 상세한 것은 '자연철학'과 '정신철학'에서 전개되고 있다)는 이처럼 우주가 〈정신〉의 구체화이자 표현이라는 사실에 의해 결정된다. 우주는 가장 낮은 무기적인 자연 형태들에서 시작하여 유기적인 자연의 여러 종을 거쳐 인간에 이르는 위계질서를 갖고 있다. 그리고 〈정신〉의 실현을 위해 인간도 우리가 앞 절에서 보았던 것처럼 발전하지 않으면 안 된다. 따라서 문화적 양식과 의식의 양식에도 위계질서가 있으며, 이 양식들이 시간적으로 서로 잇달아 일어나면서 인간 역사를 형성하는 것이다. 공간과 시간에서 우주의 분화는 그 속에서 구체화되고 표현되지 않으면 안 되는 우주적 정신의 요건들로부터 연역될 수 있다. 인간 역사의 여러 단계조차 조야하고 도야되지 않은 상태로서의 출발점과 인간이 향하는 도달점의 본성으로부터 필연적으로 연역될 수 있다.[14]

---

13    특히 『논리학(Wissenschaft der Logik)』의 끝부분, 즉 '자연철학'으로 이행하는 부분에서 행해지고 있는 우주의 외적 분화에 대한 헤겔의 분석을 참조할 것. 자유로서의 〈이념〉은 자신이 구체화된 것들을 '자유롭게 풀어 준다'. 〈이념〉은 그것이 철저하게 통제하는 외적 현실에서가 아니라 외면성의 극한까지, 즉 "주체성 없이 절대적으로 그 자체로 존재하는 공간과 시간의 외면성"까지 자유롭게 자신을 전개하는 외적 현실에서 구체화된다(WL, II, 505).

14    다윈보다 반세기 전에 활동했던 헤겔은 진화론을 지지하지 않는 실수를 저질렀다. 대신에 헤겔은 인간의 문화는 순차적으로 발전하지만 동물 종을 포함한 자연 사물들의 질서는 그렇지 않다고 주장한다. 자연에서 사물들이 연쇄적으로 상승하는 질서는 역사적 형태들처럼 시간적인 것으로 이해되어서는 안 되고 무시간적인 것으로 이해되어야 한다. 헤겔이 이러한 구별을 하는 이유, 즉 '정신'만이 역사를 가질 수 있다는 이유는 분명히 '헤겔적'으로 들린다. 그러나 그가 그러한 구별을 다른 근거에서 참이라고 믿었다면, 진화론을 받아들일 근거를 발견할 수도 있었을 것이다. 실로 자연철학에서의 모든 이행도 인류의 역사와 마찬가지로 시간적인 것일 수 있었다는 점에서 진화론과 헤겔의 사상은 서로 부합할 수도 있는 근거가 존재하는 것이다. 이러한 사실은, 인간과 역사에 대한 헤겔의 철학이 동시대의 모든 철학보다도 탁월했던 반면에 그의 자연철학은 셸링과 같은 동일한 분야의 저술가들뿐 아니라 당시의 과학에 의존하고 있었다는 사실을 보여 주는 하나의 예다.

그런데 〈정신〉이 자유를 통해 이성적인 자기인식에 도달한다는 것은 무엇을 의미하는가? 만약 우주의 구조가 지금과 같은 형태로 존재하는 이유가 〈정신〉의 구체화나 표현이 존재하기 위해서라면, 이러한 사실이 인정되었을 때 〈정신〉은 자기인식에 도달한다. 물론 그 사실은 우리 자신, 즉 유한한 정신에 의해서만 인정될 수 있다. 왜냐하면 우리가 인식의 유일한 매체이기 때문이다. 그러나 그 사실을 인정하는 것과 동시에 우리는 우리의 정체성의 중심을 이동시키게 된다. 우리는 우리의 가장 근본적인 본성이 우리가 〈정신〉의 매체라는 데 있다는 사실을 알고 있다. 따라서 완전한 통찰을 획득하는 것과 함께 우주에 관한 우리의 인식도 일변하게 된다. 그것은 유한한 정신으로서의 우리가 우리와 다른 세계에 대해서 갖는 인식으로부터 우리를 매체로 갖는 보편적 정신의 자기인식이 된다.

또한 우리가 완전한 자기인식에 도달하면, 〈정신〉도 또한 자신의 가장 완전한 자기표현에, 즉 자유에 도달한 것이 된다. 〈정신〉은 자신의 매체를 자신의 가장 완벽한 표현으로 형성한 것이다. 그리고 인간이라는 매체의 본성은 〈정신〉의 매체라는 데 있기 때문에, 인간도 완전히 자기를 표현한 것으로서, 즉 자유로운 자로서 존재하게 되며, 또한 자기 자신을 그와 같은 자로서 인식하게 된다.

그러나 〈정신〉의 자기표현과 자기인식은 우리 자신의 자기표현과 자기인식보다 무한히 높은 것이다. 인간이 자신의 완벽한 자기표현에 대한 완전한 인식에 도달할 때, 그는 이러한 자기표현에서 [자신이 창조한 것이 아니라 자신에게] 단순히 주어져 있는 어떤 것을 인정한다. 모든 인간에게 공통적인 인간적 본성은 [그러한 자기표현에서] 모든 인간의 독자적인 창조를 제한하는 토대로서 존재한다. 그리고 나의 독자적인 창조물, 즉 나의 삶에서 인간 일반에 반反해서 나만을 표현하는 것처럼 생각되는 것들조차 내가 완전히 통찰할 수 없고 제어할 수 없는 영감으로서 나에게 다가오는 것 같다. 이것이 우리가 이미 살펴보았듯이, 인간적 삶의 모든 것을 표현으로 보기 어려운 이유이다. 우리가 하는 것과 우리 내부에서 진행되고 있는 많은 것은, 표현력을 갖지 않는 동물의 경우와 마찬가지로 단지 우리의 생명 형태에 의해서 이해되어야만 한다. 우리의 표현 활동조차 이러한 생명 형태에 의해서 제약된다.

〈정신〉의 경우에는 사정이 다르다. 그것의 구체화된 전체는 그것의 표현이기도 하다고 생각된다. 우주는 이러한 구체화로서 〈정신〉에 의해서 정립된 것이라고 생각된다. 〈정신〉은 자기 자신의 구체화를 정립한다. 따라서 〈정신〉에게는 단순히 주어진 것은 있을 수 없게 된다. 인간적 존재로서의 나는 주어져 있는 본성을 실현하는 사명을 갖는다. 그리고 비록 내가 독창적일 수 있도록, 즉 나 자신만의 독특한 방식으로 나 자신을 실현하도록 요청받아도 이러한 독창성을 허용하는 범위는, 나의 독창성의 기초를 형성하는 나의 특유한 소질이 그러한 것처럼 그것 자체가 인간 본성의 불가결한 부분으로서 주어져 있는 것이다. 그러므로 자유는 인간에게 상당 부분 주어져 있는 소명의 자유로운 실현을 의미한다. 그런데 〈정신〉은 철저한 의미에서 자유이지 않으면 안 된다. 그것이 실현하는 것, 그리고 실현된 것으로서 인정하는 것은 주어지는 것이 아니라 그 자신에 의해서 결정된다.

이처럼 헤겔의 〈정신〉은 단순히 주어져 있는 어떤 것으로부터도 근본적으로 자유로우며 자기 자신의 본성을 선택하는 독창적인 실존주의자인 것처럼 생각된다. 그리고 실제로 헤겔은 키르케고르로부터 사르트르에 이르는, '실존주의적'이라고 불렸던 모든 현대적 견해에 개념적인 근본들을 제공했다. 그러나 헤겔 자신은 실존주의자가 아니었다. 이와 반대로, 만약 우리가 〈정신〉의 철저한 자유를 실존주의적 의미로 이해하려 한다면, 헤겔의 〈정신〉이 도대체 어떻게 해서 시작할 수 있었는지, 또한 그것은 도대체 어떻게 해서 다른 세계보다도 이 세계를 선택할 수 있었는지를 아는 것은 극히 어렵게 된다. 왜냐하면 정신은 인간적 행위자가 하는 것처럼 어떤 주어진 상황에서 출발하지는 않기 때문이다.

헤겔에서 〈정신〉의 철저한 자유는 사물들의 필연적인 구조와 양립하지 않는 것이 아니다. 오히려 두 개의 개념은 근본적으로 연관되어 있다. 〈정신〉의 세계 정립은 이성적 필연성에 의해서, 즉 사물들의 필연적인 구조에 의해서 구속된다. 그런데 이러한 구속은 〈정신〉의 자유에 대한 제한은 아니다. 주체성으로서의 〈정신〉은 본질적으로 이성이기 때문이다. 그리고 이성은 인간이 사유와 행동에서 이성적인 필연성, 즉 개념적인 필연성의 궤도를 따를 때 가장 완전하게 실현된다. 우리가 이성적·개념적 필연성에 전적으로 기초하면서, 단순히 주어져 있는 어떠한 전제에도 의거하지 않는 행위의 진로를 만약 확보한다면, 이성으로서의 주체성의 완전한 표현을 갖게 될 것이다. 〈정신〉은 그러한 표현을 통해 자기 자신을 전면적이고 순수한 방식으로 표현된 것으로, 따라서 자유로운 것으로 인정하게 된다. 이러한 자유는 유한한 정신들의 자유보다 측량할 수 없을 정도로 큰 것이다. 그것은 이성적인 필연성에 따라 세계를 자기 자신의 본질적 구체화로서 정립하는 〈정신〉의 자유다.

그러나 이러한 주장에는 무언가 그릇된 점이 있는 것 같다. 전적으로 이성적 필연성에 기초하고 있는 행위의 진로와 같은 것이 있을 수 있을까? 분명히 여기에는 출발점으로서 간주되는 어떤 목표는 분명히 있어야만 한다. 비록 성취된 모든 것이 이러한 근본적 목표로부터 엄밀한 추론에 의해서 결정된다고 해도 말이다. 만약 그렇지 않다면 이성적 추론만으로는 어떠한 행위를 해야 할지에 대해 지침이 서지 않을 것이다. 그러나 그렇다면 이 근본적 목표 자체는 단순히 주어져 있는 것이 아닌가?

이 물음에 대한 답은 어떤 의미에서 '그렇다'이다. 그러나 〈정신〉의 철처한 자유를 부정할 필요가 있다는 의미에서는 아니다. 왜냐하면 〈정신〉은 이성적 주체성의 실현을 자신의 근본적 목표로 갖는다고 생각될 수 있기 때문이다. 그리고 나머지 모든 것은 필연적으로 이것으로부터 도출된다고 생각될 수 있다. 만약 이제까지 논거 없이 진술되었을 뿐인 구체화의 원리가 필연적으로 진리라고 증명될 수 있다면, 또한 만약 내가 앞에서 대략적으로 기술했던 구체화의 원리로부터 여러 유한한 정신, 여러 생물, 무기적인 자연의 존재에 이르는 논증이 타당하다면, 우주의 창조는 유일의 근본적 목표로부터, 즉 이성적 주체성의 실현이라는 목표로부터 필연적으로 도출된다는 사실이 증명될 수 있을 것이다. 바꾸어 말하면, 만약 자기 자신을 이성적으로, 즉 개념적으로 인식하는 주체성이 실현될 수 있으려면 우리는 이 모든 것이 필연적이란 사실을 보여 줄 수 있을 것이다.

그러나 그렇다면 이 이성적 필연성의 실타래에 들어갈 유일한 입력 정보input는 이성적 주체성을 실현하라는 목표일 것이다. 일단 이러한 '결정'이 취해지면 그 외의 모든 것은 저절로 생길 것이다. 그러나 이러한 '결정'이 수행되는 것은 〈정신〉의 자유에 부가된 제한이라고 생각될 수 없다. 주체성이 실현되어야 한다는 목표는 주체성의 자유에 가해진 제한이 아니라 도리어 그것의 근거이다. 또한 그것이 이성적이어야 한다는 것, 즉 개념적 의식 속에서 표현되어야 한다는 것은 헤겔의 철학에서는 주체성의 본질에 속하는 것으로 생각되고 있다. 만약 우리가 의식, 자기의식, 인식에 의거하여 행위하는 능력을 주체성 속에 포함시키지 않는다면 그것은 주체성이라 할 수 없을 것이다. 그런데 의식과 인식은 개념적 사유에서만 완성될 수 있는 것이다.

따라서 일단 우리가 이성적 주체성의 실현이라는 근본적 목표와 더불어 시작한다면 —이것은 〈정신〉의 자유에 가해진 제한은 아니다—, 그때부터 세계를 정립하는 〈정신〉의 활동이 전적으로 이성적 필연성의 궤도를 따른다는 사실은 〈정신〉의 자유에 가해진 제약이 아니다. 오히려 그것이야말로 〈정신〉을 무제한적인 방식으로, 즉 무한한 방식으로 철저하게 자유롭게 하는 것이다. 이성적 주체성으로서의 〈정신〉이 이성적 필연성을 따를 경우, 그것은 실은 자기 자신의 본성 이외의 어느 것도 따르지 않기 때문이다. 〈정신〉을 한정하는 외적인 요소나 단순히 주어진 것도 존재하지 않는다. 만약 세계의 근본적 구조[15]가 우연적이라는 사실이 입증된다면, 이성적 필연성, 즉 이성적 주체성의 본질과는 다른 어떤 것이 세계를 B라는 것보다는 A라는 것이 되도록 결정했을 것이다. 그러나 그렇다면 세계는 이성적 주체성의 본질을 완전히 표현한 것이 아니게 될 것

---

15    우리는 여기서 문제되는 것이 세계의 근본적 구조라는 사실을 염두에 두어야만 한다. 헤겔은 세계가 세부적인 차원에서도 우연성을 갖지 않는다고까지 생각하지는 않는다. 오히려 우연성은 존재하며 또한 사물들의 구조에 따라서 필연적으로 존재해야만 한다. 우리는 나중에 이에 대해서 다시 고찰하게 될 것이다.

이고, 〈정신〉도 무한히 자유롭지 않을 것이다.

그러나 존재하는 모든 것이 최초의 '결정'으로부터 이성적 필연성에 따라서 생성되기 때문에, 우리는 〈정신〉이 [〈정신〉으로부터 독립하여 단적으로] 주어진 어떤 것과 마주친다고 말할 수 없는 것이다. 인간은 본성을 주어진 것으로서 갖는다. 우리가 동물들처럼 주기적으로가 아니라 항상 성욕을 가지며 일정 범위의 기온 내에서만 살 수 있다는 사실 등은, 많은 다른 사실과 함께 우리에게 단적으로 주어져 있는 사실이다. 우리에게 자유는 이러한 자연적 본성을 인수하고 그것이 허락하는 독창성의 범위 내에서 그것을 변화시키는 것을 포함한다. 그러나 〈정신〉에서는 어떤 것도 위와 같은 방식으로 한갓 사실로서 주어져 있지는 않다. 유일한 출발점은 주체성을 실현하라는 요청이다. 그리고 이 주체성에 부여된 유일한 적극적인 내용은 이성적 사유이며, 이것은 주체성의 본질에 속한다.

세계의 전 구조는 이러한 요청으로부터 이성적 필연성에 따라서 생성하는 것이다.

우리는 이와 관련하여 너무 쉽게 일어날 수 있는 오해를 피해야만 한다. 헤겔은 존재하고 일어나는 모든 것이 필연적으로 생성한다고 말하지는 않는다. 그는 사물들의 근본 구조, 모든 존재 수준의 위계질서, 세계사의 일반적 구조에 대해서 말하고 있다. 이것들은 필연성의 표현이다. 그러나 이러한 구조에는 우연성이 허용될 여지가 있을 뿐 아니라 필연적으로 존재한다. 왜냐하면 우리는 존재의 모든 수준이 독립적으로 존재한다는 것을 알기 때문이다. 그런데 보다 낮은 수준들의 특징들 중의 하나는, 그것들이 사물들의 근저에 있는 필연성을 불완전하게밖에 표현하지 않으며 그것을 조야하고 외적인 방식으로 보여 줄 뿐이라는 데 있다. 그것들 안에는 전적으로 우연적인 많은 속성이 있다. 따라서 사물의 특성 중 많은 것, 예컨대 앵무새 종류의 정확한 숫자는 세계의 개념으로부터 연역될 수 없다(WL, II, 462).[16] 인간의 문화가 고도로 실현되었을 경우에만 필연성이 완전히 드러나며 모든 현상은 필연성의 반영이 된다.

　　그러나 이러한 우연성은 〈정신〉이 자기 자신으로부터 도출해 내지 않은 단적으로 주어진 것은 아니다. 오히려 우연성과 우주 안에서의 우연성의 존재는 절대적 주체성의 요청들로부터 필연적으로 도출된다.

---

16　　또한 *PhG*, 193-195 참조.

# 4. 이성적 필연성

　　이러한 이성적 필연성의 본성은 무엇인가? 앞에서 나는 '개념적 의식'이라든가 '필연성'에 대해서 말하면서, 개념적이란 표현을 '이성'과 동일한 의미로 사용했다. 이 동일성은 헤겔의 철학에서는 극히 중요한 것이지만, 현대 영미 철학의 맥락에서는 오해를 불러일으키기 쉽다. 영미 철학에서 개념적 필연성이라는 관념은 경험론적이고 실증주의적인 기원을 갖고 있다. 물론 그것이 오늘날의 영미 철학에서 통용되는 '개념적 필연성'에 대한 유일한 관념은 아니다. 오히려 그 관념은 현재는 퇴조하고 있다고 할 수 있다. 그럼에도 그것이 너무나 친숙하기에 사람들이 쉽게 오도되는 것이다. 영미 철학에서 개념적 필연성은 우연적·인과적 필연성과 대립하는 것으로서, 그리고 단어의 의미에 기반을 두고 있는 것으로서의 개념적 필연성이라는 관념이다. 이에 따르면 어떤 하나의 진술이 필연적이고 다른 진술이 모순적인 것은, 그러한 진술들이 여러 단어를 그것들의 의미에서 참일 수밖에 없는 방식으로, 또는 거짓일 수밖에 없는 방식으로 결합했기 때문이다. 분석적 진술은 이런 유형의 참된 진술이라고 생각되었다. 그러나 분석성에 의심을 갖는 사람들에게는 논리적 진리 (예컨대 "말은 말이다")가 예가 될 것이다.

이러한 의미의 개념적 필연성이라는 관념에 따르면, 분석적 진술이 필연적 진리인 것은 그것들이 세계에 대한 사실들에 의거하기 때문이 아니라 단어들의 의미에 의거하기 때문이라는 것이다. 단어의 의미는 어떤 기호에 귀속된 어의상 및 구문상의 힘semantic and syntactical force이다. 물론 이러한 의미는 변화될 수 있으며, 이런 변경이 일어나면 이전에는 필연적인 진리였던 것들이 거짓이 된다. "독신 남성은 [민법상으로] 결혼하지 않은 남성이다"라는 진술은 진리다. 그러나 우리가 '독신 남성'이란 단어를, 교회에서 결혼식을 올리지 않은 사람을 지칭하기 위해 사용한다면 비록 그들이 정식으로 결혼했다고 해도 그 진술은 진리가 아니다. 그런데 이로 인해 세계 속의 어떤 것도 변할 필요는 없다.

물론 이것이 개념적 필연성에 관한 헤겔의 생각은 아니다. 우리는 이러한 사실을, 〈정신〉이 구체화되기 위해서는 이러저러한 구조적 조건이 필수적이라는 사실을 증명하려고 했던 논증을 고찰하면서 이러한 논증과 분석적 진술 사이에 어떤 유사성이 과연 존재하는가를 보면 알 수 있을 것이다. 많은 논증과 마찬가지로 그 논증 역시 연역적인 형식으로 제시될 수는 있지만, 그렇다고 해서 이러한 형식이 그것의 실제적 구조를 드러낼 수 있는 것은 아니다. [헤겔 철학에서] 연역의 실재적 구조는 오히려 칸트의 선험적 연역과 유사하다. 우리는 주어진 사실 ―칸트의 철학에서는 경험, 여기서는 〈정신〉의 존재― 에서 출발하여 그것의 필연적인 조건으로 소급해 올라간다. 그러나 칸트의 선험적 논증에서와 마찬가지로 [〈정신〉이 존재하기 위해서] 필연적인 조건들은 출발점에서 사용된 단어로 부터의 단순한 연역에 의해서는 물론 인과 관계를 음미하는 것에 의해서 도 도출되지 않는다.

　따라서 칸트는 경험의 사실로부터 출발하고 나서, 객관적으로 그 렇게 있는 것과 우리에 대해서만 그렇게 있는 것을 구별할 수 없다면 우 리는 세계에 대한 경험을 갖지 못할 것이라는 논지를 편다. 그리고 이어 서 범주가 적용되지 않는다면, 우리는 이러한 구별을 할 수 없을 것이라 는 사실을 보여 준다. 그런데 이러한 논증의 각 단계는 단순히 연역적이 지도 않으며, 인과적 추론에 근거하고 있는 것도 아니다. 경험이 '객관적 으로'와 '우리에 대해서만'이라는 구별을 필요로 한다는 것은 우리가 '독 신 남성'으로부터 '결혼하지 않은 남성'을 도출하는 것과 같은 방식으로 경험이라는 개념으로부터 도출되는 것은 아니다. 이러한 도출은 칸트적 인 의미에서 분석적인 도출이 아닌 것이다. 물론 우리는 '경험'이란 단어 를 그 의미 속에 위의 구별 ―'객관적으로'와 '우리에 대해서만'이라는 구 별― 을 포함하는 방식으로 정의하고 나서, 이러한 논증을 분석적인 연역 논증으로 전환할 수도 있을 것이다. 그러나 전환은 그 논증과 관련된 중 요한 사실을, 즉 우리는 이 경우 이러한 구별을 수용하지 않는 경험에 대 한 수미일관된 생각을 가질 수 없다는 개념적 한계conceptual limit에 직면 해 있다는 사실을 보지 못한 것이다. [이러한 구별을 수용하지 않는다면] 주 어를 통해 무엇에 대해 진술한다는 것과 같은 경험의 구조 전체가 붕괴될 것이다. 이것은 "독신 남성은 결혼하지 않은 남성이다"의 경우와는 근본 적으로 다른 것이다. 이는, 위에서 보았듯이 "독신 남성은 결혼하지 않은 남성이다"라는 분석 논증에서는 추론이 실패하도록 독신 남성이라는 개념의 의미를 바꿀 수도 있지만, 선험적 논증에서는 경험이라는 개념을 적절한 방식으로 변화시키면서 계속해서 수미일관되게 말할 수 없기 때문이다.

우리가 서술했던 헤겔의 논증, 예컨대 〈정신〉은 유한한 정신들 없이는 존재할 수 없다는 논증은 이런 유형에 속하는 논증이다. 이 논증에서 결정적으로 중요한 역할을 하는 주장은, 구체화된 〈정신〉은 어딘가에 위치하지 않으면 안 되기 때문에 또한 제한되고 유한하지 않으면 안 된다는 것이다. 그러나 이 주장이 '구체화된'이라는 단어에서 분석적으로 도출되는 것은 아니다. 오히려 그 주장은 그것에 의해 "구체화되어 있기는 하지만 특별한 어느 곳에도 위치하지 않는다"는 주장을 우리가 도저히 수미일관된 것으로 이해할 수 없는 또 다른 종류의 개념적 한계에 호소하는 것이다.

그리고 이 두 경우에 '개념적 필연성'에 대해서 말하는 것이 결코 부적절한 것은 아니다. 왜냐하면 우리가 여기서 취급하고 있는 것이 인과적 불가능성이 아니라 개념적 한계라는 사실은 명확하기 때문이다. '개념적' 필연성에 대해서 말한다는 사실이 이 점을 강조한다.

그런데 이런 종류의 개념적 한계는 단어가 갖는 의미 이상의 것을 우리에게 말하고 있다. 그것은 또한 사물들의 구조에 대해서 우리에게 말하고 있는 것이다. 비록 그것이 말하는 사물들의 구조는 논쟁할 여지가 크다고 할지라도 말이다. 칸트와 같이 그것은 우리에게 우리의 정신의 한계에 대해서 무언가를 말한다고 주장할 수 있다. 그러나 세계가 〈정신〉에 의해 이성적 필연성, 즉 이러한 개념적 한계에 의해 지시된 필연성에 따라 정립된다고 생각하는 헤겔은 이러한 개념적 한계를 오히려 우주의 구조를 규정하는 것으로 보고 있다. 개념적 필연성에 따라서 구성된 세계는 개념적으로 필연적인 진술들에서만 적합하게 개시된다. 헤겔의 말을 빌리면, 사물들의 구조는 〈개념〉으로부터 연역된다.[17]

만약 세계가 개념적 필연성으로부터 정립되고 개념적으로 필연적인 사유에서만 적합하게 이해된다면, 〈정신〉의 완전한 자기 이해는 ─이것은 세계에 대한 우리의 완전한 이해와 동일하다─ 개념적 필연성에 대한 통찰임에 틀림이 없다.

그런데 이러한 주장은 이제까지 우리에게 동의해 왔던 사람들조차 불가능한 주장이라고 생각할지도 모른다. 세계에 대한 우리의 [이제까지 서술해 온] 통찰은 이성적 필연성에 대한 통찰일 수만은 없다. 왜냐하면 우리는 출발점이 이성적 주체성을 실현한다라는 목표에 두어져야 한다는 것을 보았기 때문이다. 그리고 이것은 〈정신〉의 무한한 자유를 제한하지는 않는다고 해도, 사물들에 대한 우리의 최종적 통찰에서 추론에 의해 확립되지 않는 근본적 전제로 간주되어야만 한다.

그러나 헤겔은 이처럼 생각하지 않는다. 〈정신〉이 자기 자신에 대해서 갖는 통찰에서 절대적 출발점은 존재하지 않는다. 오히려 원환[순환]이 존재한다. 따라서 우리는 〈정신〉이 존재해야만 한다는 사실을 출발점으로 가정하고 난 후 거기에서 세계의 구조를 도출하지는 않는다. 우리는 또한 이 테제[〈정신〉이 존재해야만 한다는]를 증명하지 않으면 안 된다. 그

---

17    우리가 다음에 볼 것이지만, 헤겔의 변증법적 논증은 위의 예에서 보는 바와 같은 선험적 논증보다 ─비록 전자가 후자를 포함하고 있다 할지라도─ 훨씬 복잡하다. 그러나 그의 변증법적 논증은 동일한 유형의 개념적 필연성에 근거해 있다.

리고 우리가 조금이라도 반성해 보면, 우리는 그렇게 하는 것이 하나 이상의 관점에서는 필수적이라는 사실을 알 수 있다. 그것은 단순히 필연성에 대한 완전한 통찰을 얻는 문제일 뿐 아니라 우리의 테제가 타당하다는 사실을 증명하는 문제다.

왜냐하면 만약 우리가 이 세계를 〈정신〉에 의해 그것의 구체화로서 정립된 것이라고 결론 지으려면, 〈정신〉이 존재하기 위해서는 세계가 그것이 현재 가지고 있는 [설계된 것과 같은] 질서를 가져야만 한다는 사실을 보여 주는 것만으로는 불충분하기 때문이다. 사물들이 흡사 설계도에 의한 것처럼 배열되어 있다는 사실은 설계자의 존재를, 그리고 설계 작업의 존재를 증명하기에 결코 충분하지 않다. 우리는 설계자와 설계 작업의 존재에 대한 개연적 증명이 아니라 필연적 증명을 얻기를 원하는 것이다. 즉, 보다 필요한 것은 이 세계가 실제로 〈정신〉에 의해서 정립되어 있다는 것을 입증하는 것이다.

헤겔은 자신이 이러한 증명을 하고 있다고 주장한다. 실로 그것은 그의 여러 주요한 저작의 중심 내용을 이루고 있다. 그는 우리가 세계를 〈정신〉의 발현으로밖에 고찰할 수 없다는 사실을 깨닫지 않으면 안 된다고 주장한다. 그리고 우리는 이것을 변증법적인 논증에 의해서 증명할 수 있다는 것이다. 우리는 [변증법에 의해서] 세계의 사물들이 모순적이기 때문에 독자적으로 존재할 수 없다는 사실을 알게 된다. 따라서 우리는 사물들을, 그것들이 의지하고 있는 또는 그것들을 자신의 일부 또는 일면으로 가지고 있는 보다 크고 심원한 실재의 부분으로서만 이해할 수 있다. 변증법은 우리가 점차 올라감에 따라 여러 단계를 거치면서 이 자족적인 또는 절대적인 실재가 무엇인가에 대한 불완전한 인식들을 극복하고, 마침내는 그것을 〈정신〉, 즉 '세계를 영구히 자신의 구체화로서 정립하고 또한 자기 자신에 복귀하기 위해 영구히 그것을 부정하는 정신적 실재'로 보는 완전한 인식에 도달한다.

우리는 나중에 변증법적 논증에 대해 검토할 것이다. 우선은 모순을 실마리로 하는 논증은 우리가 관계하는 현실의 어떤 내적인 복잡성, 다시 말해, 현재 존재하는 것과 장차 존재해야 할 것 사이의 갈등 때문에 상당한 타당성을 갖는다는 사실을 말해 두는 정도에 그친다. 헤겔의 논증이 갖는 탁월함의 하나는, 아무리 단순하고 빈약한 논증의 출발점을 이루는 사실에서도 이런 종류의 내적인 복잡성[모순]을 발견한다는 데 있을 것이다. 나중에 많은 실례를 볼 것이지만, 우리는 이미 헤겔의 주체론에서 이러한 모순을 보았다. 주체는 자신의 존재 조건들이 자신의 궁극 목적과 충돌하기 때문에 자기 자신과의 대립 또는 '모순'에 빠지는 것이다.

따라서 헤겔은 유한한 현실로부터 출발해서, 이성적 필연성에 따라서 세계를 정립하는 우주적 정신의 존재를 논증할 수 있다고 주장한다. 그것이 만약 견고한 논증이라면, 그것은 그의 증명에 존재하는 틈을 메워 줄 것이다. 왜냐하면 우리는 그 경우 '설계도'에 의해서 우주가 생성되었으리라는 개연적인 논증에 의존하지 않을 것이기 때문이다. 그러나 그것은 우리가 전적으로 이성적인 필연성에 근거하여 사물들을 통찰하는 것을 가능케 하는가? 확실히 우리는 지금 우리의 도출[연역]되지 않은 출발점을 다른 것으로 대체했다. 우리는 출발점을, 자신이 존재하기 위해 세계를 정립하는 〈정신〉의 존재로부터 어떤 유한한 사물의 존재로 ─우리는 이것으로부터 변증법적인 논리에 의해 〈정신〉에 도달할 수 있다─ 후퇴시켰다. 즉 우리는 아직은 이러한 유한한 사물을, 단적인 출발점으로 주어진 것으로서 간주하지 않으면 안 된다.

그러나 헤겔에게는 이러한 출발점조차 궁극적인 것이 아니다. 우리가 보았다시피, 이러한 유한한 현실의 존재는 그것 자체가 논증을 필요로 하기 때문이다. 이러한 사실은 우리가 [〈정신〉의 존재를] 증명하려고 할 때 무한하게 소급하지 않을 수 없다는 사실을 의미하는가? 이것은 완전한 이성적 통찰이라는 우리의 목표와 부합되지 않는다. 우리가 멈추어야 할 곳이 어디에도 없더라도, 우리는 도출되지 않은 전제와 함께 어딘가에 멈추어야만 하기 때문이다.

그러나 사실상 우리는 무한 소급을 원환에 의해 피한다. 우리는 우리의 상승하는 변증법ascending dialectic에 의해 유한한 현실이 〈정신〉의 발현으로서밖에 존재할 수 없다는 것, 따라서 주어져 있는 유한한 현실은 자신을 정립하는 〈정신〉이지 않으면 안 된다는 것을 보여 준다. 그러나 이로부터 우리는 또한 앞에서 간략히 서술했던 것처럼 자기 정립적인 〈정신〉, 즉 자기 자신이 존재하기 위한 조건들을 정립하는 우주적 정신이 우리가 아는 유한한 사물들의 구조를 정립하지 않으면 안 된다는 사실을 논증할 수 있다. 상승과 하강의 이러한 두 운동(이것들은 사실상은 헤겔의 설명에서는 함께 결합되어 있다)에서 우리의 논증은 그 출발점으로 복귀한다. 처음에 우리가 단지 주어진 것이라고 해석했던 유한한 현실의 존재는 이제 필연적이라는 사실이 보인다. 처음에는 단지 주어졌을 뿐이었던 것이 이제 필연성의 원환으로 흡수되는 것이다.

그러나 과연 이것이 해결책이 될 수 있는가? 원환은 부당한 논증의 표본이 아닌가? 이러한 반발은 잘못된 것이다. 순환 논증에 대해서 말할 수 있는 경우는, 도출될 전제 속에 결론이 이미 포함되어 있을 때다.

순환 논증의 그릇된 점은, 직접적으로 보다 쉽게 확립될 수 있는 어떤 것으로부터 또는 이미 알려져 있는 어떤 것으로부터 결론이 도출된다는 것을 보여 줌으로써 결론을 확립하는 것을 논증의 주안점으로 삼기 때문이다. 그 때문에 우리가 전제에 결론 그 자체를 부여하는 경우에만 결론이 도출된다는 사실을 발견할 경우, 우리는 그 논증 전체가 잘못되었다는 사실을 지적하게 된다.

그러나 헤겔의 논증은 이러한 방식의 원환은 아니다. 자기 정립적인 〈정신〉의 필연성은 우리가 〈정신〉을 가정하지 않으면 안 된다든가 적어도 그렇게 할 의도를 갖는다든가 하는 것 없이, 유한한 사물들의 존재로부터 변증법적으로 도출되는 것이다. 그리고 유한한 사물들의 필연성은 〈정신〉 속에 유한한 사물들을 가정하는 것 없이 〈정신〉의 요건으로부터 따라 나온다.

그러나 이러한 것조차 전적으로 올바른 설명은 아니다. 왜냐하면 [상승과 하강이라는] 두 계열의 논증은 실제로는 유사한 것이 아니며, 원환은 그것의 출발점으로 정확히 복귀하지는 않기 때문이다. 우리는 상승하는 변증법을 유한한 현실로부터 시작한다. 우리는 이러한 유한한 현실이 필연적으로 존재한다는 것을 보여 줌으로써 원환을 닫는다. '필연성'은 두 국면에서 다른 의미를 갖는다.

상승하는 변증법에서 우리는 추론의 필연성을 문제 삼고 있다. 만약 유한한 사물들이 존재한다면, 그것들은 〈정신〉에 의존하고 있고 또한 그것에 의해 정립된다. 이것은 가설적 명제다. 우리는 이것과 대칭해서 만약 우주적 주체성이 존재하려면 세계의 구조는 어떤 일정한 종류의 것이어야만 한다는 취지의 다른 가설적 명제를 제시해도 좋을 것이다. 그러나 헤겔의 원환은 단지 이 둘을 합한 것 이상의 것을 포함하고 있는 것이다.

왜냐하면 헤겔이 상승하는 운동에서 보여 줄 것이라고 주장하는 것이 단지 유한한 존재가 인정된다면 〈정신〉이 존재하지 않으면 안 된다는 것만은 아니기 때문이다. 그는 이러한 유한한 존재는 우주적 정신 —자기 자신의 본질적 구체화를 수행하는 것을 자신의 본성으로 하는 우주적 정신— 에 의해서 정립된 것이 아니라면 존재할 수 없다는 사실을 보여 주려고 하는 것이다. 따라서 상승하는 운동은 우리에게 유한한 현실이 주체에 의해 필연적인 계획에 따라 정립된다는 사실을 보여 준다. 내가 하강하는 운동이라고 불렀던 것은 이러한 계획, 즉 이처럼 세계 속에 예시되어 있는 우주적 정신이 존재하기 위한 조건들을 상세하게 설명한다. 원환 전체의 결과는, 유한한 현실이 단지 우연히 주어져 있는 것이 아니라 이성적인 필연성에 의하여 결정되고 자신을 구체화하는 계획을 실현하면서 존재한다는 사실이 입증되는 것이다.

그러나 이제 필연성의 관념은 일변했다. 우리는 '만약 A라면 B이다'라는 식의 추론의 필연성을 취급하고 있는 것이 아니다. 존재하는 것은 이성적으로 필연적인 계획에 의해서 존재한다고 말하면서, 우리는 존재하는 것에 필연적인 성격을 부여하고 있는 것이다. 헤겔의 논증에서 결론으로 주어지는 필연성은 사물들이 존재하기 위한 근거와 관련된다. 그것은 존재론적 필연성이다.

존재론적 필연성이란 개념은 칸트가 선험적 변증론에서 공격했던 것처럼, 수미 일관하지 않는 것으로서 공격받을지도 모른다. 이에 관한 궁극적 판단은 헤겔의 —특히『논리학』에서의— 상세한 논증에 대한 연구에 의해서 가능할 것이다. 그러나 이러한 개념이 헤겔이 도달한 결론의 핵심이라는 사실은 의심할 여지가 없다. 따라서 헤겔 철학에서 원환의 종착점은 그 출발점보다 많은 것을 포함한다. 우리는 대칭적으로 결합된 두 개의 가설적 판단을 취급하고 있는 것이 아니다. 오히려 우리는 다시 되돌아가, 처음에는 단지 주어져 있을 따름이었던 출발점을 [존재론적으로] 필연적인 것으로서 재해석하게 된다.

이처럼 우리의 상승하는 운동은 요청으로부터 시작하여 필연적 추리에 의해 진행한다. 그러나 그러한 추리가 목적하는 것은 존재론적 필연성, 즉 존재하는 모든 것은 〈정신〉에 의해서 이성적 필연성의 정식에 따라서 정립된 것이라는 명제이다. 그러므로 원환은 추론들의 단순한 계열이 아니다. 그것은 오히려 출발점의 반전을 포함한다. 우리는 발견의 운동인 상승하는 운동에서 시작한다. 우리의 출발점은 유한한 존재이며, 이것은 발견의 순서에서는 최초의 것이다. 그러나 우리가 드러내는 것은 존재자 전체에 침투하고 있는 존재론적 필연성이며, 그리고 이것은 우리의 최초의 출발점이 실제로는 이차적인 것이라는 사실을 보여 준다. 유한한 현실은 〈정신〉, 신, 절대자에 의해 정립된다. 따라서 〈정신〉이야말로 존재의 순서에서는 참된 출발점이다.

따라서 우리는 우연적인 또는 단순히 주어져 있는 출발점이란 문제를, 그 출발점 이상으로 상승하여 그것을 포괄하는 존재론적 필연성의 통찰에 도달함으로써 넘어서게 된다. 우리는 빈틈없는 필연성에 대한 통찰로 상승한 후, 이러한 유리한 지점으로부터 우리의 최초의 출발점이, 모든 존재자와 마찬가지로 동일한 직물織物의 일부라는 사실을 알게 된다. 따라서 어떠한 것도 외부에 남겨지지 않으며, 어떤 것도 단순히 주어져 있지 않다. 그리고 〈정신〉은 전적으로 자신을 정립하는 것으로서, 유한한 정신과는 비교될 수 없는 절대적 의미에서 참으로 자유로우며 참으로 무한하다.

# 5. 자기를 정립하는 신

　　자기를 정립하는 신이라는 이러한 헤겔의 관념은 어떠한 종류의 관념인가? 우리는 이것이 우리가 헤겔의 (그리고 결국은 표현주의적인) 주체 이념을 신에게 적용함으로써 불가피하게 생겼다는 것을 보았다. 주체는 필연적으로 자신을 구체화하는 바, 이러한 구체화는 그것이 존재하기 위한 조건이며 또한 그 자신의 표현이기도 하다. 인간과 달리 신에게 표현이란 존재하기 위한 조건들과 동일하며, 표현된 것은 전적으로 주체로서의 신에 의해 결정된 것이다. 그것의 어떠한 부분도 단순히 주어진 것이 아니다.

　　이러한 신 관념은 ─비록 그것이 궁극적으로는 수미일관된 것이라고 해도─ 매우 이해하기 어렵고 또한 수미일관되게 서술하기 어렵다. 왜냐하면 그것은 우리가 신과 세계에 대해서 갖는 일반적인 생각과 일치하지 않기 때문이다. 따라서 우리가 헤겔의 견해로 오해할 수 있는 두 가지 견해가 있게 되는데, 이것들은 내용이 명확하기 때문에 상대적으로 이해하기 쉬운 견해들이다.

첫 번째 견해는 유신론이라고 부를 수 있는 것인데, 그것은 세계를 우주로부터 분리되어 있는 신에 의해 창조된 것으로 본다. 이러한 입장에서는 세계가 설계된 것, 어떤 목적에 의해서 규정된 구조를 갖는 것이라고 보일 수 있다는 사상은 매우 이해하기 쉽게 된다. 그러나 헤겔은 이러한 견해를 부정한다. 왜냐하면 그것은 구체화의 원리와 상충하기 때문이다. 세계 없이, 즉 어떤 외적인 구체화 없이 신은 존재할 수 없는 것이다.

따라서 헤겔은 기독교의 모든 교리를 받아들이는 것처럼 창조의 교리도 받아들이지만, 그것을 재해석하여 창조를 필연적인 것이라고 말한다. 세계가 신에 의해 창조되었다고 말하는 것은 세계는 〈정신〉이 존재할 수 있기 위해 필연적으로 존재해야 한다고 말하는 것과 동일하다. 그것은 〈정신〉이 세계를 정립한다는 것과 동일한 의미이며, 과연 이것이 무엇을 의미하는가를 우리는 아래에서 명확히 할 것이다. 그러나 이것은, 정통 유신론이 주장하는 것처럼 신은 세계를 창조할 필요를 느끼지 않으면서도 자유롭게 창조했다는 것을 의미하는 것은 결코 아니다. 그것이 의미하는 바는, 그가 종교철학에 대한 강의록에서 말하고 있는 것처럼 "세계가 없다면 신은 신이 아니다"(BRel, 148)[18]라는 것이다.

우리가 헤겔의 견해라고 오해하기 쉬운 또 하나의 견해는 자연주의적이라고 부를 수 있는 견해이다. 이러한 견해에서는 창조 —이것이 어

---

18    "Ohne Welt ist Gott nicht Gott."

떻게 해석되든 간에─ 에 대한 모든 암시가 폐기된다. 우리는 세계가 사실로서 존재한다고 생각하지만, 그것이 이성적 생명의 매체이며 자기 자신을 ─자신보다 크며 차라리 모든 존재자의 생명이라고 볼 수 있는─ 이성적 생명의 매체로 간주하는 존재자들이 그 위에서 발전할 수 있는 무대와 같은 것이라고 생각한다. 이러한 견해는 이 이성적 생명 또는 전체의 정신을 세계로부터 분리된 신으로 생각하는 위험을 피할 수 있을 것이다. 그러나 이러한 견해도 헤겔에게는 받아들여질 수 없는 견해였다. 왜냐하면 이러한 우주의 존재는 결국은 조야한 사실에 불과할 것이기 때문이다. 이러한 우주는 어떤 의미에서는 전체의 의식이라고 불릴 수도 있을 이성적 의식을 숨기고 있을지도 모른다. (예컨대 인간 정신의 작용들이 인간에게 특유한 것뿐 아니라 그가 다른 모든 생명과 ─또는 다른 모든 존재자와─ 공통으로 지니고 있는 것을 반영하는 것처럼. 이것은 한때 프로이트가 가졌던 생각인 것 같다.) 그러나 이것은 우연한 행운일 것이다. 우주는 이러한 이성적 의식을 구체화하기 위해 존재하는 것은 아닐 것이다. 사물들의 구조를 인식하면서도 거기에서 이 우주적 정신은 자기 자신의 행위를, 다시 말해 '이성적 필연성으로서의, 즉 이성적 주체로서의 자기 자신의 본성에 일치하기 위해 존재하는 어떤 것'을 인식하지는 않을 것이다. 오히려 그것은 우리가 우리 자신의 본성을 응시할 때 우리의 유한한 정신들이 그렇게 하듯이 한갓 단순히 주어진 것을 인식할 것이다. 따라서 그것은 철저하게 자유롭지도 무제한적이지도 않을 것이며, 우리는 그것을 절대자라고 말할 수 없을 것이다.

헤겔은 이러한 두 견해 중 어느 것도 받아들이지 않는다. 그는 두 견해를 결합하고자 한다. 유신론자와 마찬가지로 그는 세계를 설계된 것으로, 일정한 설립 목적, 즉 〈정신〉의 구체화를 위해 필요한 조건들을 실현하기 위해 존재하는 것으로 보고자 한다. 그러나 그는 자연주의자와 마찬가지로, 이 세계를 세계 밖에서 설계할 수 있고 세계 이전에 세계로부터 독립하여 존재할 수 있는 신을 인정할 수 없다. 따라서 그가 생각한 것은 자기 자신이 존재하기 위한 조건들을 영원히 형성하는 신이란 관념이었다. 이것이야말로 내가 헤겔이 자주 사용하는 '정립한다setzen'라는 용어로 표현하려고 노력했던 점이다. 피히테가 이 용어를 위와 같은 의미로 처음으로 사용했는데, 피히테는 자아 자체가 존재하기 위한 필연적 조건들을 자아에 귀속시켰던 것이다.

피히테와의 이러한 연관을 염두에 둘 때, 우리는 헤겔의 이념을 다음과 같이 표현할 수 있을 것이다. 우리가 헤겔의 견해와 비교했던 두 견해는 궁극적으로는 존재 명제existential propositions에 의존하고 있다. 즉 어떤 근원적 실재가 존재하며, 다른 모든 것은 이것으로부터 설명될 수 있다는 것이다. 첫 번째 견해에서 이러한 근원적 실재는 신이고, 다른 견해에서는 일정한 특성을 갖는 세계이다. 그러나 헤겔의 사상에서 근본적인 것은 어떤 실재의 존재가 아니라, 오히려 〈정신〉이 존재해야 한다는 요구이다. 따라서 다른 두 견해는 똑같이 우연성에, 즉 세계의 우연한 존재나 신의 우연한 존재 또는 세계를 창조하려고 하는 신의 우연한 결단에 기초하고 있는 반면에, 헤겔의 견해는 철저한 필연성에 기초한다. 〈정신〉은 존재할 뿐 아니라 존재하지 않으면 안 되며, 그것이 존재하기 위한 조건들은 이러한 필연성에 의해 규정된다.

헤겔의 철학에는 뮌하우젠 남작[19]을 연상시키는 어떤 것이 있다.

---

19    [역주] 뮌하우젠(K. F. H. von Münchausen, 1720~1799)은 독일의 군인이며, 터키와 러시아와의 전쟁에

기억이 나겠지만, 남작은 말에서 늪으로 떨어졌을 때 자기 머리카락을 붙잡고 말에 다시 올라타 늪에서 벗어났다. 헤겔의 신은 뮌하우젠식의 신이다. 그러나 헤겔의 위업이 뮌하우젠의 위업과 똑같이 의심스러운 것으로 취급되어야 하는지 어떤지는 여기서 말하기 어렵다.

어떻든 헤겔이 일상적인 의미의 유신론자도 무신론자도 아니라는 점은 분명하다. '자신은 정통적 루터주의자다'라고 그가 주장할 때 그 진의가 어떻든 간에, 그가 자기 철학의 매체로 삼기 위해 체계적으로 재해석한 기독교를 받아들였다는 사실은 분명하다. 그러나 그가 당시에 크게 오해받았던 것 혹은 너무 잘 이해되었던 것, 그리고 자주 이단적 견해라고 비난받았던 것, 또는 그의 신봉자들이 그를 정통적인 유신론의 방향으로 재해석했던 것은 조금도 놀라운 일이 아니다. 헤겔의 입장은 어떤 의미에서 유신론과 자연주의 또는 유신론과 범신론 사이의 좁은 봉우리에 있다. 정상에는 공기가 너무 희박하여 [어느 한쪽으로] 떨어지기 쉬웠다.

그러나 범신론이라는 비난은 타당성이 있는가? 이것은 유신론자의 입장도 무신론자의 입장도 아니며, 언뜻 보기에 헤겔의 견해와 가장 잘 부합되는 것처럼 보인다. 물론 헤겔은 이러한 비난을 완강히 부정했다. 냉소하기 좋아하는 사람들은 이러한 부정을, 헤겔이 자신은 루터주의자라고 공언했을 때 이러한 공언을 베를린대학에서 자리를 얻기 위한 것으로 해석했던 것처럼, 그의 취직 전망에 미칠 악영향을 피하기 위한 것으로 해석할지도 모른다. 그러나 두 경우 모두에서 그들은 헤겔을 공정하

종군했다. 1985년 영국에서 『뮌하우젠 남작의 기이한 러시아 여행담과 전투담』이 출간되었다. 그 후 그의 이름은 과장된 모험담과 결부되었다.

게 대하고 있지 않다. 헤겔은 '범신론자'라는 용어를, 신성을 유한한 사물들에 무차별하게 귀속시키는 입장을 지칭하기 위해 사용했다. 헤겔은 이런 의미의 범신론자는 아니었다. 세계는 그에게 신적인 것이 아니며, 그것의 어떠한 부분도 신적인 것이 아니다. 오히려 신은 세계 속에서 나타나는 이성적 필연성의 주체이다.

헤겔의 입장과 헤겔이 생각하는 범신론을 구별 짓는 것은 이성적 필연성이다. 이러한 필연성은 사물들의 총화인 세계 없이는 존재할 수 없지만, 세계의 구조를 자신의 강력한 요구에 따라서 결정한다는 의미에서 세계보다 우월한 것이다. 따라서 헤겔의 〈정신〉은 우리의 영혼처럼 단순히 주어져 있는 세계영혼 ―이것이 아무리 위대하고 외경심을 불러일으키는 것이라고 해도― 과 같은 것은 아니다. 또한 그의 견해와 낭만주의자들의 견해를 구별 짓는 것도 이러한 이성적 필연성에 대한 강조다. 그들이 말하는 심원한 우주적 정신나 무제한한 창조 과정은 이성적으로 통찰할 수 없는 세계영혼과 유사하다.

헤겔의 이론은 또한 약간의 사람들에 의해 '만유재신론적萬有在神論的, panentheist' 또는 '유출론적'이라고 불렸고, 이 점에서 플로티노스의 사상에 비유되었다. 확실히 양자 사이에는 친연성親緣性이 있다. 또한 헤겔은 그리스 사람들과 똑같이 ―우리가 일단 창조설에 대한 그의 재해석을 진지하게 받아들인다면― 우주를 영원한 것으로 보았던 것 같다. 그러나 이 경우에도 정확한 일치는 존재하지 않는다. 유출설에 따르면, 유한한 사물들은 〈일자〉One에서 떨어져 나옴으로써 생긴다. 그것들은 태양의 광선이 태양으로부터 유출되는 것처럼 아마도 불가피하게 유출된다. 그런데 유한한 사물들은 〈일자〉의 삶에서 본질적인 중요성을 갖고 있지 않다.

그것들은 〈일자〉에게 본질적인 것이 아니다. 그러나 헤겔에서 유한성은 무한한 생명이 존재하기 위한 조건이다. 유한자와 무한자의 이러한 관계는 표현주의적 이론이 전개되기 전에는 생각할 수 없는 것이었다. 그것은 고대 사상과 유사하기는 하지만, 전적으로 근대적인 이념이다.

## 6. 갈등과 모순

그러나 과연 어떻게 해서 이러한 사실이 우리가 동일성과 비동일성의 동일성에 대한 헤겔의 일반적 주장을 이해하는 데 도움이 되는가? 우리는 동일성과 비동일성의 동일성에 대한 헤겔의 주장이 의미하는 바를 명확히 하기 위해 먼저 헤겔의 주체관을 검토했다. 그리고 우리는 인간적인 주체가 자신이 존재하기 위한 조건과 본질적 목표 사이에서 내적 갈등을 겪고 있다는 사실을 보았을 때, 헤겔의 그러한 주장이 무엇을 의미하는지에 관한 약간의 시사를 얻었다. 또한 우리는 인간이 자신을 〈정신〉의 매체로 보고 한갓 유한한 정신으로 보지 않는 더 높은 관점으로 이행함으로써 이러한 내적 갈등이 해결될지도 모른다는 사실을 간단히 살펴보았다.

그런데 동일한 근본적 갈등을 절대적 주체도 겪고 있다. 즉 절대적 주체도 자신의 궁극적 목적과 대립하는 존재 조건들을 갖는 것이다. 왜냐하면 그것은 외적이고 유한한 여러 현실과, 외적이고 물질적인 사물들의 세계에서 사는 유한한 정신으로 구체화되지 않으면 안 되기 때문이다. 그렇지만 절대적 주체의 생명은 무한하고 어떠한 구속도 받지 않는다. 그것의 매체는 유한한 정신인데, 이 유한한 정신은 처음에는 자기 자신에 대해 극히 희미한 의식밖에 갖지 않으며, 또한 결코 조속하게 명백해지지 않고 이성적 구조가 깊이 은폐되어 있는 세계에 직면해 있다. 그러나 그것의 궁극 목적은 이성적으로 필연적인 것에 관한 명석한 이성적 인식이다. 그것은 정신과 질료의 통일, 사유와 연장의 통일이다. 그렇지만 세계 속의 사유하는 여러 존재자는 자신에 대한 타자로서의 외적 실재에 직면해 있다.

유한한 여러 주체와 똑같이 절대적 주체는 원환을, 즉 '통일로 복귀하기 위해 분열을 경험하는 드라마'를 완료하지 않으면 안 된다. 그것은 내적인 갈등을 겪으면서도 마침내는 그것을 극복하면서 자신의 매체를 통해 자신을 이성적 필연성으로 의식하게 된다. 그리고 이러한 드라마는 인간에게서 일어나는 대립과 화해의 드라마와 다른 것이 아니다. 그것은 보다 넓은 다른 관점에서 보인 동일한 드라마다. 인간은 〈정신〉의 정신적 삶을 위한 매체이기 때문이다.

이 두 드라마가 서로 관련을 맺는 방식은, 우주적 주체에게서 일어나는 최대의 대립이 인간에게서 일어나는 대립이 시작하는 출발점이라는 데 있다. 그리고 인간에게서 일어나는 대립은, 인간이 자신이 하고 있는 일이 무엇인지도 분명히 알지 못하면서도 [우주적] 주체와 세계의 이러한 주요한 대립을 극복하려고 노력함에 따라서 인간 그 자신 속에서 성장한다. 주요한 대립, 즉 〈정신〉에서 최대의 대립은 〈정신〉이 자신이 아닌 세계 속에 구체화되어 있으면서도 이러한 대립을 극복하기 위해 아무 것도 하지 않는 상태이다. 이러한 상태는 인간의 경우에는 발단에 해당한 다. 이 상태에서 인간은 아직 자연 속에 매몰되어 자신의 사명을 의식하 지 못하고 있고, 〈정신〉에 대한 참된 이해로부터 극히 멀리 떨어져 있다. 이것은 인간의 경우에는 원시적 통일성의 지점이다. 그러나 세계와 〈정 신〉의 대립을 극복한다는 자신의 역할을 수행하기 위해서 인간은 자신을 훈련하여 이성을 사용할 수 있는 존재자가 되고, 자연 속에 매몰되어 충 동에 지배당하는 삶에서 탈출하여 자신의 직접적이고 편협한 관점을 넘 어서 이성의 관점으로 나아가지 않으면 안 된다. 이러한 과정에서 인간은 자기 내부에서 대립을 겪으며, 자신의 삶에서 〈정신〉을 자연에 대립시킨 다. 인간이 이러한 대립을 넘어서 더 큰 이성적 필연성과 그 속에서의 자 신의 역할을 인식할 때에 화해가 도래한다. 이 지점에서 인간이 〈정신〉 과 자연의 대립을 넘어설 수 있는 이유는, 양자의 각각이 다른 것에 필수 적이고 양자가 하나의 동일한 이성적 필연성 ─양자의 대립을 결정하면 서도, 이러한 대립의 근저에 존재하는 필연성이 인정될 때 양자의 화해도 결정하는 필연성─ 에서 생긴다는 사실을 인간이 인식하기 때문이다.

그러나 우리는 이제 만물의 근저에 있는 절대자가 〈정신〉 혹은 주 체라는 사실을 보았다. 이러한 사실은 우리가 세계영혼이라고 부를 수 있 는 생명의 커다란 흐름이 세계 속에 있는 방식으로 세계가 만들어졌다는 것을 의미하지는 않는다. 오히려 세계는 이성적 필연성에 의해서 형성된 것이다. 따라서 주체성에서 동일성과 대립의 변증법은 사소한 것이 아니 며, 헤겔의 체계에서 그것은 존재론적으로 중요한 것으로 간주되어야만 한다. 만약 절대자가 주체이고 존재하는 모든 것이 이 주체와 연관을 가질 때만 존재할 수 있다면, 모든 것은 이러한 주체의 생명을 형성하는 동일성과 대립의 상호 작용의 영향권 안에 존재한다. 따라서 이 경우에 우리가 동일성과 대립의 필연적 관계에 대해서 말해도 우리가 과장하는 것은 아닐 것이다.

이것과 그 외의 헤겔의 용어들이 이러한 세계관의 맥락에서 어떻게 해서 보편적으로 적용되는 범주가 되는지를 살펴보자.

궁극적인 실재인 절대자 또는 만물의 근저에 있는 것은 주체다. 또한 우주적 주체는 세계와 동일하면서도 동일하지 않다. 〈정신〉은 세계 없이는 존재할 수 없다는 점에서 [양자 사이에는] 동일성이 존재한다. 그러나 양자 사이에는 대립도 존재하는 바, 외면성으로서의 세계는 〈정신〉이 자기 자신이 되기 위해, 즉 자기의식적인 이성이라는 목표를 실현하기 위해 극복하지 않으면 안 되는 분산과 무의식을 의미하기 때문이다.

절대적 주체의 삶은 본질적으로 자기 자신이 존재하기 위한 조건들을 정립하고, 다음에 자기인식이라는 자신의 목표를 실현하기 위해 이러한 조건들이 갖는 [〈정신〉에 대한] 대립적인 성격을 극복하는 과정이며 운동이다. 또는 헤겔이 『정신현상학』의 서문에서 말하고 있는 바에 의하면, "살아 있는 실체는 자기 자신을 정립하는 운동Bewegung des Sichselbstsetzens, 또는 자기와 자기가 아닌 것으로 됨의 매개Vermittlung des Sichanderswerdens mit sich selbst인 한에서만 〈주체〉다"(20).[20]

이처럼 〈정신〉은 '단순히simply' —헤겔은 '직접적으로immediately'라고 말하고 싶어할 것이다— 존재할 수 없다. 그것은 자신의 대립자를 극

---

20    카우프만(W. Kaufmann)이 번역한 책, 28.

복할 경우에만 존재할 수 있다. 그것은 자기 자신의 부정을 부정함으로써만 존재할 수 있는 것이다. 이것이 헤겔이 『정신현상학』의 서문에서 방금 인용된 구절 조금 뒤에서 말하려고 했던 것의 요점이다. 거기에서 그는 절대자는 본질적으로 〈결과Resultat〉이며 "그것은 종국에 이르러서만 자신의 진실한 모습으로 존재하게 된다"[21]라고 말하고 있다. 〈정신〉은 자기 상실과 복귀의 과정에 의해 본질적으로 존재하게 되는 것이다.

그런데 〈정신〉은 만물의 근원에 있는 것이다. 따라서 매개가 우주적 원리가 된다. 직접적으로 존재한다고 주장할 수 있는 것은 질료, 즉 순수한 외면성뿐이다. 그러나 이것을 검토해 볼 경우, 이것은 [〈정신〉으로부터] 분리되어 존재할 수 없다는 사실이 드러난다. 그것 자체로만은 그것은 모순적이며, 따라서 〈정신〉의 구체화인 전체의 부분으로만 존재할 수 있다.

헤겔의 용법에서는, 어떤 것이 필연적으로 다른 것에 관계하지 않고 그것 자체로 존재할 때 그것은 '직접적인unmittelbar' 것이라고 불린다. 그렇지 않을 경우 그것은 '매개된vermittelt' 것이라고 불린다. 사변 철학적인 차원에서가 아니라 일상적인 대화의 차원에서 내가 인간으로서의 누군가에 대해 말할 경우, 나는 그 사람을 '직접적인' 어떤 것으로서 말한다. 왜냐하면 (어쨌든 대화의 이러한 차원에서는) 인간은 그 스스로 존재할 수 있기 때문이다. 그러나 만약 내가 그 사람을 아버지나 형제나 아들이라고 말한다면, 그는 '매개된' 것으로 간주된다. 왜냐하면 그가 아버지나 형제나 아들이기 위해서는 다른 누군가에 대한 그의 관계를 필요로 하기 때문이다.

---

21    *Ibid.*, 32.

혜겔이 주장하는 바의 요점은 사물을 직접적인 것으로 보는 것은 자세히 음미해 보면 부적합하다는 사실이 드러난다는 것이다. 즉 모든 사물이 다른 어떤 것과의, 궁극적으로는 전체와의 필연적인 관계를 보여 준다는 것이다. 전체 자체는 직접적인 것으로서 특징지어질 수 있으며, 이는 혜겔이 주장하는 요체이기도 하다. 그러나 그는 즉시 이러한 직접성은 자신 안에 간접성을 포함하고 있다는 사실을 덧붙인다. 이는 전체에 의해 결국에는 극복될 이원론을 도외시하고서는 전체가 성립될 수 없다는 명백한 이유 때문이다. 전체를 진술하기 위해서는, 대립하고 있으면서도 서로 필연적인 관계에 있는 (따라서 매개되어 있는) 두 항을 드러내어 전체를 이러한 대립의 극복(따라서 또한 매개된 것)으로서 특징짓지 않으면 안 된다.

이렇게 모든 것은 매개되어 있다. 왜냐하면 모든 것은 그것 자체만으로는 존재할 수 없기 때문이다. 그러나 모든 것이 그것 자체만으로는 존재할 수 없다는 것은 내적 모순으로부터 비롯되는 것으로 여겨진다. 따라서 혜겔의 철학에서는 모순도 보편적으로 적용되는 범주이지 않으면 안 된다.

혜겔은 유명한 한 구절(WL, II, 58)에서, 모순이 동일성과 똑같이 현실에 본질적인 것이라고 말하고 있다. 만약 그가 이 둘 중에서 어느 쪽이 중요한지를 선택해야 한다면 그는 확실히 모순을 선택할 것이다. 모순이 모든 생명과 운동의 원천이기 때문이다.

그러나 이러한 사실 자체가 모순으로 들릴지도 모른다. 혜겔이 모순을 운동의 원천이라고 보는 것은, 존재하는 것은 어느 것이나 모순 상태에 있어서 다른 것으로 이행하지 않으면 안 되기 때문이다. 이러한 이행이, 동시에 존재하고 있는 존재 차원들 사이의 존재론적 이행이든 또는 인간 문명의 단계들 사이의 역사적 이행이든 상관없다. 그러나 이러한 두 가지 방식의 이행은 불가능한 것처럼 생각된다. 만약 모순이 하나의 차원으로부터 다른 차원으로의 이행의 원천이라면 그것은 모순이 존재의 지속을 치명적으로 위협하기 때문이며, 또는 모순적인 어떤 사물도 존재할 수 없다는 상식적 원리에 기초하여 사람들이 그렇게 생각할 것이기 때문이다. 헤겔은 변증법적 이행을 위와 같은 방식으로 설명할 때 이러한 상식적 원리를 기초로 하는 것 같다. 그럴지라도 다른 한편으로는, 사물들은 모순이 선고된 후에조차 그리고 모순이 도처에 존재한다고 말해진 후에조차 (역사에서는 아니라 해도 존재의 연쇄 속에서) 그대로 존재하고 있다. 우리는 이러한 [언뜻 보기에 모순되는] 주장들을 어떻게 화해시킬 수 있을까?

이에 대한 답은 다음과 같다. 즉 모순은, 헤겔이 그 용어를 사용하는 바에 따르면 존재와 완전히 양립할 수 없는 것은 아니며, 그와 같은 것 [존재와 양립할 수 없는 것]은 아마도 모순이라 불릴 수 없다는 것이다. 전체는 모순 속에 있다고 말할 때, 우리는 전체가 동일성과 대립을 겸비하고 있다는 것, 즉 자신과 대립하고 있다는 것을 의미한다. 아마도 사람들은 외견상의 역설을 제거하기 위해 이러한 방식의 설명을 수정하고자 할지도 모른다. 우리는 예컨대, '동일성'과 '대립'을 양립할 수 없는 것으로 생각해서는 안 된다고 말하고 싶어 할지도 모른다. 그러나 그것을 이런 식으로 말하는 것은 요점의 일부를 상실하는 것이라고 봐야 할 것이다. 왜냐하면 헤겔은 어떤 방식으로든 '동일성'과 '대립' 사이의 충돌을 어느 정도 보존하려고 하기 때문이다. [헤겔에 의하면] 〈정신〉은 자기 자신과, 즉 자신의 필연적인 구체화와 싸우며 이러한 투쟁을 통해서만 [자기] 실현에 도달할 수 있다는 것이다. 따라서 우리는 '대립'은 '동일성'과 양립할 수도 있고 양립하지 않을 수도 있다고 말해야만 할 것이다.

[헤겔이] 여기서 '모순'이라는 말을 사용하는 진의는, 우리가 앞에서 본 것처럼, 〈정신〉이 존재하기 위해 필수적인 것이 [한편으로는] 〈정신〉이 자신을 완전히 자기의식적인 이성적 사유로 실현하는 데에는 장애가 된다는 것이다. 우리는 아마도 이러한 사실과 관련하여 '존재론적 갈등 ontological conflict'이라는 용어를 사용할 수 있을 것이다. 이 경우 우리는 이 존재론적 갈등이 운동과 변화의 원천이라는 점과 관련하여 헤겔에 동의할 수 있을 것이다. 왜냐하면 바로 이러한 존재론적 갈등이 어떤 사물도 투쟁을 통해서가 아니라면, 즉 자신의 대립자로부터 자기 자신을 전개하지 않고서는 존재할 수 없다는 근거가 되기 때문이다.

그런데 이러한 존재론적 갈등은 전체를 〈정신〉으로서 유지하는 것이기 때문에 전체적 차원에서는 치명적인 것이 아니다. 그러나 [전체 안의] 어떠한 부분적 차원에서도, [전체를 도외시하고] 그 부분 자체만 생각하면 이러한 갈등은 치명적이다. 이 부분은 그 자체만으로는 존재할 수 없기 때문이다. 우리는 전체의 어떤 부분을 ─유한한 정신이든 사물이든─ 자족적인 것으로 특징지으려는 어떠한 시도에도 따라붙는 엄밀한 의미의 모순이 있다고 말할 수 있을 것이다. 부분적인 것은 본질적으로 전체와 관계하고 있기 때문이다. 그것은 전체의 표현으로서, 따라서 자신과 대립하는 것의 표현으로서만 존재할 수 있다. 따라서 우리가 유한한 사물들의 자기 동일성만을 고수한다면, 우리는 본질적으로 존재론적 갈등 속에 있는 것을 흡사 그것이 그 갈등을 피한 것처럼 제시하고 있는 것이다. 그리고 이것이 보다 이해하기 쉬운 의미의 모순이다. 헤겔에게는 사물들을 자기 동일적인 것으로, 따라서 또한 자기 자신과 대립하지 않는 것으로 보려고 하는 '지성'의 논리에 의한 어떠한 시도도 (치명적인) 모순을 포함한다. 모든 것은 (존재론적 갈등이라는 의미에서) 모순 속에 있기에, 사물들을 단지 자기 동일적인 것으로 보려고 하는 것은 우리를 (보다 일상적인 의미의) 모순에 빠뜨린다. 달리 말하면, 우리가 모순을 충분히 이해할 때, 그것은 우리가 '동일성'과 '대립'에 관한 우리의 낡은 관념에 아직 집착하고 있을 때만큼 그렇게 치명적인 것은 아니다.

그러나 위의 서술은 아직 헤겔의 견해를 충분히 표현한 것이 아니다. 왜냐하면 위의 서술이 함축하는 것은, 모순이 치명적인 것이 되는 모든 것은 이론들, 즉 '사물들에 대한 부분적인 고찰 방식들'이라는 것이기 때문이다. 그러나 우리는 다른 한편으로 헤겔의 철학에서, 여러 현실적 존재는 모순 때문에 소멸한다는 주장을 자주 발견한다. 이러한 주장은 역사상의 형태들에 대해서 참된 주장이며, 또한 유한한 정신, 동물, 사물들에 대해서도 참된 주장이다. 그러나 사람들은, 역사상의 형태들은 소멸하는 반면에 유한한 정신과 동물, 그리고 사물들은 계속해서 존재한다고 이의를 제기할지도 모른다. 헤겔은 이러한 이의에 대해 그것들은 유형으로서는 계속해서 존재하지만, 개개의 것으로서는 소멸하며 그 무엇도 죽음을 면할 수 없다고 대답한다. 이러한 사멸은 필연적이다. 그것은 존재론적 갈등의 반영이라는 것이다.

우리는 앞에서, 유한한 사물을 위해 전체로부터 자유로운, 즉 다른 대상들로부터 독립된 존재를 주장하려는 어떤 시도도 엄밀하며 그렇기에 치명적인 모순을 포함한다는 것을 살펴보았다. 그러나 헤겔은 우리가 유한한 사물, 물질적 대상, 동물, 또는 유한한 정신의 외적 존재를 일종의 독립적인 존재에 대한 요구로 볼 것을 시사하고 있다. 서로 외적인 부분들로서 존재하는 것, 그리고 물질적으로 존재하는 사물들이 일종의 독립된 존재를 갖는다는 것은 물질의 특성이다. 따라서 그것은 물질적 존재가 우리에게 독립되어 있음을 시사하는 것만은 아니다. 즉 물질적 존재 그 자체가 독립된 존재의 한 형식이며, 그것 자체로 존재하려고 하는 영속적인 주장이다. 우리가 앞에서 본 것처럼, 이러한 주장은 [〈정신〉의 생에] 본질적인 것이다. 왜냐하면 〈정신〉은 존재하기 위해 외적인 물질적 존재를 필요로 하기 때문이다. 그러나 이러한 주장이 다시 기각되는 것도 [〈정신〉의 생에] 본질적이다. 〈정신〉은 모든 부분이 본질적으로 이와 같은 방식으로 연관되어 있는 세계에서만 존재할 수 있기 때문이다. 그리고 이것이 유한한 사물들의 운명을 결정한다. 그것들은 존재하게 되지 않으면 안 되지만, 동시에 그것들은 내적 모순의 희생물이 되어 소멸하지 않으면 안 된다. 그것들은 죽음을 피할 수 없다. 그러나 동시에 그것들은 소멸하면서 다른 사물들에 의해 대체되지 않으면 안 된다.

이제 우리는 유한한 사물들은 그것 자체로 존재할 수 없고 더 큰 전체의 부분으로서만 존재할 수 있다는 사실을 입증하려는 헤겔의 상승의 변증법the ascending dialectic의 근본 원리를 보다 명확히 알 수 있다. 이러한 변증법의 원동력은 모순이다. 그리고 모순은 다음과 같은 점에 있다. 즉 유한한 사물들은 공간과 시간 속에 외적으로 존재함으로써 서로에 대한 독립성을 주장하더라도, 그것들이 존재할 수 있는 근거는 그것들이 이러한 독립성을 용납하지 않으려는 〈정신〉을 표현한다는 데 있다는 것이다. 상승의 변증법은 사물들에서 모순을 드러내고, 그리고 모순의 본성으로부터 사물들이 절대자의 자기 운동의 일부로 보이게 될 경우에만 모순이 이해되고 화해될 수 있을 것이라는 사실을 보여 준다.

이처럼 존재론적 갈등과 이러한 갈등에 대한 부정의 결합을 포함하는 강한 의미에서 모순은 곧 사멸이다. 그러나 이러한 '부정'은 관찰하는 우리가 범하는 지적인 착오가 아니라 존재론적 갈등 속에 있는 전체에 본질적인 것이기 때문에, 우리는 강력한 의미에서 모순이 사물들을 운동시키고 변화시키는 것이라는 사실을 알 수 있다. 그것은 사물들에 고유한 변화성Veränderlichkeit이다. 다른 한편으로 존재론적 갈등이라는 의미에서 모순은 변화성의 원천이다.

　　따라서 모순은 여러 부분적 현실에게는 치명적이지만, 전체에게는 그렇지 않다. 그러나 이것은 전체가 모순을 피하기 때문이 아니다. 오히려 전체는 헤겔이 이해하고 있는 것처럼 모순으로서 살아간다. 전체가 존속하는 것은 실제로는 그것이 모순을 수용하여 이 모순을 동일성과 화해시키기 때문이다. 부분적 현실 ―물질적 대상 또는 유한한 정신― 은 이러한 동일성을 포함할 수 없다. 그것은 자체적인 독립된 존재를 가질 수 없다. 그리고 그러한 독립성은 자신을 존재하게 하는 근거와 충돌하기 때문에 모순에 빠지고 사멸하지 않으면 안 된다. 그것은 단지 하나의 항, 즉 긍정과 동일시되고 부정을 포함할 수 없기 때문에 사멸하지 않으면 안 되는 것이다.

　　전체는 그렇지 않다. 절대자는 유한한 사물들의 긍정과 부정 양자를 통해 생존한다. 그것은 이러한 긍정과 부정의 과정에 의해서 산다. 그것은 유한한 사물들 가운데 있는 모순을 통해서 산다. 따라서 절대자는 본질적으로 생명, 운동 및 변화다. 그러나 동시에 이러한 운동을 통해서 그것은 자기 자신으로, 즉 동일한 주체로 머물며, 동일한 본질적 사유가 표현된다. 그것은 존재론적 갈등을 통해 고양되는 생명 과정 속에서 자신을 유지함으로써 동일성과 모순을 화해시킨다. 이러한 끊임없는 변화와 부동성의 결합이 『정신현상학』 서문에 나오는 인상적인 비유 속에서 다음과 같이 서술되고 있다. "따라서 진리는 취하지 않은 자가 하나도 없는 바쿠스 축제의 윤무bacchanalian whirl다. 그리고 각자는 떠나자마자 즉시 취기가 깨기 때문에, 윤무는 투명하고 단순한 휴식이다"(39).

## 7. 극복된 대립

우리는 이제 어떻게 해서 이러한 사상 체계가 1절에서 언급된 대립들을, 낭만주의자들이 자유로운 이성적 사유를 방기함으로써 치러야 했던 대가를 지불하지 않고 극복할 수 있는 희망을 주었는지를 알 수 있다. 헤겔의 절대자 관념을 통해 우리는 '동일성과 비동일성의 동일'이라는 그의 테제의 의미를 이해할 수 있게 된다. 그리고 이러한 관념을 통해 헤겔은 그의 테제를 이중적인 방식으로, 즉 대립의 두 항이 충분히 힘을 발휘할 수 있게 하면서도 그것들이 대립으로부터 통일에 이르는 것으로 보는 방식으로 제시할 수 있게 된다.

우리가 1절에서 이미 서술했던 주요한 대립들은 인간과 자연 사이의 대립이며 ─인간은 인식하는 주체이자 행위자로서 자연으로부터 분리된다─ 개인과 공동체 사이의 대립, 그리고 유한한 정신과 무한한 정신사이의 대립이다. 이 마지막 대립은 또한 인간과 운명의 관계에 반영되어 있다.

인간과 자연 사이의 인식론상의 균열은 칸트의 현상과 물자체의 구별에서 가장 유명한 형태로 표현되고 있다. 물자체는 원리상 영원히 알려질 수 없는 것이다. 헤겔은 칸트의 물자체설에 강력한 논박을 가한다. 그리고 그 궁극적 논증은 다음과 같다. 〈정신〉은 궁극적으로는 전체 또는 현실과 동일한 것으로 나타나는데, 어떻게 해서 지식을 초월해 있는 어떤 것, 즉 인간의 정신 또는 〈정신〉을 넘어서 있는 것이 있을 수 있는가?

더 분명히 말하자면, 세계에 관한 우리의 인식이 최종적으로는 〈정신〉의 자기인식으로 변한다는 그 사실에서 대립은 극복된다. 왜냐하면 우리는 사유를 초월해 있다고 생각되는 세계가 실제로는 사유에 의해서 정립된 세계라는 것, 즉 그것이 이성적 필연성의 현현이라는 사실을 깨닫게 되기 때문이다. 그리고 동시에 세계에 대립한다고 생각되었던 사유, 즉 유한한 주체로서의 우리의 사유 작용은 우리를 매체로 하는 우주 자체 또는 우주적 주체, 즉 신의 사유 작용이라는 사실이 드러난다. 사변 철학의 더 높은 통찰에서 세계는 사유에 대한 타자라는 성격을 상실하고 주체성은 유한성을 초월하며, 따라서 양자는 합치된다. 우리는 세계를 사유 또는 이성적 필연성의 필연적인 표현으로 봄으로써 주체와 세계, 인식하는 인간과 자연의 이원론을 극복한다. 또한 우리는 우리 자신을 이러한 사유의 필연적인 매체, 즉 이러한 사유가 의식적인 사유가 되는 장으로 본다. (그리고 이러한 사유는 의식적인 것이 되지 않으면 안 된다. 왜냐하면 이성적으로 필연적인 사물들의 질서는 이 이성적으로 필연적인 질서가 그 자신에게 나타난다는 필연성을 포함하기 때문이다.)

이러한 것은 우리가 우리 자신을 독자적인 사유를 갖는 유한한 주체로서뿐만 아니라, 우리의 사유보다 탁월한 사유, 즉 어떤 의미에서 우주 전체의, 또는 헤겔의 표현을 빌리면 신의 사유의 매체로 보게 된다는 사실을 의미한다.

따라서 헤겔은 유한한 주체의 인식을 무한한 주체의 자기인식으로 고양시킴으로써 세계와 인간 사이의 장벽을 제거하는 방식으로 칸트의 물자체설을 극복한다. 그러나 그는 이러한 장벽을 주체와 객체가 최종적으로 일종의 형언할 수 없는 통일적 직관에서 합치된다고 느끼는 낭만주의자들처럼 이성을 포기하는 방식으로 돌파하지는 않는다.

오히려 헤겔은 자유를 상실하지 않고 유한한 정신을 무한한 정신과 통일시킨다는 문제를 자신의 이성 개념에 의해 해결한다. 우리가 1절의 마지막 부분에서 본 것처럼 헤겔과 동시대에 살았던 낭만주의자들은 누구도 이러한 딜레마를 해결하지 못했다. 그들 중 일부는 무제한적으로 자유로운 창조적 주체라는 환상에 집착했지만 신에 의해 버려진 세계로 추방되었다는 느낌을 맛보지 않을 수 없었다. 그리고 다른 일부는 이성을 넘어선 신적인 것과의 통일을 구했지만 자신들의 자율성을 자신들의 이해를 초월해 있는 더 큰 질서에 내맡기는 대가를 치러야만 했다. 헤겔에서는 유한한 주체는 더 큰 질서의 일부이지 않으면 안 된다. 그러나 이것은 무제한적인 이성적 필연성에 의해 전개된 질서이기 때문에 그것은 어떤 점에서도 이성적 주체로서의 우리 자신에게 낯선 것이 아니다. 그것 속의 어떤 것도 단지 조야한 '실증적' 사실로 받아들여져서는 안 된다. 이성적인 행위자는 우주적 필연성의 매체라는 자신의 사명을 받아들여도 자신의 자유를 조금도 상실하지 않는 것이다.

우리는 우주적 정신과의 이러한 합일을 통해 보다 낮고 경험적이며 욕망을 추구하는 본성을 희생함으로써 이성적 사유의 주체가 되는 것이 아니다. 이러한 자연적 본성도 필연적인 질서의 일부이기 때문이다. 무한한 주체는 존재하기 위해 외적으로 구체화되어야 한다. 그리고 [무한한 주체의] 이러한 외적 구체화는 공간과 시간에서의 구체화, 즉 언제 어딘가에 살아 있는 특정의 존재자 속에서 이 존재자가 포함하는 모든 것과 함께 존재하는 구체화를 의미한다. 무한한 주체는 유한한 주체를 통해서만 존재할 수 있다.

따라서 우리가 〈정신〉의 매체라는 역할을 인수할 때 우리의 어떠한 것도 방기되지 않는다. 우리를 자신의 일부로 포함하는 질서는 진정한 이성적 필연성을 본성으로 갖는 정신에 의해 전개되고, 이러한 정신은 필연적으로 우리를 유한한 주체로서 정립한다. 따라서 우리는 그것과 완전하게 일체가 될 수 있다. 헤겔은 '단순히 주어져 있는 것'에 기초를 두지 않는 이러한 절대적 이성관에 의해 자신이 낭만주의 시대의 딜레마를 해결했다고 믿는다.

이러한 사실로부터 헤겔의 해결 방식이 갖는 두 개의 본질적 특성이 비롯된다. 첫째로 인간과 세계, 유한한 주체와 무한한 주체의 통일이 양자 사이의 차이를 폐지하지는 않는다. 인간은 통일이 파악될 수 있는 차원으로까지 스스로를 고양하기 위해 고투하기 때문에, 통일은 고투 끝에 차이로부터 획득된다. 그러나 궁극적 통일은 그 속에 차이를 보존하고 있다. 우리는 세계와 신에 대해서 유한한 주체로 머물며, 우리가 우리의 특수한 존재를 더 큰 계획의 일부로 볼 때조차, 즉 우리가 더 큰 자기의식인 〈정신〉의 매체가 될 때조차 우리는 우리의 시대, 장소 및 환경 등의 특수성을 벗어날 수 없는, 문자 그대로의 인간으로 머무는 것이다. 〈정신〉

이 통일로 복귀하는 것은 필연적으로 이원성을 포함하는 것이다.

둘째로, 절대자는 헤겔이 『정신현상학』의 서문에서 주장하고 있듯 개념들Begriffe을 통해 이해되어야 하며, 감정과 직관Gefühl and Anschauung 을 통해 이해되어서는 안 된다. 인간은 지성을, 즉 세계를 분석하고 자기를 자연으로부터 분리하며 사물들 간의 구별을 고정하는 '무서운 힘 ungeheure Macht'(PhG, 29)을 포기할 수 없다. 이것은 어떤 의미에서는 사물들을 생명의 흐름으로부터 떼어 내는 죽음의 힘과 같은 것이다. 그러나 우리는 지성으로부터 도피함으로써 극복할 수는 없으며, 이성의 변증법적 사유를 통해 분열이 극복되는 한계까지 이러한 명석한 사유의 힘을 추구함으로써만 극복할 수 있다. 지성의 위대한 힘은 '죽은 것에 집착하는 것'이다. 〈정신〉의 생명은 '죽음을 견뎌 내고 죽음을 통해서 자기 자신을 보존하는' 생명이다. 그것은 '절대적 자기 분열absolute Zerrissenheit'(29-30)[22] 속에서만 자기 자신을 발견한다. 일종의 '무력한 미kraftlose Schönheit' 는 이것을 할 수 없고, 결코 '부정적인 것의 심각함, 고통, 인내, 노고'(2)를 수용할 수 없기 때문에 통일에 관한 참된 통찰에 이를 수 없다.

헤겔은 사유의 명석한 구별을 방기하려고 하지는 않는다. 그는 명석함을 극복하려고 하면서도 그것을 새로운 이성 개념을 통해 보존하려고 한다. 이것은 다음의 존재론적 테제, 즉 모든 대립은 통일에서 나와서 통일로 귀환하며 따라서 가장 명료하게 구별을 행하는 사유는 또한 결합하는 사유이기도 하다는 테제에 근거를 두고 있다. 대립이 극한에 이르기까지 추구되면, 그것은 통일로 전화한다. 인간은 이성적 존재라는 자신

---

22      *Ibid*., 50.

의 사명을 실현하는 동안 자연에서 자신을 분리한다. 그러나 인간을 인간 자신에게 〈정신〉의 매체로서 나타나게 하고 그럼으로써 대립을 화해시 키는 것은 바로 완전히 실현된 이러한 사명, 즉 이성적 사고의 완전한 전 개다.

폐지되지 않고 극복되는 이러한 이원성의 이념은 두 개의 중요한 용어로 표현된다. 첫째 용어는 지양Aufhebung이다. 이것은 낮은 단계가 높은 단계에서 극복되는 것과 동시에 보존되는 변증법적 이행에 대한 헤 겔의 용어이다. 독일어의 'Aufheben'은 이러한 의미 중 어떤 것도 가질 수 있다. 헤겔은 자신의 전문 용어를 만들기 위해 그러한 의미들을 결합했던 것이다.

둘째로, 통일이 구별을 단순히 폐지하는 것은 아니기 때문에 헤겔 은 종종 그러한 통일을 화해Versöhnung라고 말한다. 이 말은 두 항이 남는 다는 것, 그러나 그들 간의 대립이 극복된다는 것을 의미한다.

이러한 '화해'라는 용어는 쉽게 상상할 수 있는 바와 같이 인간과 신, 유한한 정신과 무한한 정신의 대립과 관련하여 전면에 나타나고 있 다. 이론적 대립에 관한 한, 그 해결은 이미 앞에서 말한 인간과 세계의 이원성에 관한 논변 속에 포함되어 있다. 왜냐하면 이러한 이원성은 우 리가 신의 자기인식과 우주에 관한 인간의 인식 사이의 궁극적 동일성을 보여 줌으로써 극복되었기 때문이다. 즉 궁극적으로는 헤겔이 '절대적 정 신'이라고 불렀던 예술, 종교, 철학을 통해서 〈정신〉의 자기인식이 일어 난다. 따라서 필연적으로 은폐되어 있고 알려질 수 없는 것이라는 신의 이념은 물자체의 이념과 마찬가지로 인간의 필연적인 발전 단계에 속할 지라도 결국은 극복되는 것이다.

행위자로서의 인간과 자연, 인간과 국가, 인간과 그의 운명 사이의 실천적 대립에 대해서는 어떻게 생각하면 좋을까?

인간은 내외의 자연에 대항하여, 자기 내부의 본능을 억누르고 자기 주위의 사물들을 자신의 의지에 따르는 도구로서 취급하지 않으면 안 되었다. 그는 자연과의 원초적인 통일과 교류를 단절해야만 했다.[23] 그는 세계에서 '신성神性을 박탈하지entgöttern' 않으면 안 되었다. 이것이 자유를 향한 본질적인 일보였다.

그러나 여기에서도 대립은 그 한계까지 추진되면 화해에 달한다. 도덕적 행위자는 경향에 의존하지 않는 순수한 실천 이성의 명령에 기초하여 행동하려고 노력하지만, 그는 이성 그 자체에 의해서 자신을 〈정신〉의 매체로서 생각하도록, 따라서 또한 사변적으로 이해된 사물들의 본성 —이것도 〈정신〉의 표현이다— 과 화해하도록 강제된다. 이러한 화해는 단순히 최초의 통일 상태로 복귀하는 것이 아니라 이성적 자유를 보지한다.

동시에 인간은 자신의 목적에 기여하기 위해 외적인 자연에 노동을 행함으로써 자연과 자기 자신을 변용하며 양측을 최종적으로 화해시킨다. 마르크스 이론의 핵심인 노동이 갖는 이러한 지극히 중요한 이념은 헤겔로부터 비롯된 것이다. 그는 노동을 예컨대 『정신현상학』 2부의 주인과 노예에 관한 논의에서 특별히 고찰하고 있다. 그러나 양자 사이에는

---

23　실제로 헤겔의 역사관에서는 하나 이상의 이러한 단절들이 있었다. 왜냐하면 탁월한 '원초적 통일'의 시기, 즉 18세기 후기에 최대의 향수의 대상이었던 시기 —고전 그리스 시대— 그 자체는 헤겔의 관점에서 볼 때 자기 자신과 자연을 만들어 나가는 인간의 산물이었는데, 그러한 산물은 인간적 형태에 집중된 예술의 창조에서 정점에 달한다. 이 시기 이전에는 보다 미발달한 단계들이 선행했다. 따라서 이 시기 자체가 이미 하나의 성취였다.

중요한 차이가 있다. 양자 모두에서 인간은 자신을 형성한다는 것, 자연을 지배하고 변용하려고 기도하는 노력에 의해서 자신의 본질을 실현하게 된다는 것은 명확하다. 그러나 중요한 차이는, 마르크스에게서는 자연속에서 조성된 변화와 그것에 따르는 인위적 환경이 커다란 의미를 가졌던 반면에 헤겔에게서는 노동과 노동 생산물이 갖는 역할이 주로 인간 속에 보편적 의식을 창조하고 그것을 유지하는 데 있다는 것이다. 물론 마르크스의 사유에서는 산업 혁명이 인간 역사의 중대한 사실이었던 데 반해, 헤겔의 사유에서는 아직은 다분히 산업화 이전의 세계와 관련되어 있다는 사실을 반영하고 있다. 그러나 그것은 또한 말할 것도 없이, 두 사상가 각자가 인간의 본질이라고 생각했던 것 사이의 커다란 차이를 반영하고 있다.

개인과 국가의 대립에 대해서는 우리는 이미 이것이 헤겔의 체계에서 어떻게 극복될지를 알 수 있다. 국가는 보편자의 하나의 구체화로서 개인의 삶에서 중요한 역할을 행한다. 보편적 이성의 매체인 개인을 형성하는 데 있어서 국가는 불가결한 역할을 하는 것이다. 개인은 국가에 소속된다는 점에서 이미 자신을 넘어 더 큰 생명 속에서 살고 있는 것이다. 그리고 국가가 법이라는 형태에서 보편적 이성의 표현인 자신의 '진리'에 도달하게 됨에 따라서 국가는 개인으로 하여금 자신의 궁극적 사명을 실현할 수 있게 하는 것이다.

이처럼 국가는 보다 원시적인 형태에서는 자유로운 자기의식적 개인이 되려는 사람과 대립할 수 있으며 사실상 대립했다. 그러나 이러한 대립은 극복되도록 운명 지어져 있다. 왜냐하면 자유로운 개인은 궁극적으로는 자기 자신을 보편적 이성의 매체로 보게 될 것임에 틀림없기 때문이다. 그리고 양자는 국가가 이처럼 이성의 구체화로서 완전하게 발전하게 되었을 때 화해하게 된다. 자유로운 개인이 국가의 외부에서는 자신을 자유로운 것으로서 실현할 수 없다는 것은 분명하다. 왜냐하면 신체를 벗어난 정신적 생명은 있을 수 없다는 헤겔의 원리로부터, 자유를 외적인 운명에 의해 영향받지 않는 인간의 내면적 상태로 보는 스토아 학파의 자유에 대한 정의를 받아들일 수 없다는 결론이 도출되기 때문이다. 순수하게 내면적인 자유는 단지 하나의 소망, 즉 비현실적인 것에 지나지 않는다. 인간이 이러한 소망, 이러한 이념을 갖게 될 때, 그것은 인간의 발전에서 하나의 중요한 단계이다. 그러나 그것은 현실적인 것과 혼동되어서는 안 된다. 자유는 생명의 어떤 형식 속에서 표현되었을 경우에만 현실적wirklich이다. 그리고 인간은 자기 혼자만 사는 것이 아니기 때문에 이러한 형식은 생명의 집단적 형식이지 않으면 안 된다. 그런데 국가는 공동체의 힘에 의해서 견고하게 지탱되는 생명의 집단적 양식이다. 따라서 자유는 국가에서 구체화되지 않으면 안 된다.

마지막 실천적 대립은 유한한 생명과 무한한 생명의 대립이며, 이것은 운명과의 대립을 함축하므로 가장 절실하게 느껴지는 대립이다. 우리는 이성적 동물인 인간을 보편적 이성의 매체로 봄으로써 인간의 삶에 지대한 의의를 부여한다. 그리고 우리는 인간이 전력을 다해서 성취하는 것에도 이러한 의의를 부여한다. 그러나 모든 부조리 중에 최대의 부조리인 죽음을 포함해서, (인간의 노력을 비웃는 듯) 일어나는 결과가 갖는 부조리에 대해 우리는 어떻게 생각해야 하는가? 우리는 이것을 어떻게 해서 유의미한 전체 안으로 수용할 수 있는가? 또는 달리 말하면, 우리는 어떻게 해서 인간에 대한 신의 행위(신에게 운명의 책임을 귀속시킨다면)를 정당화할 것인가?

헤겔은 이와 같은 과제를 기꺼이 떠맡는다. 그는 자신의 역사철학을 '신의론神義論, theodicy'이라고 부르는데, 우리는 그 이유를 쉽게 파악할 수 있다. 인간의 운명과 그의 업적은 전체적인 필연성 속에서 하나의 위치를 차지할 수 있다.[24] 죽음 그 자체, 인간 개개인의 죽음은, 어떠한 동물의 죽음도 어떠한 외적 현실의 궁극적 소멸도 그러하지만, 사물들의 기획에서 필연적이다. 외적인 것으로서의 이러한 모든 사물은 자기 자신과의 모순 속에서 파멸해야만 하기 때문이다.

그러나 헤겔은 그의 역사철학에서 인간의 죽음 이상의 것, 즉 모든 문명의 사멸을 설명하고 있다. 무의미하고 결코 정당화될 수 없을 것처럼 생각되는 것, 즉 극히 뛰어난 초기의 문명들의 파괴와 쇠퇴는, 이성적인 법치 국가에서 〈정신〉이 궁극 목적에 이르는 도상에서 필연적인 단계라는 사실이 입증된다.[25] 즉 죽음뿐만 아니라 역사에서의 특수한 운명도 이성으로서의 인간이 충분히 화해시킬 수 있는 유의미한 계획의 일부라는 사실이 드러난다.

헤겔의 신의론에 대해서 사람들은 당연히 회의를 품게 된다. 인간이 어떻게 해서 운명과 화해할 수 있는가? 어떻게 해서 인간은 그것을 '무의미한 것'으로 보지 않을 수 있겠는가 하는 것을 알기란 실로 어렵다. 비

---

24  이처럼 헤겔의 성숙기에 '신의론'은, "기독교의 정신"이라고 명명된 1790년대의 초고에서 그가 해명한 운명관을 발전시킨 것이다. 그러나 그것은 "기독교의 정신"에서 나타나는 운명관에서 보이지 않는 새로운 것을 포함하고 있다. 사람들이 화해하는 운명은 통일뿐 아니라 분열도 포함하고 있다.

25  헤겔은 그의 역사철학 강의에서, 우리가 고대 문명들의 폐허를 보면서 "역사상 가장 풍부한 조형, 가장 아름다운 생명이 멸망했다는 것, 우리는 훌륭한 것의 잔해 사이를 거닐고 있다는 것"(VG, 34-35)을 반성할 때 느끼지 않을 수 없는 우수와 비애에 대해서 말하고 있다.

록 우리가 역사의 일반적 계획을 받아들이고 문명의 사멸과 화해한다고 해도, 어떻게 우리가 예컨대 비세계사적인 개인들, 즉 어린아이들의 죽음을 유의미한 것으로 이해할 수 있을까? 우리는 헤겔이 이러한 어려움을 참으로 진지하게 고려하지 않았다는 사실을 입증하기 위해, 구태여 이반 카라마조프의 장광설을 끌어들이면서 순진한 어린아이들의 눈물에 세계사보다 더 큰 중요성을 부여할 필요는 없을 것이다.

그러나 헤겔의 견해에서 개인적 운명의 이러한 사례는 필연성의 범위 내에 있다. 그것들은 우리가 앞에서 보았듯이, 필연적으로 존재하는 저 우연성의 영역에 속한다. 만약 우리가 본질적인 것, 즉 보편적 이성과 일체가 된다면 우리는 세계사는 물론 이러한 우연성과도 화해할 수 있다. 만약 우리가 실제로 자기 자신을 보편적 이성의 매체로 보게 되면 죽음은 이제 '낯선 것'이 아니게 된다. 그것은 계획의 일부이기 때문이다. 우리는 그러한 의미에서 이미 죽음을 넘어서 있다. 죽음은 이제 한계가 아니며, 그것을 초월하는 이성의 생명 속에 흡수되는 것이다.

## 8. 변증법적 방법

　　나는 지금까지 헤겔이 당대의 가장 큰 관심사이기도 했으며 또한 헤겔 자신의 철학적 노력의 직접적 동기이기도 했던 이원론을 해결했다고 믿은 사정에 대해서, 즉 어떻게 해서 그가 최대의 이성적 자율을 자연과의 가장 충실한 표현적 통일과 결합하면서 시대의 열망을 충족시켰다고 믿었는가에 대해서 극히 간단하게 서술했을 뿐이다. 헤겔의 저작 중 가장 내용이 풍부한 구절들이 이러한 해결들에 관해 상세하게 논하고 있다.

　　지금까지 나는 헤겔의 철학적 체계의 대강을 제시하려고 노력해 왔을 뿐이다. 그러나 여기에서 제시된 것과 같이, 주요한 대립을 이성 자체에 의해서 화해시킨다고 주장하는 철학적 체계는 그 본성상 단순히 제시될 뿐 아니라 논증되어야만 한다. 차라리 우리는 논증만이 그러한 체계의 가장 적합한 제시 방식이라고 말할 수 있을 것이다.

이러한 논증은 어떠한 성격의 것이어야 하는가? 그 논증은 우리를 사물들에 관한 우리의 일상적 견해에서 벗어나게 하며, 그러한 일상적 견해는 지지될 수 없고 사물들에 대한 헤겔의 통찰로 인하여 대체되지 않으면 안 된다는 것을 보여 줄 수 있는 것이어야 한다. 따라서 그것은 우리가 [일상적으로] 세계라고 생각하는 외적인 잡다雜多에서부터 출발하면서도, 우리를 〈정신〉을 정점으로 하는 필연성의 체계를 통찰하는 데 이르기까지 고양시킬 것이다.

따라서 논증을 위한 하나의 명백한 길은 우리가 모두 관찰하고 있는 존재의 위계질서로부터 출발하면서 그것이 앞에서 약술된 방식으로 체계적으로 연관되어 있다는 사실을 보여 줄 것이다. 우리는 존재들의 이러한 위계질서가 이성적 필연성의 구체화이며 현현이라는 사실을 보여 줄 것이다. 우리는 가장 낮고 가장 외적인 수준, 즉 시간과 공간에 펼쳐져 있는 물질에서부터 출발할 것이다. 우리는 물질의 근저에 있는 개념들은 물론 물질과 더 높은 수준의 것 사이의 연관을 드러낼 것이다. 이처럼 우리는 생명 없는 존재의 여러 수준과 생명의 여러 수준을 통해서 〈정신〉에 도달할 것이며, 〈정신〉의 수준에서 이루어지는 인간의 역사 발전을 보여 줄 것이다.

이것이 '자연철학'과 '정신철학'에서 행해지고 있는 논증인데, 그것은 『철학적 학문의 백과사전Encyclopädie der philosophischen Wissenschaften im Grundrisse』의 말미의 두 부에서, 그리고 이 부분을 부연 설명한 여러 저작, 예컨대 『법철학 강요Grundlinien der Philosophie des Rechts』, 『종교철학철학』, 『종교철학』, 『철학사』, 『미학』 등에서 서술되고 있다.

그러나 우리는 어떤 의미에서 볼 때 이 논증에 앞서는 또 하나의 논증에 대해서 생각할 수 있다. 우리가 위의 논증에서 다루는 존재의 모든 연쇄는 —헤겔의 용어를 빌리자면— 〈이념〉에서 정점에 달하는 이성적 필연성의 연쇄의 나타남이다. 그러면 우리는 [이성적 필연성에 대한] 논증을 —위의 논증에서와 같은 여러 종류의 현실에 대한 연구에 의해서가 아니라 우리가 세계를 파악하는 범주들에 대한 연구에 의해서— 직접 시도할 수 있을 것이다. 이러한 범주들을 음미하면 우리는 그것이 그 자체로 모순이라는 것, 그리고 그러한 범주는 다른 범주로 이행되며 그 자신을 유지할 수 있는 유일한 범주는 〈이념〉일 것이라는 사실을 발견할 것이다. 따라서 우리는 다음과 같은 논증을 생각할 수 있다. 즉 가장 빈곤하며 가장 공허한 범주인 '존재'에서부터 출발하여, 그것의 내적 모순을 보여 주고 그것으로부터 다른 여러 범주로 나아가며, 이러한 다른 범주들도 모순적이라는 것을 입증하고, 점차 높아져 가는 복잡성의 수준으로 올라가 마침내 〈이념〉에 도달하는 논증을 생각할 수 있다. 이것이 『논리학』과 『철학적 학문의 백과사전』 1부에서 우리가 발견하는 논증이다.

　또 다른 논증이 존재할 여지가 있을까? 어떤 의미에서는, 즉 동일한 수준에서는 존재할 여지가 없다. 앞의 두 논증이 완전한 원환을 이루고 있기 때문이다. 『논리학』은 우리가 〈이념〉에 도달할 때까지 범주들에 대한 우리의 이해를 발전시키고, 〈이념〉은 우리에게 이러한 범주들이 필연적으로 외적 현실 속에 구체화되어 있다는 사실을 보여 준다. 따라서 우리는 이러한 외적 현실을 처음에는 그것의 가장 '외적인' 형식과 관련하여 음미하는 바, '자연철학'의 단계에서 '정신철학'의 단계로 나아간다. 이러한 단계의 정점에 이를 때 우리는 절대정신에 대한 통찰에, 즉 전체의 완전한 자기인식인 신의 생명에 대한 통찰에 도달한다. 그러나 신이 자신을 안다고 할 때 신은 무엇을 아는가? 그것은 『논리학』에서 서술되고 〈이념〉에서 정점에 도달하는 이성적 필연성의 연쇄이다. 이로써 우리는 원환을 완료한 것이 된다.

그러나 이러한 추론의 진위야 어떻든 간에 사실상 헤겔은 우리가 『정신현상학』에서 발견하는 세 번째의 논증을 제시한다. 우리는 『정신현상학』을 일종의 서문, 대체계의 서언으로 간주할 수 있다. 헤겔은 그가 체계의 결정적 형태를 공표하기 수년 전인 1806-1807년 사이에 이 책을 저술했다. 따라서 사람들은 헤겔이 [체계를 완성한 후] 나중에 이 책에 부여했던 의미에 대해 이의를 제기할 수도 있다. 왜냐하면 '현상학'이라는 제목은 '정신철학'의 한 절을 지칭하는 것으로 다시 나타나고 있으며, 또한 이 절은 『정신현상학』에서는 은폐되어 있었던 약간의 논거를 면밀히 검토하고 있기 때문이다.

그러나 이러한 이의에 대한 답은 사변적(헤겔적인 의미에서가 아니라, 약간 경멸적으로 사용되는 일상적인 의미에서)일 수밖에 없다. 우리는 사실 『정신현상학』을 헤겔의 저작 중에서 가장 강력하고 매력적인 저작으로 볼 수 있다. 그것의 원리는 존재의 형태 혹은 범주로부터가 아니라 의식의 형태로부터 출발하는 것이다. 이 책은 이런 의미에서 우리가 현재 있는 곳에서부터 우리를 끌어내어 체계에 대한 통찰에 이르게 하는 논증, 즉 헤겔의 주요한 목표 중의 하나를 가장 잘 달성하고 있는 논증을 행하고 있는 것이다.

이처럼 이러한 논증은 의식이 무엇인가에 대한 가장 빈곤하고 가장 초보적인 관념에서 출발하면서, 이러한 관념이 유지될 수 없고 또한 내적인 모순으로 분열되어 있으며, 따라서 보다 더 높은 관념에 의해 대체되어야만 한다는 것을 보여 준다. 그러나 다시 이러한 더 높은 관념도 모순적이라는 사실이 밝혀지며, 우리는 마침내 자기를 인식하는 〈정신〉 또는 절대지absolute knowledge로서의 의식에 대한 참된 이해에 이를 때까지 계속해서 나아가는 것이다.

헤겔 철학에서 주요한 이와 같은 세 논증에 대해 여기에서 자세히 고찰할 여유는 없다. 그러나 논증으로서 그것들이 갖는 특성에 대해서, 즉 변증법에 대해서 약간 언급하지 않으면 안 된다.

헤겔에서 변증법은 '방법' 또는 '접근법'이 아니다. 만약 우리가 구태여 헤겔의 위대한 논증 방법을 특징지으려 한다면, 우리는 켄리 도브를 따라서 '기술적記述的' 방법이라고 말할 수 있을 것이다.[26] 헤겔의 목적은 그 연구 대상이 행하는 운동을 따르는 것에 지나지 않기 때문이다. 철학자의 과제는 "그의 자유를 (내용에) 침잠시켜, 내용을 그 자신의 본성에 따라서 운동시키는 것이다"(PhG, 48). 만약 논증이 변증법적 운동을 따라간다면, 이러한 운동은 우리가 사물들에 대해서 추론하는 방식 속에가 아니라 그 사물들 속에 있지 않으면 안 된다.

그런데 우리는 이미 사물들은 모순으로 분열되어 있으며, 사물들 속에 변증법적 운동이 있다는 사실을 알고 있다. 모든 부분적 현실은 전체 또는 절대자에 의해서 절대자의 존재를 위한 필연적 조건으로서 정립된다. 왜냐하면 이러한 절대자는 여러 외적인 물리적 사물과 유한한 정신 속에 구체화된 것으로서만 존재할 수 있기 때문이다. 그렇지만 이러한 부

---

26    Kenley Dove, "Hegel's phenomenological method", *Review of Metaphysics* 33, 4 (1970. 6).

분적 현실들은 외적으로 서로 분리되어 존재하기 때문에, 전체의 일부라는 자신의 지위에 반발하여 자신의 독립성을 끊임없이 주장하는 것이다.

사물들에 대해서 말할 때 긍정과 부정이란 단어에 어떤 의미를 부여할 수 있기 때문에, 우리는 이와 같은 맥락에서 '모순'에 대해서 말한다. 그러나 우리는 사물을 단지 거기에 있는 것으로서가 아니라 〈정신〉을 구체화하고 표현하기 위해 정립된 것으로 보기 때문에, 우리는 이 '모순'이란 단어에 어떤 의미를 부여할 수 있다. 달리 말하여 존재론적 모순에 대한 이론에 의미를 부여하는 것은 표현적 목적이라는 범주가 갖는 궁극적인 존재론적 지위이다. 세계의 모든 사물은 〈정신〉을 구체화하고 〈정신〉의 본질을 ―자기를 인식하는 정신, 자기를 사유하는 사유, 순수한 이성적 필연성을― 현현하기 위해 존재한다.

그런데 이러한 사유의 표현에서 불가피한 매체가 되는 것은 외적 현실이며, 이것은 그러한 사유의 내용을 완벽하게 전할 수 없다. 외적 현실은 사유의 내용을 필연적으로 왜곡시킨다. 왜냐하면 이 현실은 외적이며, 그것의 부분들은 서로 독립해 있고 우연성에 종속되어 있기 때문이다. 이러한 사실이야말로 외적 현실이 이성적인 필연성을, 영속적인 사물들의 안정된 연쇄를 통해 표현하기보다는 오히려 사물들이 생성하고 소멸하는 과정을 통해 표현하는 이유이다. 사물들은 소멸하지 않으면 안 된다. 이성적 필연성을 표현한다는 자신의 존재의 근거 그 자체가 사물들과 모순되기 때문이다. 그런데 〈정신〉은 자신이 정립한 것을 소멸시키는 과정에서 자신이 목적했던 바를 나타낸다. 외적 현실로 나타날 수 없었던 것은 존재하는 사물들이 생성하고 소멸하는 운동에서 표현된다. 외적 현실이 〈정신〉의 메시지에 대해서 가했던 왜곡은 외적 현실의 필연적인 소멸에 의해 정정된다. 〈정신〉은 하나의 불변적인 표현 속에서 자신의 모든 것을 단번에 고지하는 것이 아니라 긍정과 부정의 상호 이행 속에서 자신의 본성을 명확히 한다.

따라서 궁극적으로 우리는 헤겔의 논리에서 현실은 무엇인가를 언표하기 위해 정립된 것이라고 보기 때문에, 현실에 미만彌滿해 있고 불가피한 양상 중의 어떤 것들 —예컨대 서로 외적인 부분들의 존재— 을 '왜곡'으로서, 즉 그것들이 사실상 고지하게 되는 것과는 다른 것을 알리는 것으로서, 따라서 또한 '모순된' 것으로서 파악할 수 있다.

그러나 이러한 통찰은 우리가 증명하지 않으면 안 되는 것을 너무 빨리 제시하기 때문에 상승하는 변증법의 본질을 밝히는 데 별다른 기여를 하지 못할 것이다. 일단 우리가 세계를 〈정신〉의 구체화 내지 표현으로서 받아들인다면 모든 부분적 현실이 모순적이지 않으면 안 되는가를 보여 주는 대신에 우리는 먼저 유한한 존재물에 깃들어 있는 모순을 지적하는 것에서 출발해야 한다. 그리고 우리가 이러한 유한한 존재물들을 〈정신〉의 구체화 가운데 일부로 볼 경우에만 그러한 모순의 의미가 이해될 수 있다는 사실을 보여 주는 것으로 나아가지 않으면 안 된다. 〈정신〉이 유한한 존재물을 필요로 한다는 사실을 보여 주는 것만으로는 불충분하다. 우리는 또한 이러한 존재물들이 〈정신〉을 필요로 한다는 사실을 보여 주지 않으면 안 된다. 즉 그것들이 전체에 의존하고 있다는 사실을 보여 줘야 한다. 그렇지 않다면, 〈정신〉의 자기인식이기도 한 헤겔의 개념적 사유는 신앙 또는 전반적인 개연성에 기초한 또 하나의 환상에 지나지 않는다. 그리고 이러한 사실은 〈정신〉이 이성이라면 수긍될 수 없는 것이다.

그러나 어떻게 해서 우리는 유한한 사물들 속에서 모순을 발견할 수 있을까? 일상적인 의식이 사물들을 고찰할 때와 마찬가지로 그러한 사물들만을 [전체로부터] 떼어 내어 고려한다면, 물질적 대상이라든가 유한한 정신은 한갓 주어진 것이다. 우리는 방금 유한한 사물들을 모순 속에 있는 것으로 보기 위해서는 그것들을 [전체에 의해서] 정립된 것으로 보지 않으면 안 된다는 것을 알았다. 그런데 이것이야말로 우리가 처음부터 가정해서는 안 되는 것이며, 만약 이를 가정한다면 우리는 논점 선취論點先取[논점이 되고 있는 것을 미리 전제하는 것]의 오류를 범하는 것이 되며 우리의 방법을 위반하는 것이 되고 마는 것이다. 우리는 악순환에 빠지는 것처럼 보인다. 그러면 우리는 어떻게 시작하면 좋은가?

헤겔의 주장은 우리가 고찰하는 어떠한 현상이 아무리 독립된 것처럼 보인다 해도 그것은 모순을 피할 수 없는 내적인 분열을 보여 준다는 것이다. 이러한 내적인 분열이야말로, 한편으로는 문제가 되고 있는 사물이 무엇을 목표하고 있는가 또는 무엇이 되게끔 정해져 있는가와, 다른 한편으로는 그것이 지금 무엇으로 있는가를 우리가 구별할 수 있는 근거이다. 사정이 그런 이상, 실제적인 존재와 목표 또는 지향되는 표준 사이에 불일치가 있을 수 있으며, 따라서 사물은 모순에 빠질 수 있는 것이다. 따라서 우리가 식별하는 목표 내지 표준이 당장 처음부터 〈정신〉을 표현하는 것일 필요는 없다. 우리는 보다 낮은 목표 내지 표준에서 출발하고, 실제적인 존재가 어떻게 해서 이러한 목표에 일치할 수 없는지를 보여 줌으로써 모순을 드러낼 수 있다.

헤겔은 『정신현상학』에서 변증법적 모순을 이렇게 설명하고 있다. 우리는 다음과 같은 어떤 것, 즉 그것이 실현하려고 하는 목적이나 또는 그것이 도달해야 될 표준에 의해서 본래적으로 특징지어질 수 있는 어떤 것에서부터 시작한다. 그리고 나서 우리는 그 사물에 대해서 그것이 실제로는 이러한 목적을 달성할 수도 표준에 도달할 수도 없다는 사실을 보여준다. (여기서의 '불가능함cannot'은 개념적 필연성의 불가능함이다.) [이를 통해] 우리는 모순에 직면하는 것이다.

이것은 두 가지 형태를 취할 수 있다. 목적은 사실상 실제적인 사물을 통해서 실현되지 않을 수 있다. 그리고 이 경우에는 존재하는 실재는 필연적으로 사멸하든가, 그렇지 않다면 목적이 추구되는 가운데 [그 목적에 대한 그것의] 부적합성이 극복되어 감에 따라서 [존재하는 실재는] 변용될 것이다. 또는 표준이 이미 실현되어 있을 수가 있다. 그 경우에 우리는 모순을 통해 표준 또는 목적에 관한 우리의 견해를 변화시키든가, 그렇지 않다면 표준 또는 목적이 실현된 현실에 대한 견해를 변화시켜 이와 같은 [목적의] 실현을 일관되게 설명할 수 있을 것이다.

우리는 사실상 헤겔에게서 이러한 두 종류의 변증법을 발견한다. 그의 역사적 변증법은 첫 번째 형태를 취한다. 삶의 역사적 형태들은 다음의 어떤 이유들, 즉 그것들은 자신들이 실현하려고 하는 목적 그 자체를 좌절시키도록 정해져 있기 때문에 (예컨대 주인과 노예의 관계) 또는 목적의 실현을 위해 똑같이 본질적인 상이한 조건들 사이에 내적인 갈등을 산출하지 않을 수 없기 때문에 (그리스의 폴리스가 그러하며, 헤겔은 『정신현상학』 6장에서 폴리스의 운명을 논하고 있다) 내적 모순에 빠지게 된다. 따라서 이러한 형태들은 몰락하여 다른 형태들에 의해서 대체될 운명에 있다.

그런데 헤겔은 또한 다른 종류의 변증법을 제시하고 있는데, 우리는 그것을 '존재론적' 변증법이라 부를 수 있다. 우리는 『정신현상학』 첫 번째 장에서도, 또한 『논리학』에서도 이러한 변증법의 실례를 발견한다.

여기서 우리는 역사적 변화를 논하고 있지 않다. 최소한 일차적인 것으로는 논하고 있지 않다. 오히려 우리는 일정한 표준과 그것에 상응하는 현실에 대한 우리의 파악 방식을 심화시킨다. 이러한 변증법적 논증에서 본질적인 것은, 표준은 실현된다는 관념이다. 그 목적이나 표준을 실현될 수 없는 것으로서 보여 주는 어떠한 파악 방식도 그릇된 파악 방식임이 틀림없다는 사실을 알게 되는 것은, 우리가 그러한 관념을 알고 있기 때문이다. 그리고 변증법의 한 단계로부터 다음 단계로 우리를 추동시키는 것도 이러한 관념이다.

이러한 [역사적 변증법과 존재론적 변증법의] 구별은 변증법적 논증이 출발하는 근거와 관련될 뿐이며 변증법적 논증이 취급하는 모순의 종류와는 어떠한 관계도 없다. 따라서 이러한 구별을, 현실에서의 모순들을 취급하는 변증법과 현실에 관한 우리의 사유방식에서의 모순들을 취급하는 변증법의 구별로 보는 것은 그릇된 것이다. 왜냐하면 헤겔의 가장 중요한 존재론적 변증법, 즉 『논리학』에서는, 우리가 추구하는 변증법적 운동을 하는 모순적인 사유방식들이 실제로 [현실에] 적용되기 때문이다. 그것들은 여러 모순된 현실에 대응하며, 이러한 현실들 그 자체는 더 높은 범주들이 묘사하는 더 큰 전체에 의존하고 있다는 것을 보여 준다. 바꿔 말하면, 현실에 관한 우리의 사유방식에서의 모순들은 모순 없는 공상으로 해소함으로써가 아니라, 오히려 모순들이 더욱 커다란 종합에서 화해되는 현실적인 모순들을 반영하고 있다는 것을 앎으로써 극복된다.

유사하게, 『정신현상학』에서 의식의 변증법은, 표준을 실현한 것으로 간주되는 인식에 관한 여러 부적합한 사유방식들에 대한 비판을 통해 우리를 추동시킨다. 그러나 동시에 우리가 음미하는 모든 정의는 가장 부적합한 것조차도 사람들에 의해서 한때는 (어떤 사람들의 경우에는 현재를 포함해서) 참된 것으로 주장되었던 것이다. 그래서 그러한 정의들은 필연적으로 실천을 규정했던 것이다. 그리고 이러한 사실은 세계에 대한 인식이 자기인식과 일치하는 인식의 완성태가 항상 실현되었던 것은 아니라는 것을 의미한다. 인식의 실천은, 예컨대 하키를 직접 하는 경우와는 달리 그것에 관한 우리의 사유방식으로부터 분리될 수 없는 것이다. 인식이 만약 자신의 본성에 대해서 그릇되게 파악하고 있다면 사실상은 불완전한 것이다. 따라서 완전한 인식은 그것에 관해 적합하게 파악할 경우에만 획득될 수 있다.[27]

이처럼 인식의 여러 이론에 관한 변증법은 의식의 역사적 형태들에 관한 변증법과 결부되어 있다.

다른 한편 역사적 변증법이 어떤 역사적 형태들과 그것들에서 추구되는 근본적 목적들의 모순을 취급하고 있는 한, 그것은 또한 사람들의 이념에서의 모순과도 밀접히 결부되어 있다. 실제로 사람들이 인류의 근본적 목적을 파악하는 방식은 어떤 특정한 역사적 형태와 그것의 부적합성을 특징짓는 데 본질적이다. 사람들이 역사의 초기에 인간의 잠재력을 실현할 수 없다는 사실은 그들이 인간(과 〈정신〉)의 목표들을 적합하게 파악할 수 없다는 사실과 결부되어 있다.

또한 사람들이 이 단계에서 이러한 목적들을 실현하는 데 실패하

---

27    이것은 감각적 확실성, 지각 등으로 정확히 특징지어지는 인식의 많은 역사적 형태가 있다는 것을 의미하지는 않는다. 왜냐하면 이러한 초기의 부적합한 인식방식들의 근본적 특성은, 그것들이 자신을 그릇되게 파악하고 있다는 데 있기 때문이다. 변증법의 원동력은 이러한 자기 이해와 실상 간의 불일치이다. 그러나 이것들이 자신에 대해서 그릇되게 파악하는 한 그것들은 인식의 왜곡이며, 이것은 자신의 자기 표상에 의해서도, 완전한 인식방식에 의해서도 설명될 수 없다.

는 것은 특정한 역사적 형태와 관련된, 근본적 목적들에 대한 사람들의 파악 방식이 부적합하기 때문이다. 이 때문에 이러한 부적합한 파악 방식은 모순에서 본질적인 요소이다. 왜냐하면 모순은 사람들의 여러 목적이 제대로 실현되지 않는다는 사실로부터가 아니라, 사람들이 그것들을 실현하려고 노력하는 가운데 도리어 그것들을 좌절시킨다는 사실로부터 비롯되기 때문이다. 따라서 어떠한 역사적 사회 또는 문명에서의 모순은, 이러한 사회와 관련되어 파악된 인간의 근본적 목적들이 스스로를 좌절시키도록 운명 지어져 있다는 사실로부터 존재한다고 말할 수 있다. 이처럼, 변화하는 사유방식들의 운동은 역사적 현실의 변화와 마찬가지로 역사적 변증법에서 본질적이며 서로 밀접히 결부되어 있다.

우리는 이러한 사실로부터 위의 두 종류의 변증법이 헤겔의 저작에서 얼마나 밀접히 연관되어 있는지를 알 수 있다. 각각은 다른 것 속에 모습을 나타내고 있다. 헤겔의 역사철학은 우리를 그의 존재론으로 이끌며, 그의 존재론은 역사적 발전을 필요로 한다.

나는 앞에서 어떤 목적 또는 표준과 그것이 실현된 현실 사이의 충돌에 의해서 초래되는 것으로서의 변증법적 운동에 대해서 말했다. 그러나 우리는 상술한 것으로부터, 두 항이 아니라 세 항을 포함하는 관계로서 변증법을 파악하는 것이 그것을 보다 잘 이해하는 것이 될지도 모른다는 사실을 알 수 있다. 세 항이란, 근본적인 목적 또는 표준, 부적합한 현실, 그 현실과 결부되어 있는 목적에 관한 부적합한 사유방식이다. 이것은 역사적 변증법에서 명확히 나타난다. 목적에 대한 부적합한 사유방식 —이것은 삶의 일정한 역사적 형태로부터 불가피하게 나타난다— 에 의해서 좌절되는 목적이 있다.

그러나 존재론적 변증법도 세 항을 포함한다. 우리는 표준에 대한 부적합한 관념에서부터 출발한다. 그러나 우리는 또한 애초부터 표준 또는 목적이 무엇인가에 대해서 어떤 근본적이고 올바른 관념들을, 즉 표준 또는 목적이 만족시켜야 할 기준이 되는 몇 개의 특성을 가지고 있다. 우리로 하여금 표준에 대한 특정한 사유방식이 부적합하다는 것을 보여 줄 수 있게 하는 것은 기준이 되는 이러한 특성들이다. 왜냐하면 우리는 이러한 사유방식이 기준이 되는 모든 특성을 충족시키는 방식으로 실현될 수 없다는 것, 또한 이에 따라 이러한 정의[목적이 만족시켜야 할 기준이 되는 몇 개의 특성에 대한 정의는 해당 목표 또는 목적의 정의로서 받아들여질 수 없다는 것을 보여 주기 때문이다. 그러나 우리는 그 표준을 '실현하려고', 즉 현실을 그것에 따라서 구성하려고 노력함으로써 그릇된 정의의 부적합성을 드러낸다. 이렇게 구성된 현실이야말로 표준과의 갈등을 초래하는 것이다. 따라서 현실은 우리의 세 번째 항이다.

우리는 이러한 점을 예를 들어 명확히 할 수 있으며, 동시에 헤겔이 왜 플라톤을 염두에 두면서 이러한 종류의 논증을 '변증법적'이라고 부르는가를 보여 줄 수 있다. 왜냐하면 플라톤의 논증은 가끔 이러한 모델에 입각하여, 즉 여러 정의 —이것은 어떤 이데아 또는 표준의 정의로서 제시되고 그런 다음 계속해서 더 적합한 정의에 의해 대체된다— 에 존재하는 모순의 발견으로서 이해될 수 있기 때문이다.

예컨대 『국가Republic』 제1권에서 케팔로스가 정의正義에 대한 정의定義를, 진실을 말하고 빌려 온 것을 돌려주는 것으로서 제시하자 소크라테스는 일례를 들어서, 즉 남에게 무기를 빌려주고서는 미친 상태에서 무기를 돌려 달라고 요구하는 남자의 예를 들어서 반박한다. 이 예는 케팔로스의 정의를 파기하기에 충분하다. 이것은 "진실을 말하고 그대가 빌어 온 것을 돌려주라"는 것이 정의에 대한 정의로서 제시되고 있기 때문이다. 우리는 대화의 이 단계에서는 아직 정의에 관한 참된 정의를 알지 못하고 있다. 그러나 우리는 그것의 기준이 되는 몇 개의 특성들을 알고 있다. 예를 들어 우리는 정의로운 행위는 선한 행위이며 행해져야 할 행위라는 사실을 알고 있다. 따라서 우리가 위의 정의[정의는 빌려 온 것을 돌려주는 것이다라는 정의]에는 일치하지만 행해져서는 안 되는 행위를 보여주었을 때 ―예컨대 미친 사람에게 무기를 돌려주는 것― 그러한 정의를 정의에 대한 정의로서는 지지하기 어려운 것으로 보지 않을 수 없게 되는 것이다. 왜냐하면 그것을 계속해서 주장하는 것은, 그러한 행위는 올바르기도 하고 올바르지 않기도 하다는 모순에 빠지게 될 것이기 때문이다. 소크라테스는 케팔로스의 정의로 규정되었던 것과 같은 표준을 충족시키는 것은 어떠한 것일까, 즉 전적으로 그것에 입각하여 행위한다는 것은 어떠한 것일까를 보여 주었다. 그리고 그는 이러한 예를 통해, 케팔로스의 원리가 정의의 여러 기준적 특성과 양립할 수 없다는 사실을 보여 줬다. 따라서 그것은 정의에 대한 정의일 수 없다.

따라서 이러한 변증법은 세 항을 포함한다. 그것은 (1) 정의에 대한 정의와 (2) 정의의 어떤 기준적 특성으로부터 출발하여, 우리가 (3) 정의를 실현하려고 노력할 때 그것이 [정의의] 기준적 특성들과 서로 갈등을 일으킨다는 것을 드러낸다. 우리는 [여기에서] 헤겔의 역사적, 그리고 존재론적 변증법의 논증과의 유사성을 볼 수 있다. 헤겔의 논증은 항상 세 개의 항을 통해 행해진다. 즉 참된 목적 또는 표준, 이에 관한 부적합한 파악, 이것들[표준과 그에 관한 파악]이 서로 일치하고 어긋나는 장소로서의 현실이다.

　이 때문에 우리는 우리가 처음부터 헤겔의 모든 사상을 받아들이지 않고서도 그의 변증법이 어떻게 해서 개시될 수 있는지를 알 수 있다. 우리는 어떤 유한한 현실이 어떤 목표의 [시도되었던] 실현 또는 어떤 표준의 충족으로 보일 수 있는 출발점을 발견하기만 하면 된다. 우리가 처음에 확인하는 이러한 목표 내지 표준이 자기 자신으로 복귀하는 〈정신〉의 목표 내지 표준일 필요는 없다. 역사의 목적이 사람들이 갖는 자기 자신의 목표들에 관한 주관적 이해를 초월한다는 것, 따라서 후자는 전자[역사의 목적]에 대한 오해, 즉 결국에는 자기를 좌절시키는 오해self-defeating misconception로 보일 수 있다는 것, 또는 실현된 〈정신〉과 약간의 기준적 특성들을 공유하는 표준을 우리가 갖고 있다는 것만으로도 충분하다.

　이것으로부터 (우리의 논의가 타당하다면) 우리의 최초의 사유방식(또는 최초의 역사적 형태)이 부적합하다는 것이 보이면서, 다른 것에 의해 대체되는 변증법이 진행될 수 있다. 헤겔은 일단 변증법적 논증이 진행되기 시작하면 거기에는 어떠한 자의적인 유희도 존재하지 않으며, 각 단계는 앞 단계에 의해서 결정된다는 점을 강조한다. 최초의 [역사적] 단계 또는 사유방식에 영향을 끼치는 모순은 명확한 형태를 가지고 있기 때문에, 그것을 극복하기 위해서 어떠한 변화가 기도되어야 하는지는 명확하다. 그리고 이것이 다음 단계의 본성을 결정한다. 그러나 이 두 번째 단계 그 자체가 모순에 빠질 수 있다. 왜냐하면 두 번째 단계의 실현이 여러 기준적 특성과 [첫 번째 단계와는] 또 다른 방식으로 양립 불가능할 수 있고, 또는 그러한 특성들을 구체화하려고 시도하는 과정에서 모순에 빠질 수도 있으며, 또는 그것 특유의 방식으로 역사의 목적을 좌절시킬 수도 있기 때문이다. 이 경우에 변증법은 새로운 단계로 이행한다. 그러므로 헤겔의 주장에 따르면 변증법적 운동에 따르는 것은, 어떤 논증이 모순에 빠져 있다는 것을 증명함으로써 우리를 공허 속에 남겨 두고 끝나는 회의적 논증과는 다른 것이다. 각 모순은 규정된 성과를 갖는다. 그것은 우리에게 적극적인 결과를 남겨 준다(*PhG*, 68).

따라서 실현된 표준 또는 목적인 어떤 현실에서 출발점이 주어지고 모든 논증이 유효하다는 것이 인정된다면, 우리는 단계 단계 올라가며 〈정신〉으로서의 전체에 관한 파악 —이것만이 모순을 성공적으로 수미일관되게 해소한다— 에 도달할 수 있을 것이다.

그러나 이러한 설명이 헤겔의 상승적 변증법이 진리라는 것을 보장해 주지는 않는다. 왜냐하면 우리가 어떤 것을 본래적인 목표의 실현으로 볼 수 있다는 것, 이것이 우리가 사물들을 고찰할 수 있는 하나의 방식이라는 것만으로는 충분하지 않기 때문이다. 이러한 의심스러운 출발점은 변증법적 논증에 의해 사물들에 대한 그럴듯한 파악을 낳을지도 모르지만 구속력 있는 논증이 되지 않을 것이다. 그것은 아무리 엄밀해도 우리의 동의를 얻지 못할 것이다. 헤겔이 바라는 작업을 하기 위해서는 이러한 출발점은 부인될 수 없는 것이어야만 한다. 그리고 이것은 매우 어려운 요구인 것 같다.

그러나 그것은 헤겔이 해결하려고 시도하는 요구이다. 『정신현상학』도 『논리학』도 사실 의심할 수 없는 출발점을 가지고 있다고 주장할 수 있다. 『정신현상학』에서 우리는 의식에서부터 출발한다. 그리고 우리의 출발점[의식]은 인식하는 주체가 되고자 하고 있다. 그런데 이것은 돌이나 강과는 달리 이미 실현된 목적, 즉 성취의 견지로부터 정의되지 않으면 안 되는 어떤 것이다. (이는 '자연적' 의식의 입장에서 볼 때조차도 그러하다.) '인식한다'는 것은 성취를 나타내는 동사이다. 그러나 이 경우 이러한 인식에 대한 우리의 조잡하고 일상적인 파악이 변증법의 출발점으로 될 것이다. 왜냐하면 일상적인 파악 방식이 해석하는 것과 같은 인식은 (필연성에 의해) 실현될 수 없는 것이며, 일상적인 파악 방식의 정식에 들어맞는 것은 그러한 파악 방식 자체의 기준에 의해서 인식이라고 불릴 수 없다는 것을 우리가 보여 줄 수 있을 것이기 때문이다. 우리는 이 경우, 일상적인 파악 방식이 갖는 심각한 모순과 부정합성을 드러내게 될 것이다.

이와 마찬가지로, 『논리학』에서 헤겔은 '존재'에서부터 시작하여 '질', '양', '본질', '원인' 등의 범주적 개념들을 음미하고 있다. 그리고 여기에서도, 우리가 이것들을 범주적 개념, 즉 현실 그 자체의 어떤 일반적 양상에 적용되는 개념으로 보는 것은, 우리가 현실적인 것 혹은 존재하는 것을 그것들에 의해 특징지을 수 있다는 그것들의 믿음을 주장하는 것이기도 하다.

그런데 우리가 실제로 그렇게 하려고 시도할 때 우리는 그것들이 부적합하다는 것, 이러한 개념들에 의해서 특징지어진 현실이 무언가 본질적으로 불완전한 것, 또는 심지어 부정합적인 것조차 포함하고 있다는 사실을 발견하게 된다고 헤겔은 주장한다.

가장 유명한 예를 들어 이를 살펴보면, 헤겔은 『논리학』을 존재라는 개념에서부터 시작한다. 그러나 만약 우리가 이 개념만을 살펴볼 경우, 그것은 어떠한 규정성도 갖지 못한 채 공허하다는 것, 즉 '무'와 동의어라는 사실이 분명해진다. 다시 말해 단지 '존재'로 특징지어지는 어떤 것도 존재할 수 없을 것이다. 존재하는 모든 것은 어떤 의미에서 규정되지 않으면 안 되며, 어떤 질을 갖지 않으면 안 된다.

따라서 헤겔은 우리가 '존재'를 범주적 개념이라고 생각할 때, 즉 우리가 그것을 현실의 어떤 일반적 특징을 묘사하기에 충분하다고 생각할 때 모순 —존재가 무와 동의어라는 모순— 을 드러내는 것이 분명하다고 주장한다. 왜냐하면 그 모순은 현실적인 것의 기준적 특성의 하나 —이 경우에는, 존재하는 것은 규정되지 않으면 안 된다는 것— 와 충돌하기 때문이다.

헤겔은 다른 경우들에서 어떤 개념의 전면적 적용이 현실에 대한 부정합적인 묘사를 낳는다고 주장한다. 헤겔이 여기에서 염두에 두고 있는 것은, 우리가 어떤 개념을 적용할 수 있는 한계까지 적용하려고 시도할 때 모순이 생긴다는 칸트의 유명한 이율배반에서 이미 예시되었다. 이러한 개념들의 전면적 적용은 서로 모순된 두 개의 주장들을 허용하는 것으로 생각된다. 공간과 시간의 분할이라는 관념들을 체계적인 방식으로 적용하거나, 또는 한계라는 관념을 전체에 적용하거나, 또는 인과 관계와 자유라는 상호 연관된 관념을 허용될 수 있는 한도까지 사용하면, 우리는 이러한 개념들에 관한 우리의 이해에 의해 추동되어 똑같이 정당한 것 같은 두 개의 전혀 화해될 수 없는 주장을 하게 된다.

헤겔은 이 점에 대해서 —칸트가 이율배반을 네 개로 한정한 것은 틀렸다고 생각하고 있을지라도— 칸트에게 빚을 지고 있음을 인정하고 있다. "생성, 정재定在, Dasein 등, 또한 그 외의 어떤 개념도 각자에게 특유한 이율배반을 나타낼 수 있으며, 또한 개념이 제시되는 수만큼의 이율배반이 나타날 것이다"(WL, I, 184).

이처럼 이러한 변증법들은 적어도 변호될 수 있는 출발점을 가지

고 있다. 즉 그 출발점은 인식의 사실과 약간의 범주적 개념들의 적용 가
능성이다. 그러나 이것은 헤겔의 역사적 변증법과 같은 경우는 아니다.
이것은 전형적으로, 일정한 역사적 형태에서 사람들 (또는 〈정신〉)에게 일
정한 목적을 귀속시키는 것에서부터 출발한다. 이러한 목적은 역사적인
형태의 실제적 현실에 의해 좌절되며, 그 결과는 항쟁, 붕괴로 나타나고
최후에는 그 역사적 현실이 보다 적합한 현실에 의해서 대체되는 것으로
나타난다. 헤겔은 인간 역사의 커다란 추이, 즉 그리스 도시국가의 쇠망,
근대 유럽 국가들의 부흥, 구제도ancien régime의 종말 등을 이와 같은 방
식으로 설명하려고 시도한다.

그러나 이러한 추이의 설명은 그러한 객관적인 목적이 존재할 경
우에만 타당하다. 이러한 설명을 우리가 정당한 것으로 받아들일 수 있는
근거는 무엇인가?

만약 우리가 헤겔의 가장 성공적인 역사적 변증법, 즉 가장 설득력
있는 변증법을 고찰한다면 우리는 그것이 해석으로서 상당히 '적합'하기
때문에 실제로 설득력을 갖는다는 사실을 발견한다.[28]

즉 우리가 일정한 시대에 대해 알고 있는 사실들은 다른 설명들보
다는 이러한 해석적 설명에 의해 수미일관되게 이해될 수 있다. 그러나
이러한 해석적 설명들이 갖는 문제점은 그것들이 절대적으로 확실한 출
발점을 갖고 있지 않다는 점이다. 어떤 목적을 행위자들에게 본래적으로

---

28    물론 나는 여기에서 역사의 설명에 관한 논쟁에서는 해석적 견해를 지지하며, '포괄 법칙(covering
      law)' 모델에 반대하고 있다. 지면 관계상 나는 여기에서는 나의 입장 —나는 "Interpretation
      and the sciences of man", *Review of Metaphysics* 35, 1 (1971. 9), 3–51에서 그와 같은 것을
      논하려고 시도했지만— 을 논할 수 없다. 그러나 헤겔의 역사적 설명에 대한 동일한 지적은 아마
      다른 관점으로부터도 행해질 수 있을 것이다.

귀속시키는 것이든, 또는 사건들에게 어떤 경향을 귀속시키는 것이든, 또는 상황에 관한 어떤 일정한 논리든 간에 이것들은 그 자체로는 근거 지어져 있지 않다. 우리가 이것들에 대해 확신을 느끼게 되는 것은 그것이 실행되어서 그것과 병행하는 다른 모든 [목적] 귀속들과 연결될 때, 그리고 이러한 귀속들이 다른 여러 사실과 그럴듯하게 부합되어 전반적으로 의미를 갖는다는 사실이 보일 때뿐이다.

이처럼 그리스 도시국가의 붕괴에 관한 헤겔의 설명은, 보편적인 의식과 생활 양식을 실현한다는 [도시국가의] 근저에 있는 목적과 관계하고 있다. 도시국가는 이 목적을 충족시키는 동시에, 자신의 편협한 성질로 인해 그것을 충족시키지 못한다. 그러나 우리는 어떠한 근거에서 인간 혹은 〈정신〉에게 이처럼 목적을 여러 사건의 주요 원인으로서 귀속시키는 것을 확신을 갖고 받아들이게 되는가? 그 근거는 오직 당대의 여러 사건을 우리로 하여금 이해할 수 있도록 하는 의미와, 소피스트들의 인기, 그리스 문학과 문화의 발전, 그리스 종교에서의 변화들, 도시국가의 쇠퇴 등을 어떤 전체 —극히 그럴듯하며 일어난 사건들에 의미를 주는— 와 연관시키는 방식에 있다. 헤겔의 많은 역사적 해석이 영속적으로 사람들의 관심을 끄는 이유는 —비록 우리가 (마르크스가 했던 것처럼) 그러한 해석들을 변용시키지 않으면 안 된다 해도— 우리가 그것들을 진지하게 고려하지 않을 수 없을 정도로, 그것들이 사건들의 상호 연관을 충분히 드러내고 있다는 사실에 있다. 그러나 목적의 귀속은 출발점으로서 결코 자기 확증적인 것일 수 없다.

이것은 헤겔의 역사적 변증법 일반을 항상 따라다니는 문제이다. 존재론적 변증법은 실현된 목적 또는 표준에서부터 시작한다. 첫 번째 과제는 문제되고 있는 대상이 목표의 실현이라는 견지로부터 이해되어야만 한다는 사실을 보여 주는 것이다. 일단 이것이 확보되면 변증법은 목표를 규정하기 위해 나아갈 수 있다. 우리는 표준은 충족된다는 사실을 알고 있기 때문에, 실현될 수 없는 것으로 나타나는 목표에 대한 어떠한 파악 방식도 무시할 수 있다. 우리는 어떠한 정의에서부터라도 출발할 수 있으며, 어떻게 해서 그것이 그 자체의 실현과 충돌하는가를 보여 줌으로써 충분히 적합한 파악 방식에 도달할 때까지 더욱 적합한 파악 방식으로 이행해 나갈 수 있다. 또는 논점을 달리 표현한다면, 우리는 우리가 연구하고 있는 대상의 본질로부터 그 기준적 특성 중 어떤 것들을 안다. 우리는 목적을 어떻게 더욱 정확히 상세하게 규정하여 이러한 특성들을 실제로 제시할 것인가를 배우기만 하면 된다.

그러나 역사적 변증법에서는 경우가 다르다. 역사의 전체적인 전개에 앞서서, 우리는 가정상 어떠한 실현된 목적도 우리 앞에 가지고 있지 않다. 그래서 우리는 역사의 어떠한 과정도 [목적의] 충족으로서 취급할 수 없다. 우리는 또한 역사의 어떠한 과정으로부터도, 인간이 궁극적으로 무엇을 목표하고 있는가에 관해 확실히 알 수 없다. 우리는 인간의 궁극적 실현에 관한 약간의 기준적 특성들조차 확보했다고 자신할 수 없다.

이처럼 우리가 존재론적 변증법과 역사적 변증법을 변증법적 전개의 두 종류로서 구별했던 것처럼, 우리는 변증법적 해명이 우리의 동의를 구할 수 있는 두 가지 방식을 구별하지 않으면 안 된다. 엄밀한 변증법이 있고, 그것의 출발점은 부인될 수 없거나 또는 부인될 수 없다는 것을 정당하게 요구할 수 있다. 다음에는 해석적 또는 해석학적 변증법이 있는바, 해석학적 변증법은 그것이 제시하는 해석의 전반적인 그럴듯함에 의해 우리를 납득시킨다. 헤겔은 첫 번째 부류에 속하는 저작들을 몇 개 가지고 있다. 그중 가장 주목할 만한 것은 『논리학』이다. 그의 역사적 변증법은 두 번째 부류에 속한다. 이것은 엄밀한 논증에 의해서가 아니라 해석의 그럴듯함에 의해 납득시킨다.

헤겔은 이러한 사실에 대해 뭐라고 말할까? 그는 이러한 구별을 인정할 것인가? 헤겔은 여기에 제시된 형태로는 인정하지 않을 것이다. 또한 헤겔은 그의 체계의 어떤 부분이 엄밀한 논증보다는 그럴듯한 해석에 기초를 두고 있다는 주장에 결코 동의하지 않을 것이다. 이것은 〈정신〉을 완전한 이성적 사유로 파악하지 않는 것이 되기 때문이다. 그러나 나는 다른 형태로, [엄밀한 변증법과 해석적 변증법의] 구별이 헤겔의 체계 가운데 존재한다고 믿는다. 『정신현상학』을 잠시 고려하지 않는다면, 『철학적 학문의 백과 사전』이라는 최종 체계는 엄밀한 변증법, 즉 '논리학'에서 시작한다. 이 '논리학'은 독립된 유한한 존재는 없다는 것, 모든 것이 〈이념〉 속에서, 즉 자기 자신의 외적 현상을 창조하는 이성적 필연성 속에 결합되어 있다는 사실을 확증한다. 다음에 이러한 결론은 이어지는 '자연철학'과 '정신철학'의 변증법에 이용될 수 있다. 그리고 헤겔은 실제로 이러한 변증법에서 그 결론을 이용하고 있다.

따라서 우리는 이렇게 말할 수 있을 것이다. 즉 역사의 여러 목적은 어떠한 형태에서도 역사의 가장 이른 시기로부터 끌어낼 수 없으며, [역사의] 전체적인 드라마로부터 다소간의 그럴듯함과 함께 얻어질 수 있는 것에 지나지 않는다. 그러나 헤겔에게서 이러한 목적들은 엄밀한 변증법에 의해 미리 확립되어 있기 때문에, 역사가 시작하는 시기들에 대한 우리의 음미에 대해서조차 목적들에 대한 확실성이 획득될 수 있다고 말할 수 있을 것이다. 따라서 이러한 목적들은 우리의 역사 이해에서 확실한 출발점으로서 이용될 수 있으며, 그것에 뒤따르는 변증법은 절대적 확실성과 함께 진행된다.

이렇게 『역사철학』의 서론적 강의에서 헤겔은, "〈이성〉이 세계를 지배하며"(VG, 28) "세계의 궁극 목적은 자유의 실현이다"(Ibid., 63)라는 역사 연구에서 전제되지 않으면 안 되는 원리들에 대해, 그것들이 '철학에서 증명'된 (Ibid., 28) 것인 양 말하고 있다. 헤겔이 여기서 철학으로 『논리학』을 염두에 두고 있다는 것은 분명하다. 증명된 것으로 간주되는 모든 테제는 『논리학』의 정점을 이루는 개념, 즉 〈이념〉에 관련되기 때문이다. 따라서 그것의 결론들은 『역사철학』에 '투입'되며, 『역사철학』의 개시를 가능하게 하는 전제이다.

그런데 이러한 구절의 조금 뒤에 헤겔은 역사 속에 〈이성〉이 있다고 하는 신념에 대해서, "그것은 단지 역사의 전제가 아니다. 그것은 내가 이미 전체를 알고 있기 때문에 알게 되는 결과이다. 따라서 오직 세계사의 연구만이 세계사가 이성적으로 진행된다는 것, 그것이 '세계정신'의 이성적이고 필연적인 전개를 드러낸다는 사실을 보여 줄 수 있다"(Ibid., 30)라고 말하고 있다. 그리고 그는 이어서 "역사는 있는 그대로 받아들여지지 않으면 안 된다. 우리는 역사적으로, 즉 경험에 기초하여 나아가지 않으면 안 된다"라고 말하고 있다.

이 구절은 〈이성〉이 역사 속에서 작용하고 있다는 것을 보여 주는 또 다른 방식이 있다는 것을 의미하는바, 『논리학』의 엄밀한 증명과는 다른 방식이 있다는 것을 암시하고 있다. 그리고 이것은 역사의 전체를 "있는 그대로 경험에 기초하여" 음미함에 의한 것이다. 이것은 어떤 테제의 증명에 두 개의 상이한 방식이 있는데, 하나는 부정될 수 없는 출발점으로부터 행해지는 엄밀한 증명이며, 다른 하나는 그러한 테제를 전체에 대한 음미로부터 이러한 전체의 의미를 이해할 수 있게 만드는 유일한 결론으로서 끌어내는 '경험적' 증명이라는 사실의 부분적 승인이 아닐까?

이 경우, 엄밀한 철학적 증명은 우리에게 역사를 이성의 눈으로 고찰하게 한다는 의미에서 역사 연구의 전제가 될 것이다. 또한 그러한 철학적 증명이 필연적인 것은, 역사에서 무엇이 실체적인 것인가를 알기 위해서는 "사람들은 역사에 이성의 의식을 갖고서, 즉 단순히 자연적인 눈 또는 유한한 이해가 아니라 표면을 돌파하여 사건들의 다양하고 현란한 소란을 꿰뚫어 보는 〈개념〉의 눈, 이성의 눈을 갖고서 접근하지 않으면 안 되기" 때문이다(Ibid., 30). 그러나 일단 우리가 역사를 이와 같이 조망한다면, 우리는 〈이성〉이 세계를 지배한다는 테제에 대해서 독립된 증명을 제공하는 역사의 진행에 관한 정합적이고 설득력 있는 설명을 갖게 된다.

만약 내가 말하는 바와 같이 헤겔이 체계에서 『논리학』의 '뒤에' 오는 변증법을 위해 『논리학』의 결론에 의지한다면, 우리는 부정될 수 없는 단초에서부터 출발하기 때문에 자기 확증적이며 자족적인 변증법적 논증과, 자신의 해석을 확증하기 위해 다른 결론을 이용하지 않을 수 없는, 즉 타자에 의존하는 변증법을 구별하지 않으면 안 된다. 우리가 '엄밀한' 변증법이라고 불렀던 것은 이러한 의미에서 자기 확증적일 것이며, 또한 우리가 '해석적'이라고 불렀던 것은 '의존적'일 것이다. 그리고 우리가 '역사적' 변증법이라고 불렀던 것은 ('자연철학'과 마찬가지로) 의존적 부류에 속할 것이다.

# 9. 그릇된 증명

우리는 헤겔의 변증법적 논증을 어떻게 평가해야 하는가? 그는 유한한 사물들에서 모순을 드러내는 것에 성공하고 있는가? 헤겔의 논증이 결국은 설득력이 부족하다는 사실을 알게 되더라도 현대의 독자들은 놀라지 않을 것이다.

내가 앞 절의 서두에서 말했듯이, 여기서는 헤겔의 논증 세부를 살펴볼 여유도 없다. 그리고 어떤 점에서 그것이 성공하고 어떤 점에서 실패했는지를 보여 줄 여유도 없다. 그러나 지금까지 말해졌던 것으로부터 다음과 같은 사실만은 추론할 수 있다. 즉 논증은 엄밀한 변증법이 타당성을 갖느냐 그렇지 않으냐에 따라 유효하기도 하고 무효하기도 할 것이라는 사실이다. 그리고 사실상 『정신현상학』은 이 점에서 많은 결함을 갖고 있기 때문에 논증으로서 헤겔의 전 체계에 대해 결정적 의미를 갖는 저작은 『논리학』이다. 그리고 헤겔은 바로 이러한 사실로 인해 그것에 실로 많은 시간을 소비했던 것이며, 그것을 몇 번이고 수정했고 그것에 대한 자신의 설명이 불충분하다고 끊임없이 불만을 토로했던 것이다.

헤겔이 그의 존재론적 통찰에 이르는 열쇠인 유한한 사물들에서의 모순 또는 존재론적 갈등을 논증하려고 실제로 시도하고 있는 것은 『논리학』, 보다 상세히 말하면 그것의 제I권에서이다. 그리고 우리가 앞에서 보았듯이 만약 상승적 변증법이 유효하려면, 또한 만약 우리가 여러 부분적 현실이 오직 〈정신〉의 발현으로서만 존재할 수 있다는 사실을 증명하려면 결국은 이것[모순 또는 존재론적 갈등]이 입증되지 않으면 안 되는 것이다.

이는 다음과 같이 입증될 수 있다. 헤겔의 『논리학』은 내가 앞 절에서 설명했던 대로 우리의 모든 범주적 개념의 부적합성을, 즉 이러한 개념들은 자신들이 주장하는 그대로 현실을 특징지을 수 없다는 것, 또는 바꾸어 말하면 그것들에 의해서 특징지어지는 현실은 진실로 존재할 수 없다는 것을 폭로하려고 시도한다. 그러나 그는 또한 이와 같은 부적합한 개념들이 적용되지 않으면 안 된다는 것, 따라서 실로 부적합성으로 고통을 받고 따라서 진실로 존재할 수 없고 자신의 존재를 유지할 수 없는 것은 그러한 범주들이 적용되는 현실적인 것이라는 사실을 보여 준다고 주장한다.

달리 말하면, 불가결한 범주적 개념이란 현실을 본래 있어야 할 상태로 기술하며, 또한 그것을 있을 수 없는 상태로 또는 적어도 계속 존재할 수 없는 상태로 기술하는 개념이다. 따라서 헤겔은 모순이 현실 속에 존재한다고 주장한다.

사물에in re 이러한 모순이 존재한다는 사실에 대한 결정적 증명은 정재Dasein 또는 규정된 존재에 대한 헤겔의 논증에서 나타난다. 이 범주는 다음과 같은 범주, 즉 불가결하면서도 부정합하며 따라서 그것이 적용되는 것은 무엇이나 모순에 빠진다는 사실을 헤겔이 보여 줄 수 있다고 믿고 있는 범주이다.

이 범주가 불가결하다는 사실의 증명은 내가 앞절에서 간략히 서술했던 '존재'와 '무'에 관한 헤겔의 유명한 변증법에서 나타나고 있다. 그는 그 속에서 그 이상의 어떠한 규정도 갖지 않는 한갓 '존재'는 공허한 개념이라는 사실을 드러내고 있다. 무엇을 확인하기 위해서는 우리는 그것을 약간의 규정된 특성에 의해서 규정해야만 한다. 따라서 어떤 것이 존재하기 위해서는 규정되지 않으면 안 된다.

그리고 헤겔은 계속해서, 규정된 현실은 그 현실의 한계를 이루기 때문에 그것과 양립하기 어려운 종류의 현실과의 본질적인 대조에 의해서 규정되는 것으로서 그 자신의 부정을 포함하며, 따라서 자기 자신과의 모순 속에 있다는 사실을 드러낸다. 그러나 '규정된 존재'는 불가결한 개념이다. 어떠한 것도 존재하기 위해서는 규정되지 않으면 안 된다. 만약 그것이 또한 그 자신의 부정을 포함한다면 존재의 조건들에 해당하는 것은 또한 그것의 멸망의 조건들에도 해당하는 것이다. 이 때문에 규정된 또는 유한한 존재는 모순 속에 있다. 그것은 자기 자신을 파괴하며, 본질적으로 죽을 운명의 것이며, 영속적으로 존재할 수 없다.

헤겔의 이와 같은 핵심적인 논증은 현대의 대부분의 철학자를 납득시킬 수 없다. 분명히 헤겔의 이러한 논증은 반대자를 결코 납득시키지 못할 것이다. 사람들은 오히려 그것에, 근대의 몇몇 철학자들이 아퀴나스의 신의 존재 증명에 부여하는 지위를 부여하고자 할 것이다. 이들에 따르면 아퀴나스의 증명은 회의론자를 납득시키기 위해 계획된 반박할 수 없는 논증으로 보기는 어렵고 오히려 신자가 무엇을 믿고 있는가의 표현으로 간주될 수 있으며, 마찬가지로 헤겔이 정재의 모순에 대해 행하는 증명은 엄밀한 증명이라기보다는 오히려 그의 단순한 통찰로서 간주될 수 있다는 것이다.

그러나 물론 그가 자신의 증명을 이렇게 본 것은 아니다(토마스가 자신의 증명을 그렇게 보지 않았던 것처럼). 엄밀한 증명의 필요성은 헤겔의 체계에서, 토마스의 체계에서보다 훨씬 불가결하기조차 했다고 우리는 말할 수도 있다. [헤겔에게서] 증명은 다른 사람들에게 그들이 신앙에 의해서 무조건 믿었을지도 모르는, 또한 비록 신앙의 대상에 지나지 않을지라도 실로 진리일지도 모르는 일련의 명제를 확신시키는 데 필요했던 것이 아니다. 헤겔이 말하는 〈정신〉, 즉 그 구체화가 세계이고 그 본성이 이성적 필연성인 〈정신〉은 신앙의 대상일 수 없었다. 이성적 필연성에 대한 자기의식, 따라서 자기 자신의 본성에 관한 엄밀한 증명은 〈정신〉의 필연적 특성의 하나였다. 따라서 『논리학』에서 행해지는 증명의 실패는(동일한 목적을 달성하는 다른 증명에 의해서 대체될 수 없는 한) 헤겔의 체계에 대한 우리의 신뢰를 무너뜨릴 뿐만 아니라, 이러한 실패는 그러한 체계를 부정하는 것이 될 것이다.

따라서 만약 내가 말하듯이 『논리학』에서 헤겔이 행하는 결정적인 증명이 오늘날 설득력을 갖지 못한다면 또한 이것이 그의 존재론을 부정하는 것이 된다면, 그의 체계를 연구하는 것에는 어떠한 의의가 있을까? 나는 다음 장에서 이 문제를 음미해 보겠다.

# 제2장

## 정치와 소외

# 1. 영속적인 갈등

비록 헤겔의 〈정신〉의 존재론은 거의 믿을 수 없는 것에 가까울지라도, 왜 그의 철학이 오늘날에도 여전히 흥미를 끌고 우리 현실에 밀접한 연관을 갖고 있는지를 이해하기 위해서는 우리는 1장, 1절에서의 논의로 되돌아가야 한다.

나는 거기에서 헤겔의 저작 활동이, 낭만주의 시대의 두 가지의 열망, 즉 철저한 자율에 대한 열망과 자연과 사회와의 표현적 통일에 대한 열망을 결합하려고 하는 시도로부터 생겼다고 논했다. 그런데 이 두 가지의 열망과 그것들을 결합하려는 희망은 우리의 문명에서 여전히 중요하다.

이는 놀라운 일이 아니다. 이 두 가지의 열망은 우리가 보았던 것처럼, 사유와 감성에 관한 계몽주의적 견해에 대한 반발로서 생겼다. 계몽주의의 윤리관은 공리주의적이었으며, 사회철학은 원자론적이었다.

계몽주의는 자연과 사회가 도구적 의의만을 갖고 있을 뿐이라고 보았다. 자연과 사회는 인간의 욕망을 충족시키는 유력한 수단으로 간주되었고, 그 이상의 아무것도 아니었다. 그리고 계몽주의의 희망은 과학적 사회 공학의 원리들에 따라서 인간과 사회를 재편성하고 완벽하게 조정함으로써 인간의 행복을 실현하는 것이었다.

그런데 18세기부터 발달하기 시작한 산업주의적이고 과학 기술적인 합리화된 문명은 그 실천과 제도에서 계몽주의적 인간관을 크게 강화시켰다. 그리고 이 인간관은 계몽주의에 반발하는 표현주의적 사조와 자율주의적 사조를 결합시켰던 낭만주의의 항의에 맞서는 것이었다. 산업사회의 과학 기술은 자연을 보다 더 강력하게 정복하려 한다. 그러나 보다 더 중요한 사실은 산업 문명이 효율과 고도 생산이라는 이름하에 사회와 사람들의 생활 방식의 끊임없는 재편성을 강요했다는 것이다. 도시화, 공장 생산, 시골 인구의 감소, 대량 이민, 이전의 계절적 리듬 대신에 합리화되고 정밀히 측정된 생활 리듬 등이 강요된다. 이러한 모든 변화가 계획적으로 초래된 것이든 시장과 투자 방식의 우연을 통해서 초래된 것이든, 그 변화들은 생산 목표를 달성함에 있어 훨씬 효율이 크다는 사실에 의해 설명되고 또한 정당화된다. 이러한 점에서 공리주의적 사유방식이 우리의 실천과 제도에서 강화된다. 공리주의는 상이한 생활 양식들을 어떤 근본적인 가치나 그것들이 갖는 표현적 의미에 의해서가 아니라, 결국은 개인에 의해 '소비되는' 상품 생산의 효율성에 의해서 평가하는 사유방식이다.

이러한 도구주의적 평가 방식은 근대적 산업 경제의 제도들에 특유한 것이다. 이러한 제도들은 이윤과 효율이 높은 생산 또는 성장과 같은 외적 요인에 따라서 평가된다. 그리고 모든 선진 산업 사회는 이러한 사실에 의해 특징지어지며, 이는 [동구 사회주의가 붕괴되기 이전의] 소련에서조차 그러했다. 다만 소련에서는 소비자의 만족을, 국가의 안전이라든가 "자본주의를 추월한다"는 식의 미래의 만족과 같은 어떤 외적인 목표를 명분으로 희생시키고 있다. 그러나 어떤 나라들은 그러한 방향으로 나아가지 않을지도 모른다. 예컨대 중국은 경제적 고려가 궁극적인 것으로 간주되지 않는 다른 모델을 실현할지도 모른다. 그러나 이러한 나라들도 지금까지는 산업 문명 아래에 있었다.

그리고 서구에서 자본주의 경제의 냉혹한 결과들을 완화해 온 여러 가지 보완적 생각들, 예컨대 평등, 개인들 사이에서의 재분배, 약자에 대한 인도주의적 보호 등의 생각들은 그 자체가 계몽주의로부터 생긴 것이다. 물론 낭만주의적 관념들도 근대 문명에 공헌했다. 예컨대 각 개인은 독특하며 각자의 자기실현은 다른 누구에 의해서도 예견될 수 없고 명령될 수도 없다는 표현주의적 관념은 개인의 자유에 대한 현대인들의 믿음에서 본질적인 것이다. 우리는 또한 이러한 사상을 근대적 자유에 대한 탁월한 몇몇 이론가들, 즉 훔볼트, 토크빌, 존 스튜어트 밀에게서 발견할 수 있다.

그러나 낭만주의적 조류가 근대의 서양 문명 속에 포함되어 있기는 하지만, 결정적으로 중요한 사회 제도들은 계몽주의적 사유방식을 반영하고 있다. 이러한 사실은 특히 경제 제도들에 대해서 타당하다. 하지만 증대하는 합리화된 관료제에 대해서도 타당하며, 또한 대체로 (투표에 의한) 개인적 결정들의 결집과 단체 간의 교섭으로부터 집단적 결정을 창출하기 위해 조직된 정치 구조에 대해서도 타당하다. 선진 산업 사회의 중요한 집단적 구조들은 생산 또는 결정의 수단으로(최악의 경우에는 협박하는 억압자로) 나타나는 경향이 있으며, 그러한 수단들의 가치는 결국 그것들이 개인의 상태에 어떠한 영향을 미치는가에 의해 측정되지 않을 수 없다. 여러 낭만주의적 이념은 주로 개인의 자기실현을 규정하는 데 영향을 끼쳤고, 그 이념에 따르면 이러한 대구조들이 운영되는 목적은 개인의 자기실현에 있어야 한다.

이처럼 근대 문명에서는 집단적 구조의 증대되는 합리화와 관료화, 자연에 대한 수탈적 태도, 그리고 사적인 생활과 자기실현에 관한 낭만주의적 사조의 급증과 같은 현상들이 나타났다. 근대 사회는 사적이고 가상적인 생활에서는 낭만주의적이고, 공적이고 실제적인 생활에서는 공리주의적 또는 도구주의적이다. 후자의 생활을 형성함에 있어서 궁극적으로 중요한 것은 그 구조들이 무엇을 표현하는가가 아니고 그것들로 인해 무엇이 생산될 수 있는가라는 점이다. 근대 사회는 이러한 구조들을 최대의 효과를 위해 재조직된 중립적인 객체화된 영역으로서 취급하는 경향이 있다. 물론 이런 경향은 강력한 집단적 정서에 의해서, 특히 낭만주의 시대에 배태된 민족주의에 의해서 주기적으로 저지되기는 한다. 그러나 이러한 집단적 구조들이 개인적인 낭만주의를 나날이 압도하고 있다는 사실은 현대의 많은 광고물에 산업 발전을 위해 자기실현이라는 낭만주의적 이미지가 이용되고 있다는 사실에서 분명히 드러난다.

그러므로 근대 산업 사회의 경향에 대한 항의가, 낭만주의에 의해 치음으로 종합되었던 두 기지의 열망을 다양한 방식으로 수용했다 해도 놀랄 만한 일이 아니다. 이러한 사실은 우익으로부터의 항의에 대해서 타당한 만큼, 좌익으로부터의 항의에 대해서도 타당하다. 파시즘의 낭만주의적 기원은 널리 인정되어 왔으나 너무 안이하게 취급되어 왔다. 헤겔과의 친족적 관계로 인해서 마르크스주의도 근본적 자율과 표현적 통일에 대한 두 열망을 독특한 방식으로 구체화하는데, 이는 개인을 위해서가 아니라 인간이란 '유類적 존재Gattungswesen'[1]를 위해서 주장된다. 나중에 이에 대해 다시 언급하겠다.

우리는 또한 1960년대 말을 특징지었던 '신좌익'과 '좌파'의 이의異議, contestation에서 과학 기술적·관료적·자본주의적 문명의 한계를 근본적 자유와 완전한 표현의 종합에 의해서 돌파하려고 하는 또 다른 시도를 보았다. 따라서 1968년 5월 파리 혁명이 목표한 것은 정확히 직업들(학생과 노동자) 사이의 장벽과 생활의 상이한 차원들 —노동과 유희, 예술과 일상생활, 지적 노동과 육체적 노동 등— 사이의 장벽을 제거함으로써 철저한 자유를 회복하려는 것이었다. 이러한 장벽 제거에 대한 요구는 명확히 표현주의적 전통에서 기원한 것이며, 그 기원은 분명 이미 계몽주의적 인간관의 핵심이었던 이성과 감성, 신체와 정신의 분석적인 분리에 관한 헤르더의 부정에 있다.

우리 문명에서의 이러한 영속적 긴장 때문에 낭만주의 시대의 저작과 음악과 예술은 지금도 우리에게 강력한 호소력을 갖는다. 헤겔 철학이 우리에게 중요한 것도 이 때문이다. 실로 헤겔의 철학은 다른 낭만주

---

1    [역주] 원래 포이어바흐에서 비롯되는 개념이다. 포이어바흐는 유적 존재라는 개념을 인간은 자신의 개체성을 의식할 뿐 아니라 유(類)로서의 자신의 본질을 의식하면서 이것을 실현하려고 하는 존재라는 의미로 사용했다. 이러한 유적인 본질을 포이어바흐는 이성과 의지와 사랑의 심정에서 찾았다. 마르크스에서 유적인 존재란 육체를 가진 자연적 인간이자 사회적 존재로서의 인간이 다른 인간들과의 협력을 통해 생산물을 만들어 낸다는 인간에게만 고유한 존재 성격을 가리킨다.

의 철학자들에게서는 기대할 수 없을 정도로 우리 현실에 대해 깊은 의미를 갖는다. 왜냐하면 헤겔은 낭만주의의 두 가지 열망을 수용했을 뿐 아니라 이성이 온전히 이해할 수 있는 방식으로 그러한 열망들을 실현할 것을 주장했기 때문이다. 물론 우리가 이런 측면 때문에 헤겔을 낭만주의자라고 생각하지는 않는다. 이성의 본질적 역할을 강조한다는 점에서 그는 계몽주의의 후계자이기도 했다. 그럴지라도 오늘날의 문명이 갖는 긴장은 우리가 계몽주의에서 유래하는 우리 사회의 합리적이고 과학 기술적인 경향을 전면적으로 폐기할 수도 없고 폐기하지도 못하면서 또 한편으로는 철저한 자율과 표현적 통일에 대한 열망을 끊임없이 느낀다는 사실로부터 비롯된다. 따라서 이러한 세 가지 경향 모두를 결합하려고 노력했던 사상가[헤겔]는 우리에게 말할 만한 무엇인가를 가지고 있는 것이며, 이것은 단순하게 낭만주의적 반항만을 주장하는 자들에게서는 우리가 바랄 수 없는 것이다.

헤겔이 오늘날 우리에게 중요한 이유는 우리가 끊임없이 원자론적·공리주의적·도구주의적 인간관과 자연관으로부터 비롯되는 환상과 왜곡을 비판할 필요를 느끼고 있으며, 그와 동시에 그러한 왜곡이 끝없이 산출하는 낭만주의적인 반대 환상을 꿰뚫어 볼 필요가 있기 때문이다. 이성의 필연적 전개에 관한 헤겔의 존재론이 그가 공격하는 학설들과 마찬가지로 우리에게는 환상적으로 생각된다고 할지라도, 그가 우리에게 말할 만한 무언가를 가지고 있는 이유는 그가 심원한 통찰력으로 계몽주의적 인간관과 자연관의 환상과 곡해를 비판하고 있다는 데 있다.

다음 논의에서 나는 먼저 이와 같은 사실을 헤겔의 역사철학과 정치철학을 예로 하여 입증하고자 한다. 그리고 다음에 나는 이러한 역설적 상황, 즉 왜 헤겔의 철학은 신빙성이 없으면서도 우리에게 그렇게 큰 의미를 갖는지에 대해서 검토할 것이다. 이것은 불가피하게 우리를 자유의 본성이라는 중요한 문제로 이끌 것이다.

## 2. 이성의 요구들

헤겔의 역사철학과 정치철학은 그의 존재론적 통찰에 기초하고 있다. 그는 이러한 통찰로부터 역사의 방향과 완전히 실현된 국가 형태에 관한 사상을 전개시켰다. 나는 헤겔 철학이 오늘날에 갖는 중요성이라는 문제를 다루기 전에 그의 철학을 이러한 맥락에서 음미하고자 한다.

그의 철학에서 모든 것이 향하는 궁극적인 목표는 우리가 1장에서 살펴본 것처럼 〈정신〉 또는 〈이성〉의 자기 파악이다. 인간은 이러한 자기 파악의 매체이다. 그러나 물론 절대정신의 완전한 실현은 인간의 일정한 역사적 발전을 전제한다. 인간은 특수한 여러 가지 욕구와 충동에 사로잡혀 보편적인 것에 대해서 극히 애매하고 원시적인 감각밖에 가지고 있지 않은 직접적인 존재로서 출발한다. 이것은 〈정신〉이 처음에는 자기 자신으로부터 분리되지만 그럼에도 불구하고 자기 자신으로 귀환하지 않으면 안 된다는 사상을 다른 형태로 표현한 것이다. 만약 인간이 이러한 귀환의 매체가 될 수 있는 점까지 올라가고자 한다면, 그는 변용되어야만 하며 장기간의 교양 또는 도야Bildung의 과정을 겪지 않으면 안 된다.

그러나 이것은 단순히 인간의 생각이 변화하는 것만으로는 이루어질 수 없다. 구체화의 원리에 따라서 어떠한 정신적 실재도 시간과 공간상 예외적으로 실현되지 않으면 안 되고, 따라서 우리는 어떠한 정신적 변화도 그와 관련된 신체적 표현의 변화를 필요로 한다는 사실을 알고 있다. 이 경우 정신은 인간의 생활 방식이 역사적으로 변화되는 것을 통해서만 자기 자신에게 귀환할 수 있다.

인간이 〈정신〉의 적합한 매체가 되기 위해서 도달하지 않으면 안 되는 생활 형식은 어떤 것인가? 첫째로 이것은 사회적인 형식이어야 한다. 우리는 1장에서 어떻게 해서 다수의 유한한 정신들의 존재가 〈정신〉의 필연적인 계획의 일부인지를 보았다. 이 때문에 〈정신〉이 세계에서 자기 자신을 인식하기 위해서는 인간의 삶에서 적합한 구체화를 실현하지 않으면 안 된다. "세계사의 목표는 〈정신〉이 참으로 자신이 무엇인가에 대한 인식에 도달하는 것, 즉 그것이 이러한 인식에 객관적 표현을 주는 것dies Wissen gegenständlich mache, 그 인식을 자기 앞에 펼쳐져 있는 세계에 실현하는 것, 요컨대 자신을 자신에 대한 객관으로 산출하는 것sich als objectiv hervorbringe이다"(VG, 74). 이 때문에 헤겔의 눈으로 보면, 국가는 최고로 구체화된 사회로서 일말의 신성神性을 갖는다. 신(〈정신〉)의 실현을 이루기 위해서 인간은 자신을 더 큰 생명의 일부로 보지 않으면 안 된다. 그리고 그렇게 하려면 인간은 살아 있는 존재로서 더 큰 생명 속에 통합될 필요가 있다. 국가는 절대자를 직시하기 위한 필연적인 구체화('물질적 기초'라고 말해도 부적절하지는 않을 것이다)로서 보편적 생명의 참된 표현이다.

달리 말하면 ―만약 내가 오역함으로써 실로 많은 논란의 씨앗이 되었던 『법철학 강요』의 그 유명한 구절의 정신을 이렇게 표현해도 된다면[2]― 국가가 존재하는 것은 세계를 통한 신의 진행에 있어 본질적인 것이다.

그러나 물론 역사 속 초기의 국가는 보편적인 것의 매우 불완전한 구체화이다. 〈정신〉이 자기 자신에게 귀환하기 위해 필요할 정도로 충분히 적합한 국가는 완전히 이성적인 국가이지 않으면 안 된다. 이러한 맥락에서의 '이성'이란 말에 헤겔이 부여하는 의미는 극히 독창적이며, 그 의미는 실천 이성에 관한 중요한 전통적 사상들과의 연관에서 고찰될 때에야 비로소 명확해질 것이다.

이성은 플라톤에게까지 거슬러 올라간다. 여기에서 '이성'은 우리가 사물들의 참된 구조인 이데아의 세계를 보는 힘으로서 해석되고 있다. 이성에 따라 행동하는 것은 이러한 참된 구조에 따라 행동하는 것이며 자연에 따라 행동하는 것이다.

그런데 이러한 견해는 인간이 본질적으로 속해 있는 더 큰 이성적 질서가 있다고 하는 사상에 기초를 두고 있다. 왜냐하면 만일 인간이 이성적 생명이고, 또한 이성적으로 된다는 것이 이러한 더 큰 질서에 대한 참된 통찰을 통해 그 질서에 결합되는 것이라면, 인간은 이러한 질서에 결합됨으로써만 자기 자신일 수 있기 때문이다. 17세기의 혁명의 중요한 일면은 인간이 집착하고 있는 이러한 질서관을 자기 규정적인 주체의 이

---

2　국가가 존재하는 것은 세계에서 신의 행진 때문이다(Es ist der Gang Gottes, daß der Staat ist)(『역사에서의 이성』, §258에 대한 추가). 이것은 처음에 "국가는 세계를 통한 신의 행진이다"라는 식으로 오역되었고 또한 헤겔을 '프러시아주의'에 대한 반자유주의적 옹호자로서 고발할 때 자주 증거물로서 인용되었다. 여러 오역과 그것들이 끼친 영향에 대해서는 카우프만이 편집한 책인 *Hegel's Political Philosophy*(New York : Atherton Press, 1970)에서 카우프만의 서문을 참조하기 바란다.

념을 통해서 부정했던 데 있다.

그러나 이러한 새로운 견해는 하나의 새로운 질서관을, 따라서 또한 이성과 자연에 대한 새로운 호소를 불러일으켰다. 인간은 이제 이성적인 사유와 결정의 주체로서, 또한 일정한 욕망의 주체로서 정의되었다. 이러한 근대적 사유의 중요한 한 조류는, 플라톤과 아리스토텔레스 이래의 전통과는 대조적으로 이러한 욕망들을 도덕적 추론에 대해 이미 주어져 있는 것으로 생각한다. 이러한 욕망들 자체는 이성의 법정에서 판정되지 않는다. 이러한 견해에 대한 가장 중요한 초기 주창자 중의 한 사람이 홉스이며, 그의 견해는 18세기의 공리주의적 사상가들에게도 수용되고 있다. 이성은 이제 '타산'을 의미하는 것이 되고, 실천 이성은 이성의 판정을 초월해 있는 목적(욕망)들을 어떻게 조절하느냐에 관한 현명한 계산이다.

이것은 홉스적 유산의 한 측면이었다. 〈이성〉과 자연은 궁극적 기준으로서의 왕좌로부터 물러났다. 인간을 일부로 포함하는 자연에는 이제 사물들의 명백한 규범적 질서는 존재하지 않게 되었으며, 의무의 근거는 자연 속에서 발견될 수 없는 것으로 되었다. 오히려 정치적 의무는 사려(계산하는 이성)에 의해 명해진, 군주에 복종한다는 결심에 기초를 두게 되었다. 자기 규정적 주체에서 의무는 자기 자신의 의지에 의해서만 창조될 수 있었던 것이다. 따라서 원초적 사회 계약의 신화가 크게 중요한 것이 된다.

그러나 이러한 새로운 견해는 다른 방식으로 제시될 수도 있었다. 욕망의 주체로서의 인간에게는 1차적 욕망을 만족시키도록 행동하라는 하나의 커다란 2차적 목표가 있었다. 그러한 욕망들의 충족이 '행복'(홉스의 '지복felicity')이란 말에 의해서 의미되었던 것이며, 따라서 행복이란 말에는 그것이 아리스토텔레스적 전통에서 가졌던 것과는 전혀 다른 의미가 주어졌던 것이다. 이 경우 세부적인 1차적 욕망들을 형성하는 데 교육(인위적인 것)이 어떠한 영향을 끼치든, 인간은 본성상 불가피하게 행복을 욕구한다고 말할 수 있을 것이다.

그런데 만약 현명한 계산이 사람들이 행복을 성취하기 위해서 또한 인간들 모두가 함께 서로에게도 이익이 되는 방식으로 행복을 성취하기 위해서 인간들과 환경을 어떻게 형성해야 하는가를 제시해 줄 수 있다면, 이러한 성취는 최고의 목표, 즉 이성(현명한 계산)과 자연(행복에 대한 보편적 욕망)에 따르는 목표가 아닌가?

여기에서 새로운 질서관이 성립한다. 자연을 유의미한 질서, 즉 이데아의 관점에서 설명되어야 할 질서를 표현하는 것으로 보는 대신에, 우리는 그것을 작용적 인과성의 관점에서 설명할 수 있는 서로 연관된 요소들의 집합으로 보게 된다. 사물들에서 (무질서에 반대되는 것으로서의) 질서는 사물들이 자신들의 근저에 있는 여러 이데아를 체현하고 있다는 데서 성립하는 것이 아니고, 사물들이 갈등과 왜곡 없이 서로 얽혀 있다는 데서 성립한다. 이러한 사실을 인간 생활에 적용하면, 이것은 욕구하는 주체들이 서로 양립될 수 있는 방식으로 충분한 만족(행복)을 성취하게 되는 것을 의미한다. 욕망들의 완전한 조화는 자연과 이성이 인간에 명하는 목표이다.

그러나 행위의 기준으로서의 이성에 관한 세 번째 사상이 18세기 말에 나타나면서 공리주의적 견해에 도전하게 되었다. 그것은 다름 아닌 철저한 도덕적 자율에 대한 칸트의 사상이었다. 이 사상은 어떤 의미에서는 루소로부터 시작된다. 실제로 헤겔도 칸트의 사상이 루소에게서 비롯되었다고 본다. 즉, 선을 이익과, 이성을 계산과 동일시하는 공리주의에 대한 반발이다. 칸트의 사상은 우리의 의무를 의지에, 그러나 홉스보다는 훨씬 근본적인 의미의 의지에 정초하려고 한다. 홉스는 정치에서의 의무를 군주에게 복종하려는 결심에 기초 짓고자 했다. 그러나 이러한 결심은 사려思慮에 의해서 명령된 것이며, 우리는 홉스에서 의무의 근거가 되는 것은 죽음을 피하려는 보편적인 욕망이라고 볼 수 있다. 이것으로부터 "평화를 위해서 노력한다"라는 '자연의 제일 법칙'이 나타난다. 결국 공리주의적 전통에서는 우리 인간에 관한 특정한 자연적 사실인 우리의 욕망과 혐오야말로 우리가 무엇을 해야 하는가를 규정하는 데 결정적인 역할을 하는 것이다.

칸트가 목적한 바는 자연에 대한 이러한 의존에서 벗어나 의지로부터 순수하게 의무의 내용을 끌어내는 것이었다. 그는 이성적인 것으로서의 의지를 구속하는 순수하게 형식적인 기준을 장래의 행위에 적용함으로써 의무의 내용을 끌어내려 했다. 이성적 사유는 보편적 입장에서 사유하는 것과 논리적으로 일관되게 사유하는 것을 포함한다. 따라서 시도된 모든 행위의 근저에 존재하는 격률은 우리가 그것을 모순 없이 보편화할 수 있어야만 한다는 것이다. 만약 행위가 그러한 격률에 어긋난다면, 이성적인 의지로서의 우리는 양심적으로 이러한 행위를 시도할 수 없다. 이러한 원리에 입각하는 의지는 자연에 존재하는 어떠한 규정 근거 Bestimmungsgrund로부터도 자유로울 것이며, 따라서 참으로 자유로울 것이다.[3] 이처럼 도덕적 주체는 근본적 의미에서 자율적이며 그 자신의 명

---

3    *Critique of Practical Reason*, §5 .

령만을 따른다. 이성적인 의지로서의 이성은 이제 자연과 대립하는 제3의 의미[4]에서의 기준이다.

헤겔은 우리가 여기에서 간략히 서술한 전반적인 전개에 입각하여 자신의 사상을 구축한다. 그는 인간이 속해 있는 더 큰 질서라는 관념을 전적으로 새로운 기초 위에 재건하려고 한다. 따라서 그는 중세와 초기의 르네상스에서 나타나는 유의미한 자연 질서의 사상에 대한 근대적 부정을 전적으로 받아들인다. 이러한 질서관은 질서를 신에 의해서 주어진 것으로 보았다. 존재의 위계질서는 그 이상 설명될 수도, 정당화될 수도 없는 궁극적인 것이었으며, 또한 이러한 위계질서에서 자신의 고유한 위치를 점하는 것이 인간의 의무였다. 그러나 자유로서의 〈정신〉에 대한 헤겔의 사상은 우리가 보았듯이, 단순히 주어져 있는 것은 전혀 받아들일 수 없었다. 모든 것은 〈이념〉, 〈정신〉 또는 〈이성〉으로부터 필연적으로 도출되지 않으면 안 된다. 따라서 〈정신〉은 결국 단지 주어져 있는 어떤 것에도 반항하지 않으면 안 된다.

이러한 이유로 헤겔은 자기 규정적 주체의 근대적인 긍정을 필연적인 단계로 간주한다. 그리고 그는 철저한 자율에 대한 칸트의 사상을 이 단계의 정점으로 본다. 자율은 자신의 모든 내용을 자신으로부터 연역해 내어, 외부로부터 주어지는 어떤 것도 받아들이려 하지 않는 〈정신〉의 요구를 표현한다. "무엇이 참으로 올바른지를 알기 위해서는 우리는 특수한 모든 것과 아울러 경향과 충동과 욕망을 사상하지 않으면 안 된다.

---

4    [역주] 첫 번째 기준은 플라톤의 이데아설에서 보듯 사물들의 참된 구조에 따라 행동하는 것이고, 두 번째 기준은 공리주의적 기준이다.

달리 말해서 우리는 의지가 그 자체로an sich 무엇인가를 알지 않으면 안 된다"(GW, 921). 그리고 "의지는 다르고 외적이고 낯선 것은 —의존적으로 될 것이기 때문에— 전혀 의욕하지 않고, 단지 의지 자신을 의욕하는 한에서만 자유이다"(loc. cit.). 헤겔은 자연과 〈정신〉 사이의 근본적인 차이를 인정한다. 물질적 자연의 '실체'는 중력이지만 〈정신〉의 '실체'는 자유이다(VG, 55).[5] 〈정신〉의 자유는 자기 자신 안에 중심을 갖는다in sich den Mittelpunkt zu haben.

의지라는 관념은 자유라는 관념과 밀접히 연관되어 있다. 첫째로 사유는 의지에 대하여 본질적인 것이다. 그것은 의지의 '실체'이며 "따라서 사유 없이 의지는 있을 수 없다"(EG, §468 추가).

의지가 본질적으로 자유로운 것으로 존재하도록 운명 지어져 있는 것은 의지가 사유의 실천적 표현이기 때문이다. "자유는 분명히 사유 자체이다. 사유를 거부하면서 자유에 대해 말하는 자는 자신이 무엇을 말하고 있는지를 모르는 자다. 사유의 자기 자신과의 통일이 자유이며, 자유로운 의지이다. … 의지는 사유하는 의지로서만 자유이다"(SW, XIX, 528-529).

헤겔은 『법철학 강요』에서 동일한 주제를 다루면서 의지를 '자기 규정적 보편성'으로서, 즉 자유로서 특징짓는다(§ 21). 자유는 "사유하는 의지이다." 헤겔은 여기에서 "의지가 참으로 의지이고 자유이기 위해서

---

5      물론 '자연'도 다른 의미로 사용될 수 있으며, 그러한 다른 의미에서 그것은 사물의 개념을 의미한다. 예컨대 헤겔은 "〈정신〉의 본성(Die Natur des Geistes)은 …"이라는 표현을 쓰고 있는데, 이러한 표현에서 우리는 헤겔의 사상이 근대의 철저한 자율에 대한 그의 지지에도 불구하고, 또는 오히려 그것을 넘어서 아리스토텔레스 사상의 계승이라는 사실을 알 수 있다.

는, 그것은 사유하는 지성이지 않으면 안 된다"라는 사실을 반복해서 말하고 있다. 그는 이 구절의 한 주석에서, "사유를 추방하고 그 대신에 감정, 열광, 심정에 호소하는" 낭만주의의 자유론을 통렬히 논박하고 있다. [헤겔의] 자유로운 의지의 대상은 자유로운 의지에 대한 타자나 장벽이 아니기 때문에 이러한 의지는 또한 참으로 무한하다(§22). 그것은 "다른 어떤 것에 대한 의존에서도 완전히 벗어나 있다"(§23), 그리고 그것은 보편적이다(§24).

전적으로 자기 자신에 의해서, 따라서 사유 혹은 이성적 사고에 의해서 규정되는 이 의지는 무엇이 올바른지에 대한 궁극적 기준이다. 『법철학 강요』(§ 4)에서 그것은 '법의 기초der Boden des Rechts'라고 불린다. 따라서 그것은 충분히 실현된 국가의 근본적 원리이다. 루소는 이러한 결정적 원리를 최초로 파악한 사람이다. "루소는 의지를 국가의 원리로 제시함으로써 사유를 자신의 형식과 내용으로 갖는 원리와 사유 자체로서의 원리를 지지하고 있는 것이며, 사유를 자신의 형식으로만 갖는 원리인 군거群居 본능이나 신의 권위와 같은 원리를 부정하고 있는 것이다" (PR, §258). 그러나 헤겔은 칸트에게 의거하면서도 이러한 자율의 원리에 변형을 가하고 있다.

헤겔은 그러한 자율의 원리로부터 근대적 의식이 부정했던 더 큰 질서에 대한 사상을 발전시킨다. 그는 이렇게 함으로써 칸트의 사상이 빠져들었던 중대한 난관을 극복했다고 믿는다.

칸트의 실천 이성이 부딪히는 난관은 그것이 제시하는 근본적 자율이 내용 면에서 극히 공허하다는 데 있다. 이에 반해 플라톤의 이성은, 비록 우리가 그것에 대해 찬성하지 않고 그것의 존재론적 기초를 전적으로 부정하더라도, 어떤 사물이나 행위는 올바른 것으로 또 다른 사물이나 행위는 그릇된 것으로 분별할 수 있게 해 준다. 이러한 사실은 공리주의적 기준에 대해서도 타당하다. 그러나 칸트는 이데아들의 질서나 실제적인 욕망들의 질서와 같은 사물들의 존재 방식에 호소하는 것을 피하려고 했다. [그에게] 올바름의 기준은 순수히 형식적인 것이어야만 했다. 칸트는 이러한 형식적인 기준이 실제로 어떤 행위는 시인하고 다른 행위는 배제할 것이라고 생각했다. 그러나 이러한 논변은 지극히 불안정한 것이며 사람들이 이러한 논변에 대한 신뢰를 상실하자마자 그러한 형식적 기준은 아무런 실질적 구속력도 갖지 못하며 어떤 행위라도 도덕적으로 허용될 수 있는 행위로 되고 마는 것이다. 다시 말해 도덕적 자율은 공허함을 대가로 하여 확보되었던 것이다.

이 점이야말로 헤겔이 칸트에 대해서 끊임없이 가하고 있는 비판이다. 그런데 그는 의무의 구체적인 내용이 어떻게 자유라는 이념 자체로부터 연역되는 일이 가능한지 보여 줄 수 있기 때문에 칸트의 난관을 해결할 수 있다고 공언한다. 그러나 헤겔의 해법을 상세히 고찰하기 전에 우리는 이러한 공허함에 대한 비판이 어떻게 해서 헤겔의 칸트 비판과 혁명 [프랑스 혁명] 시대 전체에 대한 비판의 중심을 차지하게 되었는지를 살펴보아야 할 것이다.

칸트는 자유에 대해서 형식적인 관념밖에 가지고 있지 않았기 때문에 그것으로부터 정치 형태에 대한 관념을 끌어낼 수 없었다. 그의 정치론은 공리주의자들에게서 빌려 오는 데 그치고 있다. 그것은 자기 특유의 방식으로 행복을 구하는 개인들의 집합으로 보는 사회라는 공리주의적 사상에 기초하고 있다. 정치의 문제는 각 개인의 자의恣意, Willkür를 제한하여, 그것이 하나의 보편적 법률의 기초 아래 모든 다른 사람의 자의와 공존할 수 있는 길을 발견하는 것이다. 달리 말해 칸트의 근본적 자유라는 관념은 순전히 형식적이고 따라서 공허한 것이기 때문에, 근본적 자유가 실현될 수 있고 본래적으로 의지 그 자체의 본성으로부터("der Wille … als an und für sich seiender, vernünftiger") 도출되는 목표에 입각한 정체, 따라서 모든 사람에게 무조건적으로 타당할 수 있는 정체에 대해서 어떠한 실질적인 통찰도 제시할 수 없다. 그 때문에 칸트의 정치론은 그 내용을 '자연'에서 빌리지 않으면 안 된다. 그것은 특수한 목표를 추구하는 개인으로서의 인간들로부터 시작하며, 이 경우에 도덕성과 합리성, 즉 보편성의 요구들은 이러한 개인들에 대해 외부로부터 가해지는 규제와 제한 Beschränkungen으로 나타나게 되는 것이다. 합리성은 내재적인 것이 아니라 외적인 것이며, 모든 개인의 자의가 공존할 것만을 요구하는 형식적인 보편성이다(*PR*, §29).

이처럼 칸트는 도덕성에 관한 근본적으로 새로운 사상에서 출발하였지만, 그의 정치론은 극히 실망스럽게도 통속적인 것으로 끝났다. 그것은 주요한 관심이 개인들의 의지를 조화시키는 데 그쳤다는 의미에서 공리주의와 별로 다를 것이 없었다.

물론 칸트에 대한 이러한 평가는 나중에 다시 살펴보겠지만 확실히 어느 정도 불공정한 것이다. 그러나 이 구절(§29)과 다른 곳[6]에서 칸트와 동일한 비판을 받고 있는 루소에 대해서는 보다 더 불공정한 것으로 생각된다. 헤겔은 §258에서, 루소가 아직 의지를 개인적 의지로 보고

---

6    *PR*, §258; *SW*, XIX, 528 참조.

있고 일반 의지를 "의지에서 절대적으로 이성적인 요소das an und für sich Vernünftige des Willens"로서가 아니라 의식적인 개별적 의지들로부터 도출되는 공동적인 요소das Gemeinschaftliche로서만 생각하고 있다고 비판하고 있다. 그 경우에 국가는 결국 자의, 억견, 그리고 임시적이고 치명적인 동의Willkür, Meinung und beliebige, ausdrückliche Einwilligung에 기초를 두는 것이 된다는 것이다.

　이것은 사실상 확실히 루소에 대한 정당한 비판이 아니다. 그의 일반 의지volonté generale는 모든 개인의 특수 의지의 공통적인 요소 이상의 것이었으며, 또한 계약의 과제도 이러한 특수 의지들을 서로 일치시키는 것은 아니었다. 그러나 우리는 헤겔이 문제 삼고 있는 바가 무엇이었는지에 대한 실마리를, 프랑스 혁명에 의해서 초래된 무시무시한 파괴에 대해서 헤겔이 언급한 두 단락(§§29, 258)에서 찾을 수 있다. 헤겔은 다른 곳에서와 마찬가지로 여기에서도 프랑스 혁명을 루소 사상의 원리들에서 논리적으로 귀결되는 것으로 간주하고 있는 것이다.

　사실상 형식적 자유의 공허함은 앞에서 칸트에게 귀속된 공리주의적 결과와는 전혀 다른 결과를 초래할 수도 있을 것이다. 앞에서 우리는 자율의 이론이 정치 생활의 문제를 해결하기 위해 공리주의에 호소해야만 했다는 것을 보았다. 그러나 근본적 자율의 이론가들이 이러한 결점을 스스로 통감하고, 특수 의지들의 투쟁과 타협이란 차원을 넘어서 자유의 완전한 표현을 달성할 수 있는 사회를 열망하는 것도 가능하다. 이것이야말로 헤겔이 『정신현상학』에서 묘사했고 프랑스 혁명 당시 자코뱅당 공포 시대에 보았던 '절대적 자유'에 대한 추구이다.

　그러나 이러한 절대적 자유의 추구는 공허하다는 비판을 받는다.

그러한 추구가 목적하는 바는 사회를 특수한 이해라든가 전통적인 원리가 아니라 오직 자유 위에 건설하는 것이다. 그러나 이러한 자유는 공허한 것이며 새로운 사회가 가져야 할 구체적인 구조를 제시하지 못한다. 그것은 존재하는 사회 구조를 파괴하고 대두되고 있는 새로운 사회 구조까지도 파괴할 것을 명령하는 것에 지나지 않는다. 따라서 절대적 자유의 추구는 광란적인 파괴를 초래하고 "실험은 최대의 만행과 공포로 끝났던 것이다"(§258).

그러나 개인을 일반 의지에 희생시킨 이러한 공포 시대를, 의지를 단지 개인적인 것으로 규정하고 있는 이론과 결부시키는 것은 기묘하게 보인다. 그러나 나는 헤겔이 참으로 추구하고자 했던 것은 이러한 구절들에서는 명확히 언급되지 않았던 무언가 다른 것이었다고 생각한다. 루소와 칸트, 그리고 근본적인 자율의 혁명적 자유주의적 주창자들은 자유를 인간의 자유로서, 의지를 인간의 의지로서 정의했다. 이에 반해 헤겔은 인간이 자기 자신을 〈정신〉의 매개물로 봄으로써 자신의 근본적인 정체성正體性에 도달한다는 사실을 보여 주었다고 확신했다. 만약 의지의 실체가 사유 또는 이성이라면 또한 만약 의지가 자기 자신 이외의 어떤 것에도 따르지 않을 경우에만 자유라면, 여기서 문제가 되는 사유 또는 이성은 단순히 인간의 사유 또는 이성이 아니고 오히려 우주를 정립하는 우주적 정신의 사유 또는 이성이다.

이러한 헤겔의 사상이 상황을 일변시킴에 따라, 근본적 자율의 이론을 난관에 빠뜨렸던 공허함은 극복된다. 근본적 자유의 딜레마는 다음과 같이 간결하게 고쳐 말해질 수 있다. 자유가 모든 타율을, 즉 특수한 욕망이나 전통적 원리 또는 외적 권위에 의한 의지의 어떠한 한정도 폐기하는 것이라면 자유는 어떠한 이성적 행위와도 양립할 수 없는 것이 되어 버린다. 왜냐하면 [그러한 경우에는] 공허하지 않은, 즉 실제로 어떤 행위를 [옳은 것이라] 시인하고 다른 행위를 [그른 것이라] 부정하면서도 타율적이지 않은 의지의 근거가 전혀 남아 있지 않은 것으로 생각되기 때문이다.

그러나 사람들이 자율을 실현해야만 하는 의지가 단지 인간만의 의지가 아니라 〈정신〉의 의지라면 모든 것이 변한다. 그러한 의지의 내용은 분화된differentiated 세계를 자기 자신으로부터 산출하는 〈이념〉이다. 따라서 행위를 규정하는 근거의 결여 상태는 이제 존재하지 않게 된다. 이를 약간 상세히 말하면, 헤겔의 자유로운 이성적 의지는 칸트의 이성적 의지와는 달리 단순히 보편적인 것으로 그치는 것이 아니라 특수한 내용을 자기 자신으로부터 산출하는 것이기 때문에 전혀 공허하지 않다. 그러나 이것은 [특수한 내용을 자신으로부터 산출하는 것은] 우주적 주체로서의 이러한 의지가 갖는 특권이다. 헤겔의 자유로운 이성적 의지는 분화된 세계를 전개하는 절대적 〈이념〉이다. 인간의 이성적 의지는 형식적인 것일 수밖에 없는 자유와 보편성에 도달하려고 노력함으로써 자신에게서 모든 특수성을 폐기하는 것에 의해서가 아니라 우주적 이성과 자신의 유대를 발견하는 것에 의해, 즉 특수한 존재로서의 우리 삶의 어떤 면이 〈이념〉이라는 참으로 구체적인 보편자를 반영하는가를 분별함으로써 내용을 발견하게 된다. 이성과 자유가 인간의 의지에 부과하는 과제는 〈이념〉의 적합한 표현으로 간주될 수 있는 사물들의 구조를 조장하고 발전시키는 것이다.

이것은 우리가 앞에서 보았듯이, 첫째로 사회는 개인들을 포용하고 양육하는 더 큰 생명으로 간주되어야 한다는 사실을 의미한다. 달리 말해서, 이러한 해석에 기초한 자유의 요구들은 우리를 여러 형태의 자유주의적 원자론 —이러한 사상에서는 개인과 그의 목표가 궁극적으로 중요하며 사회의 임무는 개인의 이해를 다른 사람들의 이해와 공존하게 하는 것이다— 에서 벗어나게 한다.

그리고 그것은 또한 일정한 사회 구조를 지시한다. 그러한 사회 구조는 〈개념〉의 여러 계기, 즉 직접적 통일, 분리 그리고 매개된 통일이 모두 다 충분히 표현될 수 있는 것이 되지 않으면 안 된다. 헤겔은 『법철학 강요』에서, 언뜻 보기에 추상적인 이러한 요구에 구체적인 내용을 부여하고 있으며, 그것이 본질적으로 국가가 '여러 신분Stände'과 사회의 여러 차원(가족, 시민 사회, 국가)으로 분절화articulation되는 데 대한 근거가 된다.

따라서 이성의 요구는 사람들이 〈개념〉에 따라서 분절화된 국가에서 사는 것, 즉 그들이 국가에 의해서 자신들의 이익을 수호받는 개인으로서가 아니라 더 큰 생명에 참여하는 자로서 관계를 맺는 것이다. 또한 이러한 더 큰 생명은 모든 사물의 기초인 〈개념〉의 표현이므로 사물의 궁극적인 헌신을 받을 만한 가치가 있다. 따라서 자유에는 실로 구체적인 내용이 주어졌다고 말할 수 있는 것이다.

그런데 헤겔은 이 점에서 비상한 업적을 이루었다. 왜냐하면 이러한 인간과 사회의 관계는 전근대적인 관계와 상응相應하기 때문이다. 근대적 주체성의 혁명 이전에 사람들은 신의 의지라든가 존재의 질서를 반영하고 있다는 이유로, 요컨대 인간이 궁극적인 충성을 바쳐야 할 사물들의 기초를 반영하고 있다는 이유로, 그들의 사회 구조, 즉 군주제, 귀족제, 종교적 계층제 등을 떠받들도록 촉구되었다. 왕은 신에 의해 기름 부음을 받은 자이므로 사람들의 복종을 받아야만 했다. 더 나아가 그는 우주에서 신이 하는 역할을 정치에서 표현하는 것이었다. 그런데 이러한 사유방식이 근대의 자기 규정적 주체성의 가장 극단적인 표현, 즉 근본적 자율의 관념에 입각하면서 극히 놀라운 형태로 [헤겔에서] 다시 나타난 것이다.

헤겔을 자유주의자로 또는 보수주의자로 분류하기 어려운 것은 불가사의한 일이 아니다. 그는 우주적 질서라는 관념을 정치론의 초석으로서 복원復元시키기 때문이다. 그는 국가를 신적인 것이라고 말한다. 그리고 우리는 이런 종류의 생각을 보수적인, 심지어 반동적이기까지 한 사유의 징표로 간주한다. 그러나 이 질서는 전통적인 질서와는 전적으로 다른 것이다. 이 질서에서는 이성 자신이 분명히 명령하지 않은 어떤 것도 존재하지 않는다. 따라서 그것은 인간이 단순히 수동적으로 받아들이지 않으면 안 되는, 인간을 초월해 있는 질서는 아니다. 오히려 그것은 본래적인 의미에서의 인간 자신의 본성으로부터 유래하는 것이다. 따라서 그것은 자율을 중심으로 하고 있다. 왜냐하면 자기 자신으로부터 유래하는 법칙에 의해서 지배되는 것은 자유롭게 되는 것이기 때문이다. 이처럼 이 질서는 자율적이고 이성적인 개인에게 중심적인 위치를 부여한다. 헤겔의 정치론은 일찍이 유례가 없는 것이다. 자유주의적이라든가 보수적이라든가 하는 진부한 용어로 헤겔의 정치론을 분류하려고 하는 것은 터무니없는 오해로 이끌기 쉬운 것이다.[7]

이처럼 칸트의 도덕론의 공허함을 헤겔은 자유의 이념으로부터

---

[7]　이러한 오해는 불행하게도 앵글로·색슨 세계에서 너무도 많이 나타난다. 최근의 오해는 시드니 후크에 의해서 저질러졌다. 카우프만이 편집한 *Hegel's Political Philosophy*에 기고한 그의 논문을 참조.

의무의 내용을 연역함으로써 극복하려 했다. 그리고 그것은 헤겔 단순히 인간적인 자유의 이념이 아니라 오히려 우주적인 이념에 대해서 말하고 있기 때문에 실행될 수 있는 것이다. 그는 우주적인 이념으로부터 인간들이 소속하지 않으면 안 되는 사회의 관념을 도출해 낼 수 있다. 그리고 도덕적 의무에 구체적 내용을 부여할 수 있는 것은 사회에 관한 이러한 통찰이며, 이러한 구체적 내용이 우리에게 사회의 구조를 조장하고 지지하며 사회의 원칙에 따라 살 것을 명령한다. 사회 전체라는 관념에 의해서만 도덕성에 어떤 내용이 주어진다. 이처럼 "내재적이며 수미일관된 '의무론'은 자유의 〈이념〉에 의해서 필연적으로 요구되는 관계들, 따라서 관계들의 전체 범위에 걸쳐서 ―즉 국가에서― 실현되는 관계들의 순차적인 해명 이외의 어떤 것일 수도 없다"(*PR*, §148).[8] 따라서 이성적 사유가 헤겔에서는 도덕은 물론 정치에서도 실질적 기준이 되는 것이며, 이것이야말로 그의 독창적인 점이다. 그의 사상은 우주적 질서의 이념을 포함하고 있기 때문에 플라톤과 약간의 유사성을 갖고 있다. 그러나 그것은 또한 의지는 그 자신 이외의 어떤 것에도, 즉 그 자신의 내재적인 이성적 사유 외의 어떤 것에도 복종해서는 안 된다는 근본적 자율의 요구에 입각하고 있기 때문에 칸트에게서 많은 영향을 받고 있다. 우리가 보았다시피 그것은 양자를 결합하고 있으며, 이 점에 그것의 현저한 독창성이 있다.

이성적 사유라는 기준이 헤겔의 정치론에 실제로 적용될 때 그것은 극히 복잡한 것이 된다. 그것에는 칸트의 이성적 사유라는 기준의 적용과 약간의 공통점이 있다. 왜냐하면 사실상 후자는 그것에 귀결될 수

---

8    크녹스(Knox)의 번역에 의한 것이지만, 약간 수정했다.

있는 정치론에서 헤겔이 자주 인정하는 것 이상으로 풍부하기 때문이다.[9]

첫째로, 이성적 사유는 인간을 수단이 아니라 이성적 주체로서, 칸트의 정식화에 의하면 목적으로서 취급할 것을 요구한다. 그리고 정치적 견지로부터 말하자면, 이것은 근대 국가가 자율적 개인의 권리를 승인하지 않으면 안 된다는 사실을 의미한다. 그것은 노예제를 용인해서는 안 된다. 그것은 재산, 양심(*PR*, §137), 직업의 자유로운 선택(§206), 신앙의 자유(§270)를 존중하지 않으면 안 되는 것이다.

둘째로, 이성적 사유는 형식적인 칸트의 정의에서조차, 국가가 자의적인 변덕에 의해서가 아니라 법에 의해서 통치될 것을 요구한다(*PR*, preface). 또한 법이 모든 사람을 동등하게 취급할 것을 요구한다. 그리고 이것은 적어도 법이 인간들로부터 유래하는 한, 어떤 중요한 의미에서 그것이 모든 사람으로부터 똑같이 유래하지 않으면 안 된다는 사실을 의미한다.

이것들은 자유주의적이며 칸트적인 이성적 사유의 기준으로부터 도출되는 추론들이다. 헤겔은 이러한 추론들에 그 자신의 추론, 즉 정치적 사회는 〈이념〉을 실현하고 표현해야 한다는 추론을 덧붙인다.

그러나 우리는 여전히, 칸트의 기준은 우리로 하여금 공리주의적 계몽주의를 초월하게 할 수 없다는 헤겔의 주장이 정당하다고 볼 수 있다. 처음의 두 원리는 개인이 어떻게 취급되어야만 하는가를 우리에게 알

---

9    사실상 칸트의 이론은 보편성이라는 기준의 공허함을 근본적인 자율에 대한 열망에서 도출되는 다른 어떤 귀결들에 의해 크게 보완할 수 있다. 왜냐하면 이러한 근본적 자율은 사람들이 대우받아야만 하는 방식과 사람들이 따라야만 할 규칙에 대해서 무언가를 알려 주기 때문이다.

려 주며, 우리에게 선한 사회에 관한 일반적이면서도 형식적인 성격 규정, 즉 사회는 법에 기초하지 않으면 안 된다는 규정을 제시하고 있다. 그러나 세 번째 원리, 즉 헤겔의 기준만이 우리에게 이러한 [선한] 사회가 취해야 할 현실적 형태를 도출하는 것을 가능케 한다. 칸트의 도덕론은 여러 국가 또는 개인이 넘어서는 안 되는 한계를 설정하는 것에, 즉 정치론의 변두리에 머물렀다. 이에 반해 헤겔에서는, 도덕론은 정치론에서만 즉 우리가 조장하고 지지해야 할 사회의 설계도에 의해서만 구체적인 내용을 부여받을 수 있다.

〈이념〉 위에 건립된 사회를 조장하고 지지하기 위해서 우리가 소유하는 이러한 일련의 의무가 헤겔이 말하는 인륜성Sittlichkeit이다. 이 용어는 '윤리적 생활ethical life', '객관적 윤리objective ethics', '구체적 윤리 concrete ethics' 등과 같이 다양하게 영어로 번역됐지만, 어떠한 번역어도 이러한 용어의 의미를 정확하게 전달할 수 없다. 따라서 나는 여기에서는 원어를 그대로 사용할 것을 제안한다.[10] 인륜성은 '에틱스ethics'에 해당하는 보통의 독일어이며, 어원상으로 보면 우리가 '풍습'이라고 번역해도 좋은 'Sitt'이라는 말과 동일한 종류의 용어이다. 그런데 헤겔은 그것에 도덕성Moralität(이것은 물론 어원상으로는 똑같이 풍습을 의미하는 'mores'에서 유래한다. 그러나 이것은 라틴어이며, 이러한 사정은 독일의 독자들에게는 그렇게 명확하게 알려지지 않은 것 같다)과는 구별되는 특별한 의미를 부여한다.

인륜성은 내가 참여하고 있는 공동체에 대해서 내가 갖는 여러 도

---

10    [역주] 테일러는 텍스트에서 'Sittlichkeit'를 그대로 사용하고 있지만 이 번역서에서는 인륜성이라는 번역어를 사용했다.

덕적 의무를 가리킨다. 이러한 의무들은 확립된 규범과 관례에 바탕을 두고 있으며, 헤겔의 용법에서는 이것 때문에 인륜성이라는 용어의 어원이 풍습Sitte이라는 사실이 중요한 것이다.[11] 인륜성의 결정적인 특색은 그것이 우리로 하여금 이미 존재하고 있는 것을 현현現顯시킬 것을 촉구한다는 데 있다. 이것은 인륜성을 기술하는 역설적인 방법이지만, 그러나 실제로 나의 인륜적 의무의 근거인 공동 생활은 이미 존재하고 있는 것이다. 내가 이러한 의무들을 갖는 것은 인륜성이 진행 중인 사태라는 사실에 의한 것이다. 또한 나의 이러한 의무들의 이행이야말로 그것들을 지탱하며 존속시키는 것이다. 따라서 인륜성에서는 있어야 할 것과 있는 것 사이에, 즉 당위Sollen와 존재Sein 사이에 어떠한 분열도 존재하지 않는다.

도덕성에서는 이와 정반대이다. 도덕성에서 우리는 존재하지 않는 무엇인가를 실현해야만 하는 의무를 갖는다. 있어야 할 것은 있는 것과 대조를 이룬다. 그리고 이와 관련하여 의무는 내가 더 큰 공동체 생활의 일부라는 사실에 의해서가 아니라 하나의 이성적 의지라는 사실에 의해서 나에게 타당하다.

따라서 헤겔의 칸트 비판은 다음과 같이 요약될 수 있다. 칸트는 인륜적 의무를 도덕성[12]과 동일시하고 있는데, 그는 이것을 넘어설 수 없다. 왜냐하면 칸트는 [그의 이론은] 개인으로서의 인간에게만 타당하며, 또한 자연과 대립적으로 정의됨으로써 존재하는 것과 무한하게 대립하게 되는 도덕적 의무라는 추상적이며 형식적인 관념을 제시하고 있기 때문

---

11    *Schriften zur Politik und Rechtsphilosophie*, ed. G. Lasson (Leipzig, 1923), 388 참조.
12    다시 한번 말하지만, 이것은 헤겔의 전문 용어이다. 칸트 자신은 윤리에 관한 그의 몇몇 저작에서 인륜성을 보통의 의미로 사용했다.

이다.

우리는 칸트의 도덕철학에 대한 헤겔의 모든 비난이 얼마나 체계적으로 연관되어 있는지를 알 수 있다. 칸트의 도덕철학은 순전히 형식적인 이성의 관념으로 머물렀기 때문에 도덕적 의무에 내용을 줄 수 없었다. 그것은 우리가 속해 있는 사회에서 유래하는 유일하게 타당한 내용을 수용하려 하지 않았기 때문에 개인 윤리로 머물렀다. 그것은 우리를 그 자신의 일부로서 포함하는 더 큰 생명으로부터 후퇴했던 것이며, 올바른 것을 현실적인 것과 영원히 대립하는 것으로 보았다. [칸트에서는] 도덕성과 자연은 항상 분열 상태에 있다.

인륜성의 학설이 의미하는 바는 도덕성은 공동체에서 완성된다는 것이다. 이것은 의무에 결정적인 내용을 부여함과 아울러 그것을 실현하는 것이며, 이를 통해 당위와 존재 사이의 분열은 소멸하는 것이다. 우리가 살펴보았듯이, 헤겔은 처음에는 칸트를 따라서 의지와 자유를 자연으로부터 구별했다. 그러나 자유의 실현은 자연(이 경우에는 조야하며 미발달한 형태의 사회)이 이성의 요구에 양보할 때 가능해진다.

〈이념〉의 실현은 인간이 사회에서 더 큰 생명의 일부가 되는 것을 필요로 하기 때문에 도덕적 삶은 인륜성에서 최고의 실현에 도달한다. 이러한 최고의 실현은 물론 하나의 (인간의 노력에 의한) 성취이다. 이러한 최고의 실현은 전 역사를 통해서 항상 존재하는 것은 아니며, 공공 생활이 〈정신〉을 너무도 결여하여 도덕성이 [인륜성보다] 더 높은 어떤 것을 표현하는 시기까지도 있다. 그러나 도덕성의 실현은 인륜성이 실현되었을 때 도래한다.

자유의 충분한 실현은, 사회가 최소한의 자족적인 인간 현실이라는 아리스토텔레스적인 이유 때문에 사회를 필요로 한다. 인륜성을 정점에 둔다는 점에서 헤겔은 —의식적으로— 아리스토텔레스를 따르고 있으며, 또한 이를 통해 고대 그리스 세계를 따르고 있다. 왜냐하면 어떠한 노력도 없이 분열 없는 인륜성을 성취하고 있었던 최후의 시대는 그리스 시대였기 때문이다. 헤겔의 인륜성이란 관념은 부분적으로는, 그의 세대가 그리스의 도시국가에서 보았던 저 표현적 통일을 재현하고자 하는 것이다. 도시국가에서 사람들은 도시에서의 집단적 삶을 자기 삶의 본질과 의미로 보았고, 도시의 공공 생활 속에서 자신의 명예를 구했으며, 자신의 보수를 도시에서의 권력과 명성에서, 그리고 자신의 불멸성을 자기에 대한 도시의 기억에서 구하고자 했다. 헤겔의 인륜성은 몽테스키외가 공화국의 원동력이라고 보았던 덕성에 대한 헤겔적 표현이었다. 헤겔은 그의 세대와 똑같이 이러한 인륜성이 그것의 최초 형태를 영원히 상실했다는 사실을 인정했지만, 그의 동시대의 많은 사람처럼 그것을 새로운 방식으로 재생시킬 것을 열망했던 것이다.

## 3. 인륜적 실체

공동체의 일원으로서만 우리의 가장 완전한 도덕적 실존에 도달할 수 있다는 이념을 통해 우리는 근대 자연법의 계약설이라든가 사회를 일반적 행복의 도구로 간주하는 공리주의적 견해를 초월할 수 있게 된다. 왜냐하면 이러한 사회들은 우리에게 부과될 수 있는 최고의 요구의 원천이 아님은 물론, 독립적인 여러 의무의 초점도 아니기 때문이다. 이러한 사회들의 존재는 이미 존재하고 있는 여러 도덕적 의무에게, 예컨대 약속을 지킨다든가 최대 다수의 최대 행복의 촉진이라든가에 하나의 특수한 형식을 부과했을 뿐이다. 이에 반해 인륜성을 도덕 생활의 정점에 두는 학설은, 앞에서 사용된 표현을 다시 빌리자면 인간이 그것의 일원으로서 참여하는 더 큰 공동체적 생명으로서의 사회라는 관념을 필요로 한다.

그런데 이러한 관념은 개인이 아니라 여러 개인을 구성 요소로 하는 생명 또는 주체성의 장으로서의 공동체를 강조한다. 공동체는 〈정신〉의 구체화이며 개인보다도 충실하며 실체적인 구체화이다. 개인을 초월한 이러한 주체적 생명이라는 이념이 헤겔 철학에 대한 많은 저항의 원천이었다. 왜냐하면 그것은 적어도 앵글로·색슨 세계(어떤 일정한 철학적 전통에 의해 육성된)의 상식으로는, 사변적인 의미에서 기상천외의 것이었을 뿐 아니라 개인과 그의 자유를 '더 높은' 공공의 신성한 제단에 희생시키는 '프러시아적'이고 심지어 '파시스트적'이기까지 한 귀결을 갖기에 도덕적으로 극히 위험한 것으로 생각되었기 때문이다. 따라서 우리는 더 나아가기 이전에 이러한 사회관과 이러한 사회에 대한 개인의 관계를 음미해야만 할 것이다. 실로 우리는 헤겔의 객관 〈정신〉이란 관념에 곤란한 점이 없지 않다는 사실을 알게 될 것이다. 그러나 그러한 관념의 터무니없음은 경험론적 전통에 속하는 원자론적 사상이 파악한 것과는 다른 데서 비롯된다.

헤겔은 인간과 공동체의 이러한 관계를 특징짓기 위해 몇 개의 용어들을 사용하고 있다. 가장 자주 나타나는 용어 가운데 하나는 '실체'라는 용어이다. 국가 또는 민족은 여러 개인들의 '실체'이다. 이러한 이념은 『철학적 학문의 백과사전』에서 명확히 표현되고 있다.

> "자기 자신을 자유롭다고 인식하는 실체 ─그 실체에서는 절대적 '당위'는 **존재**이기도 하다─ 는 **민족**정신으로서의 실재성을 갖는다. 이러한 〈정신〉의 추상적 분할이 여러 인격에로의 개별화이며, 〈정신〉은 이러한 인격들의 독립된 존재를 지배하는 내적 힘이자 필연성이다. 그러나 사유하는 지성으로서의 인격은 이러한 실체를 자기 자신의 본질로서 인식하며 ─이

러한 확신Gesinnung에서 그는 이러한 실체의 우연한 속성이기를 그친다—그는 이러한 실체를 현실에 존재하는 절대적이고 궁극적인 목표로서, 그리고 **지금 여기에서** 성취되어야 할 목표로서 간주하며, 다른 한편으로 그는 **이러한 실체를 자신의 활동에 의해서 실제로 존재하는 어떤 것으로서 실현하는 것이다"**(*EG*, §514).[13]

우리는 이 인용문의 끝부분에서 인륜성의 저 근본적 특성, 즉 동시에 이미 실현되어 있는 목표, 성취되는 것이면서도 존재하고 있는 목표를 제공한다는 사실에 대한 언급에 주목할 수 있다. 그러나 여기에서 주목할 만한 가치가 있는 것은 '실체'에 대해서 설명하는 일련의 개념들이다. 헤겔이 말하는 바에 따르면, 공동체는 또한 개인들에 대해서 '본질'이며 '궁극적 목표'이다.

'실체'와 '본질'이란 개념의 이면에 있는 사상은, 개인들은 공동체에 속함으로써 자기 자신일 수 있다는 것이다. 이러한 사상은 『역사에서의 이성』에서 다음과 같이 언급되고 있다. "인간은 자신의 모든 것을 국가에 빚지고 있다. 그는 국가에서만 자신의 본질을 발견할 수 있다. 인간은 그가 소유하는 모든 가치, 모든 정신적 현실을 국가를 통해서만 소유한다"(111). 또는 보다 직접적으로 (헤겔은 이렇게 말하고 있다) "개인은 이러한 실체에서만 개인이다. … 어떠한 개인도 (그것을) 초월할 수 없다. 그는 분명히 다른 특수한 개인으로부터 자신을 분리할 수는 있지만 민족정신 Volksgeist으로부터는 분리할 수 없다"(*VG*, 59-60).

---

13    또한 *PR*, §145, 156, 258 참조.

'궁극적 목표Endzweck'의 이면에 있는 관념은 보다 불길한 것으로 생각된다. 그것은 개인들은 무자비한 몰로크Moloch[14], 즉 국가에 헌신하기 위해서만 존재한다는 의미를 함축하고 있는 것처럼 생각되기 때문이다. 이러한 사상은 『법철학 강요』 §258의 다음 구절에서 보다 명확히 드러나는 것 같다. "이러한 실체적 통일은 그 자체가 절대적으로 확고한 목적이며, 이러한 목적에서 자유는 자신의 최고의 권리를 누리게 되는 것이며 개인의 최고의 의무는 국가의 일원이 되는 것이다." 그러나 이러한 구절을 국가주의적으로 해석하는 것은 중대한 오해에 기초해 있다. 헤겔은 실제로 국가가 개인을 위해 존재한다는 것을 부정한다. 달리 말해서, 그는 국가가 도구적 기능밖에 갖지 않으며 국가는 개인들의 이익에 봉사해야 한다는 계몽주의의 공리주의적 이념을 거부한다. 그러나 헤겔은 이것과 정반대의 명제를 받아들일 수도 없다.

> "국가는 시민들을 위해서 존재하는 것이 아니다. 국가는 목표이고 시민들은 도구라고 사람들은 말할지도 모른다. 그러나 이러한 목적과 수단의 관계는 여기에서는 전적으로 부적합하다. 왜냐하면 국가는 시민들에 대립하는 추상적인 것이 아니기 때문이다. 오히려 시민들은, 어떤 부분도 목적이 아니며 어떤 부분도 수단이 아닌 유기적 생명체에서처럼 (전체의) 계기들이다. … 국가의 본질은 인륜적 생명die sittliche Lebendigkeit이다"(VG, 112).

오히려 우리는 여기에서 목적과 수단이란 관념들이, 살아 있는 존

---

14    [역주] 구약 성서에 나오는 이방신이며, 신자들이 자신의 아이를 희생물로 바치기도 했다.

재라는 관념에 의해 대체되고 있는 것을 본다. 국가 또는 공동체는 더 높은 생명을 갖는다. 그것의 모든 부분이 유기체의 부분들처럼 서로 연관되어 있다.[15] 따라서 개인은 자신과 별개의 목적에 봉사하는 것이 아니다. 오히려 그는 자신의 정체성의 근거인 더 큰 목표에 봉사하는 것이다. 그는 이러한 더 큰 생명에서만 자기 자신일 수 있기 때문이다. 우리는 자기의 목표self-goal와 타자의 목표other-goal의 대립을 초월한 것이다.

헤겔은 살아 있는 것으로서의 공동체란 관념에 '자기의식'으로서의 공동체란 관념을 덧붙인다. 그리고 이것이 〈정신〉과 민족정신이라는 용어의 사용과 함께 헤겔의 국가 또는 공동체는 초개인적인 것이라는 오해를 불러일으켰다. 그러나 그가 '자기의식'이라는 용어를 도입하고 있는 『역사에서의 이성』의 한 구절에서는, 자기의식이라는 용어를 여러 개인에게 적용되는 것으로서 말하고 있지 민족정신에 적용되는 것으로서 말하고 있지는 않다는 사실을 분명히 하고 있다. 오히려 그것은 '철학적 개념'(61)이다. 개인보다 큰 어떤 〈정신〉과 마찬가지로 그것은 여러 개인적이고 구체적인 주체라는 매개물을 통해서만 존재할 수 있다.[16] 따라서 그것은 그러한 개인적 주체들과 유사한 주체는 아니다.

그러나 헤겔은 왜 개인보다 큰 정신에 대해서 말하려 하는가? 개인은 더 큰 생명의 일부이며 그것에 속하며, 또한 개인은 그것에 속해 있을 경우에만 자기 자신일 수 있다는 말은 무엇을 의미하는가?

---

15    『논리학』의 용어를 빌리면, 외적 목적론(External Teleology)이라는 범주는 여기에서 적합하지 않다. 국가는 오직 내적 목적론(Internal Teleology)에 의해서만 이해될 수 있다.

16    PR, §258에서 헤겔은 "일단 개별적인 자기의식이 자신의 보편성에로 고양되면, 그러한 특별한 자기의식에서 … 실체적 의지의 현실성"을 갖게 되는 국가에 대해서 말하고 있다(강조 표시는 테일러에 의한 것임).

이러한 이념들은 근대의 정치사상과 문화에서 매우 중요한 위치를 차지했던 원자론적 편견이 여전히 우리를 강력히 사로잡고 있기 때문에 신비적인 것으로 나타날 수밖에 없다. 우리는 개인을 [생물학적] 유기체로서 생각할 경우에만 그를 공동체로부터 추상한 상태에서 그 자신이라고 생각할 수 있다. 그러나 우리가 인간 존재를 생각할 때, 우리는 단순히 하나의 살아 있는 유기체를 의미하는 것이 아니라 사유하고 느끼며 결정하고 감동을 받으며 반응을 보이고 다른 사람들과 관계를 맺을 수 있는 존재를 의미한다. 그리고 이 모든 것은 언어를, 즉 세계를 경험하고 자신의 감정들을 해석하며 다른 사람들, 과거, 미래, 절대자 등에 대한 자신의 관계를 이해하는 일련의 방식들을 함축한다. 우리가 그의 정체성이라고 부를 수 있는 것은 그가 이러한 문화적 세계에서 태도를 취하는 특수한 방식이다.

　　그런데 언어는, 그리고 우리의 경험과 해석의 근저에 있는 서로 관련된 일련의 구별들은 공동체 속에서만 성장하며 그것에 의해서만 유지될 수 있는 것이다. 그런 의미에서 우리는 문화적 공동체에서만 인간 존재로서의 자기 자신일 수 있다. 일단 우리가 어떤 문화 속에서 충분히 성장하면 아마 우리는 그것을 떠나서도 그것의 많은 것을 유지할 수 있을지도 모른다. 그러나 이러한 경우는 예외적인 경우이며 주변적인 의미밖에 갖지 못한다. 국외 이주자emigrés는 자신의 문화대로 살아갈 수 없으며, 그들은 항상 자신들이 편입된 새로운 사회의 풍습을 약간이라도 받아들이도록 강요된다. 언어와 문화라는 생명은 개인보다 큰 장場을 갖는 것이다. 그것은 공동체 속에서 생긴다. 개인은 이러한 커다란 생명에 참여함으로써 자신의 정체성을 소유한다.

내가 언어와 [경험의] 상호 관련된 구별들은 공동체에 의해서만 지탱될 수 있다고 말할 경우, 나는 언어를 단순히 전달 수단으로 생각하고 있는 것이 아니다. 그럴 경우에 우리의 경험은 전적으로 사적인 것에 머물며, 따라서 경험을 서로 전달하기 위한 공적인 매체가 있어야 할 것이다. 도리어 우리의 경험은 우리가 그것을 해석하는 방식에 의해서 경험되는 것이며, 부분적으로는 해석하는 방식에 의해서 형성된다. 그리고 이것(해석하는 방식)은 우리의 문화에서 사용되는 용어와 깊은 관계가 있다. 그러나 그뿐만 아니다. 우리의 가장 중요한 경험 중의 많은 것은 사회 밖에서는 불가능할 것이다. 왜냐하면 그러한 경험들은 사회적인 대상들과 관련되어 있기 때문이다. 예컨대 의식儀式에 참여하고, 사회의 정치 생활에 관여하며, 자기 팀의 승리를 기뻐하고, 죽은 영웅에 대해서 국가적인 차원에서 슬퍼하는 등의 경험들이 그와 같은 것이다. 이러한 모든 경험과 감정은 본질적으로 사회적이며, 사회 밖에서는 존재하지 않는 대상들을 갖는다.

이처럼 우리 사회의 문화는 우리의 사적 경험을 형성하고 우리의 공적 경험을 구성하며, 이러한 공적 경험이 다시 사적 경험과 깊이 상호 작용한다. 따라서 사회라는 더 큰 생명에 참여함으로써 또는 —자주 일어나는 경우지만 우리와 그러한 생명과의 관계가 무의식적이며 수동적이라고 해도— 그러한 생명 속에 몰입함으로써 우리가 자기 자신일 수 있다고 말하는 것은 터무니없는 주장이 아니다.

그러나 물론 헤겔은 이것 이상의 것을 말하고 있다. 왜냐하면 사회에 대한 나의 이러한 불가피한 관계가 가장 극단적인 소외를 배제하지는 않기 때문이다. 이것은 사회에 대한 나의 공적인 경험이 나에게 어떠한 의미도 갖지 못할 때 일어난다.

헤겔은 이러한 가능성을 부정하려고 하기는커녕 소외론을 최초로 전개했던 사람 중의 하나였다. 헤겔의 논지는 공적 경험의 대상들 ―의식, 축제, 선거 등― 은 자연의 사실과 같은 것이 아니라는 것이다. 그러한 대상들은 그것들이 일으키는 경험으로부터 전혀 분리될 수 없기 때문이다. 그것들은 부분적으로는 그것들의 근저에 있는 여러 이념과 해석에 의해서 구성된다. 교회라든가 근대적인 선거에서의 투표와 같은 특정한 사회적 실천은, 항아리에 돌을 집어넣고 종이에 도장을 찍는 것을 하나의 사회적 결정으로 해석하는 일련의 공공적인 이념과 의미 때문에 사회적인 실천이 되는 것이다. 모든 제도가 갖는 이러한 이념들은 제도를 규정하는 데 있어서 본질적이다. 만약 항아리에 돌을 집어넣는 것이 다른 활동이 아닌 투표가 되려면, 그러한 이념들은 본질적인 것이다.

그런데 이러한 이념들은 보편적으로 받아들여질 수 있고 이해될 수 있는 성질의 것이 아니다. 그것들은 인간, 사회, 그리고 의사 결정에 대한 일정한 견해를, 예컨대 다른 사회에서는 악이라든가 이해할 수 없는 것으로 생각될지도 모르는 견해를 포함한다. 투표에 의해서 사회적 결정을 하는 것은 개인들의 의사 표시를 통해 공동체적인 결정을 확립하는 것이 정당하며 적절하고 현명한 것이라는 견해를 함축한다. [그러나] 많은 전통적인 촌락 사회와 같은 약간의 사회에서는 사회적 결정은 전원의 합의에 의해서만 이루어질 수 있다(또는 있었다). [따라서 투표에 의한] 이런 종류의 원자론적 결정은 [그러한 사회에서는] 사회적 유대를 해소시키는 것과 동일하며, 따라서 하나의 사회적 결정으로 간주되지 않을 것이다.

이처럼 어떤 인간관과 사회와 인간의 관계에 대한 견해는 사회적인 실천과 제도에 함축되어 있다. 따라서 우리는 이러한 실천과 제도를 어떤 일정한 이념을 표현하는 것으로 생각할 수 있다. 그뿐 아니라 만약 사회가 자신에 대해 상대적으로 명확하고 정확한 이론을 전개하지 않는 다면, 그러한 실천과 제도가 이러한 이념의 유일한 또는 가장 적합한 표현일지도 모른다. 어떤 일정한 실천의 근저에 있으면서 그러한 실천을 사회적 실천으로 만드는 이념들, 예컨대 종이에 도장을 찍는 것을 하나의 사회적 결정을 내리는 것으로 만드는 이념들은 인간과 의지와 사회 등에 관한 명제들을 통해 적합하게 설명되지 않을지도 모른다. 실로, 적합한 이론적 언어는 아직 미개발 상태일지도 모른다.

이러한 의미에서 우리는 사회의 여러 제도와 실천을 사회의 기본적 이념들이 표현되는 언어로 생각할 수 있다. 그러나 이러한 언어에서 '말해지는' 것은 단지 어떤 개인들의 마음속에만 있을 수 있는 이념들이 아니다. 그러한 이념들은 오히려 사회의 집단적 생활 가운데, 즉 사회와 불가분한 여러 실천과 제도 가운데 함축되어 있는 것이며 공적인 것이다. 그러한 실천과 제도 속에 사회의 정신이 대상화되어 있다. 그것들은 헤겔의 용어를 빌리면, '객관정신'이다.

이러한 제도들과 실천들이 사회의 공공 생활을 형성한다. 어떤 일정한 규범들이 그것들 속에 함축되어 있으며 유지될 것을 요구한다. 투표가 사회적 결정을 위한 일련의 수속이라는 사실 때문에, 문서 위조에 대한 일정한 규범과 개인적 결정의 자율 등이 그것으로부터 불가피하게 도출되는 것이다. 사회적인 공공 생활을 위한 규범들이 인륜성의 내용이다.

우리는 이제, 헤겔이 사회의 목적과 규범에 대해서 그것들이 우리의 행위에 의해서 유지되면서도 이미 존재하는 것이며, 따라서 사회의 구성원은 "그것들을 자신의 활동에 의해서 그러나 단적으로 이미 존재하는 것으로서 산출한다"(*EG*, §514)라고 말할 때 그가 무엇을 의미하고 있는지를 보다 잘 알 수 있다. 이러한 실천과 제도는 진행 중인 인간의 활동에 의해서만 유지되는데, 그럴 수밖에 없는 것은 우리의 장래의 행위가 조장하려고 노력하지 않으면 안 되는 규범이 어떠한 것인지를 명확히 표현하고 있는 것은 진행 중인 실천뿐이기 때문이다. 이러한 사실은 특히 헤겔의 견해로는 절정기의 그리스의 도시국가에서 그랬던 것처럼 아직 규범에 대한 이론적 정식화가 없는 경우에 타당하다. 아테네인은 '소위 본능으로부터'(*VG*, 115) 행동했던 것이며, 그의 인륜성은 그에게 '제2의 천성'이었다. 그러나 비록 이론이 있었다 해도 그것은 기준으로서의 실천을 대체할 수는 없다. 왜냐하면 어떠한 이론적 정식화도 이런 종류의 사회적 실천 속에 포함되어 있는 것을 완전히 표현할 수는 없기 때문이다.

여러 사회는 실현되지 않은 표준을 충족시키려고 노력할 때, 예컨대 '사회주의를 건설'하려 한다든가 충분히 '민주적인' 사회가 되려고 노력할 때 실천보다는 오히려 이론적으로 정식화된 가치를 자신의 규범으로 내세운다. 그러나 이러한 목표들은 도덕성의 영역에 속한다. 인륜성은 현행의 여러 실천이 근본적 규범의 적합한 '진술'이라는 사실을 전제한다. 단지 근대의 국가 철학의 경우에 한정된다 해도 헤겔은 이론적 정식화를 [실천을] 반성하는 것으로 본다. 이러한 사실로부터 우리는 최고의 윤리에 의해서 추구되는 목적이 이미 실현되어 있다는 헤겔의 주장이 갖는 중요성을 알게 된다. 그것은 최고의 규범들이 현실적인 것 속에서 발견된다는 것, 현실적인 것은 이성적이라는 것, 우리는 청사진을 통해 새로운 사회를 건설하려고 하는 터무니없는 시도를 피해야 한다는 사실을 의미한다. 헤겔은 다음과 같이 생각하는 사람들에 대해서 강력히 반대한다.

> "국가 철학은 … 이론을 발견하고 공표하는 임무를 … 갖는다. 이러한 이념과 그것에 따른 행동을 음미해 보면, 우리는 세상에는 일찍이 국가도 헌법도 존재한 적이 없고 이제 … 우리는 처음부터 다시 시작해야 하며, 인륜적 세계는 그러한 계획, 증명, 그리고 조사를 고대해 왔다고 생각할지도 모른다"(*PR*, preface, 4).

그리스인들이 누렸던 인간에게 가장 행복하고 소외되지 않은 생활에서 사회의 공공 생활 속에 포함된 여러 규범과 목적이 가장 중요한 것이며, 그 규범과 목적에 의해서 사회의 구성원들은 인간 존재로서의 자신의 정체성을 규정한다. 왜냐하면 그러한 경우에는 사회 구성원들이 거기에서 살지 않을 수 없는 제도적 틀이 자신들에게 낯선 것으로 느껴지지 않기 때문이다. 오히려 그것은 자기의 본질이며 '실체'인 것이다. "이처럼 각 개인은 보편적 정신 속에서 자기 확신을, 즉 존재하는 현실 속에는 자기 자신 이외의 어떤 것도 발견되지 않을 것이라는 확신을 갖는다"(*PhG*, 258). 또한 이러한 실체는 시민들의 활동에 의해서 지탱되는 것이며, 그들은 그것을 자신들의 작품으로 간주한다. "이러한 실체는 또한 모든 사람의 행위에 의해서 그들의 통일과 평등으로서 산출되는 보편적인 작품 Werk이다. 그것은 자신을 의식하는 존재Fürsichsein, 자기, 행위das Tun이기 때문이다"(*Ibid.*, 314). 이러한 국가에서 사는 것은 자유롭다는 것을 의미한다. 사회적 필연성과 개인적 자유와의 대립은 소멸한다. "이성적인 것은 실체에 속하는 것으로서 필연적이며, 우리가 그것을 법칙으로서 승인하고 우리 자신의 본질의 실체로서 그것에 따르는 한 우리는 자유이다. 그때에는 객관적인 의지와 주관적인 의지는 서로 화해하며 하나의 조화로운 전체를 형성할 것이다"(VG, 115).

그러나 소외는 공통적인 실천이나 제도를 규정하는 여러 목표나 규범 또는 목적이 부적합하며 심지어 기괴하다고까지 생각될 때, 또는 규범들이 재규정되어 실천이 그러한 규범들의 희화戲畵처럼 나타날 때 일어나는 것이다. 많은 종교적 실천이 역사상 최초의 운명 [즉 죽음]을 겪었다. 그러한 종교들은 다음 세대들에게는 '죽은 것'이며, 불합리하고 불경건한 것으로까지 보일지도 모른다. 그것들이 공적인 의식儀式의 일부로 머무는 한, 사회에는 소외가 광범하게 존재하게 된다. 우리는 스페인과 같은 현대의 몇몇 사회를 그 예로 떠올릴 수 있다. 스페인은 공식적으로는 가톨릭 국가이지만, 주민의 대부분은 반교회적이다. 또는 공산주의하의 몇몇 사회들을 떠올릴 수 있는 바, 이러한 사회들은 비록 시민들 다수가 신을 믿고 있더라도 무신론을 공적인 종교로 하고 있다.

그런데 서구 사회의 민주적 실천은 우리 시대에 제2의 운명적 죽음과 같은 것을 겪고 있는 것 같다. 많은 사람은 투표, 선거, 의회 등과 같은 제도들의 정당성을 인정할 수 없으며, 그것들을 사회적 결정의 매체로 받아들이지 못한다. 그들은 개인과 사회에 대한 그들의 생각을 바꾼 것이며, 대규모적인 투표제가 개인적 결정과 사회적 결과 사이에서 산출하는 매개와 거리를 그들이 받아들일 수 없게 된 것이다. 무엇이 문제가 되고 있는지를 사회 구성원 모두가 충분히 의식하고서 행하는 충분하고도 심도 있는 토론을 통해 이루어지지 않은 어떠한 결정도 참된 사회적 결정이라고 주장할 수 없다. 선택된 대표자들에 의해서 행해진 결정들은 사기로, 즉 그 스스로를 전원 합의로 가장하는 조작으로 낙인찍힌다. 집단적 결정(단순히 국민을 위해서가 아니라 국민에 의해서 행해진 결정)의 규범에 관한 이러한 규정들을 통해 현재의 대의 제도는 기만으로 간주되기 시작하고 있다. 그리고 인구의 상당 부분은 그러한 제도로부터 소외되고 있다.

그 어느 경우든 공적 실천에서 표현되고 있는 규범들은 우리의 충성을 받지 못하고 있다. 그러한 규범들은 현실에 맞지 않는다든가 (권리의) 침해로서 간주된다. 이것이야말로 소외이다. 이러한 소외가 일어나면, 사람들은 무엇이 자신들에게 참으로 중요한 것인지를 규정하기 위해 다른 곳으로 눈을 돌리지 않을 수 없다. 그들은 때로는 다른 사회로, 예컨대 보다 작고 보다 긴밀한 종교적 공동체로 향한다. 그러나 헤겔이 보기에 역사적으로 극히 중요했던 또 다른 가능성은 그들이 자신의 책임하에 행동을 하며, 개인으로서 자신의 정체성을 규정하는 것이다. 개인주의가 나타나는 것은, 헤겔이 『역사에서의 이성』에서 말하고 있듯이 사람들이 공동체적 삶과 일체이기를 그칠 때 —그들이 '반성할' 때— 즉 자기 자신에게로 귀환하여 자기 자신을 여러 개인적 목표를 갖는 개인으로서 가장 중시할 때이다. 이것이 민족Volk과 그 생명이 해체되는 계기이다.

여기에서 일어나는 것은 개인이 자신의 정체성을 사회의 공적인 경험에 의해서 규정하는 것을 그치는 것이다. 오히려 그에게 있어서 극히 중요하며 그의 존재의 핵심에 깊이 영향을 미친다고 생각되는 가장 유의미한 경험은 사적인 것이다. 공적인 경험은 그에게는 부차적이고, 편협하며, 자기 자신의 일부에만 영향을 미치는 것처럼 생각된다. 만일 그러한

제2장

공적인 경험이 이전과 같이 중심적인 지위를 요구한다면, 개인은 그것과의 갈등에 돌입하며 그것과 싸우지 않으면 안 될 것이다.

이러한 종류의 전환은 역사상 여러 번 일어났지만, 헤겔은 그리스 도시국가의 붕괴를 가장 전형적인 사건으로 보고 있다. 그리스의 도시국가에서는 사람들은 도시국가의 공공 생활과 그것의 공통적인 경험들과 일체였던 것이다. 그들의 가장 근본적이고 침범할 수 없는 가치들은 이러한 공공 생활 속에 구체화된 것들이며, 따라서 그들의 중대한 의무와 덕성은 이러한 생활을 계속해서 유지하는 것이었다. 달리 말해, 그들은 자신들의 인륜성에 입각하여 생활했던 것이다. 그러나 이러한 도시국가에서의 공공 생활은 협소하며 편협한 것이었다. 그것은 보편적인 이성과는 일치하지 않았다. 소크라테스와 더불어, 자기 삶의 근거를 편협한 것에 즉 단순히 주어진 것에 두는 데 동의할 수 없는 한 인간의 도전이 나타났다. 소크라테스는 인륜성의 이념, 즉 누구든 충성을 바쳐야 하는 법률의 이념을 받아들이기 때문에 그 자신이 심각한 모순을 표현하고 있다. 더욱이 그는 법률의 이념을 보편적인 이성으로부터 끌어낸다. 그는 이성에 대한 그의 충성심 때문에 아테네의 현실적인 법률들을 기꺼이 받아들일 수 없다. 오히려 그는 그러한 법률들의 토대를 무너뜨린다. 그는 청년들에게 [현실적인] 법률을 궁극적인 것으로 생각하지 말고 의심하라고 설득한다. 그러나 다른 한편으로 그는 법률에 대한 그의 충성심 때문에 사형을 받아들인다.

이제 이러한 공공 생활과 일체가 될 수 없는 새로운 유형의 인간이 나타난다. 그는 주로 공공 생활이 아니라 보편적인 이성에 대한 자신의 파악을 더 중시하기 시작한다. 그가 이제 따라야 한다고 느끼는 규범들은 어떠한 현실에도 구체화되어 있지 않다. 그것들은 현실을 초월해 있는 이념이다. 반성하는 개인은 도덕성의 영역 내에서 산다.

물론 자기의식적인 개인조차 어떤 종류의 사회든 간에 사회와 관계를 맺는다. 사람들은 도덕적 존재로서의 자기 자신을 어떤 공동체에, 즉 스토아 학파의 인간과 신들의 나라와 기독교인들의 신국에 속하는 것으로서 생각했다. 그러나 그들은 이 나라를 지상의 나라와는 전혀 다른 것 또는 그것을 초월해 있는 것으로 보았다. 또한 그들은 자신들의 일체성을 확인하는 언어를 힘들여서 만들고 유지시켰지만, 그러한 공동체는 분산적이었으며 무력했다. 이성적인 또는 신을 두려워하는 개인이라는 자신들의 정체성의 기초가 되었던 공적인 생활은 극히 빈약한 것이었다. 따라서 한 인간의 생활에서 가장 중요한 것은 그가 개인으로서 행위하고 생각하는 것이었으며, 현실적인 역사적 공동체에 참여하는 것이 아니었다.

어떠한 경우든, [스토아 학파의] 현자들의 공동체는 성인들의 공동체와 똑같이 역사상 외적이며 자족적인 존재를 갖지 못했다. 오히려 공적인 영역은 사적이며 정당화되지 않은 영역에 양도되었다. 이것이 도시국가 이후에 일어난 여러 세계 제국, 특히 로마 제국 시대에 대한 헤겔의 묘사이다. 인류성의 통일은 이 세계에서 사라져 공허한 피안으로 이행했던 것이다.

그러면 헤겔은 [도덕성에 대한] 인류성의 우위라는 테제와 그것과 연관된 '인류적 실체', 인간이 참여하지 않으면 안 되는 정신적 생활로서의 공동체라는 관념으로 무엇을 말하고자 하는 것인가? 우리는 그것을 논박될 우려가 큰 순서에 따라서 다음 세 개의 명제로 표현할 수 있다. 첫째로, 인간에게 가장 중요한 것은 공적 생활과의 관계에서만 확보될 수 있으며 소외된 개인의 사적인 자기 규정에서는 확보될 수 없다. 둘째로, 이러한 공동체는 협소한, 예컨대 더 큰 사회에 의해서 제약되고 관리되고 제한되는 비밀 집회 또는 사적인 회합이어서는 안 된다. 그것은 최소한의 자족적인 인간적 영역, 즉 국가이지 않으면 안 된다. 적어도 우리에게 중요한 약간의 규범을 표현하는 공적인 생활은 국가의 공적 생활이어야만 한다.

셋째로, 국가의 공적 생활은 그것이 표현하는 여러 규범과 이념이 단순히 인간의 발명품이 아니기 때문에 인간들에게 결정적인 중요성을 갖는다. 오히려 국가는 '이념', 즉 사물들의 존재론적 구조를 표현한다. 요컨대 국가가 극히 중요한 것은 그것이 이러한 존재론적 구조, 다른 한편으로 헤겔이 '절대정신'이라고 부른 의식의 형태로서 존재하는 것에 대해서 인간이 갖는 본질적 관계를 회복하는 불가결한 방식 중의 하나이기 때문이며, 또한 공동체의 생활에 의한 [절대정신과의] 이러한 현실적 관계는 인간과 절대자의 의식적 일체성(이것은 또한 절대자의 자기 동일성을 의미한다)으로의 복귀를 완성하는 데 있어서 본질적으로 중요하기 때문이다.

이러한 세 가지 명제는 분명히 서로 연관되어 있다. 세 번째의 명제는 첫 번째 명제와 두 번째 명제의 근저에 깔린 근거이다. 만약 인간이 우주적 정신의 매체로서 자신의 참된 정체성을 확보하려면, 그리고 만약 이러한 정체성이 표현되는 불가결한 매체 중의 하나가 그의 정치적 공공 생활이라면 그가 이러한 공공 생활과의 관계에서 자기를 확인하는 것이 본질적인 것이 된다. 그는 사적인 또는 종파적인 정체성의 소외를 초월해야 한다. 왜냐하면 이것들은 그를 절대자에 충분히 결합시킬 수 없기 때문이다.

공동체에 대해서 말하면서 '실체', '본질', 궁극적 목적, 자기 목적과 같은 용어들을 헤겔이 사용하는 데는 다음과 같은 일련의 관념들이 배후에 숨겨져 있다. 첫째로, 공동체의 공공 생활을 형성하는 일련의 실천과 제도는 그러한 구성원들의 정체성과 관련하여 가장 중심적이고 가장 중요한 규범을 표현하는 것이며, 구성원들은 이러한 실천과 제도에 참여함으로써만 자신들의 정체성을 유지하며, 구성원들은 그러한 참여에 의해서 이러한 실천과 제도를 영속시킨다. 둘째로, 이러한 공동체는 국가, 즉 참으로 자족적인 공동체이다. 그리고 셋째로, 이러한 공동체는 〈이념〉, 즉 인간과 그의 세계의 근저에 있는 이성적 필연성을 표현하기 때문에 그렇게 중심적 역할을 갖는 것이다.

이처럼 헤겔의 국가론에서 [우리에게] 낯설고 논쟁할 여지가 있는 점은, 사람들을 감싸고 있는 더 큰 생명이라는 관념이라든가 사회의 공공 생활은 어떤 이념을 표현하는데 이러한 이념은 사회 전체의 이념이고 단순히 개인들의 이념은 아니므로 우리는 국민이 어떤 '정신'을 갖고 있다고 말할 수 있다는 생각이 아니다. 왜냐하면 대부분의 인간 역사를 통해서, 사람들은 자기 자신의 사회의 공공 생활에 표현된 의미와의 관계 속에서 가장 치열하게 살아왔기 때문이다. 과장된 원자론만이 소외된 인간 조건을 인간에게 불가피한 규범처럼 생각할 수 있을 뿐이다.

그러나 헤겔에게서 납득하기 어려운 주장은 인간이 우주적 정신의 매체라는 그의 근본적인 존재론적인 견해와, 국가는 이러한 정신이 세계를 정립하는 척도인 이성적 필연성을 표현한다는 주장이다.

달리 말해 민족정신, 즉 여러 이념을 제도들 속에 표현하는 ─이러한 제도들에 의해서 사람들은 자신의 정체성을 규정하게 된다— 민족정신이라는 관념은 충분히 납득할 수 있는 관념이다. 그리고 만약 우리가 인간 역사에서 진행되어 왔던 것을 이해하려면 민족정신이라는 관념은 본질적이다. 우리가 믿기 어려운 관념은 사람들이 —따라서 또한 각각의 특유한 민족정신들이— 인간을 통해서 자기의식으로 복귀하는 우주적 정신의 매체라는 관념이다.

이상에서 보듯, 자주 믿어지는 것과 같은 사회에 대한 헤겔의 기묘하기 짝이 없는 초개인적 주체란 것은 존재하지 않는다. 인간을 매체로 하는 우주적 주체라는 극히 난해한 주장이 있을 뿐이다. 이러한 주장은 사회에서의 인간에 대한 이론 안에 섞여 있으며, 이러한 인간에 대한 이론 자체는 결코 수긍하기 어려운 것도 아니고 기괴하지도 않다. 확실히 그것은 헤겔에 대한 자유주의적 반대자들의 원자론적 사상보다 뛰어난 것이다.

따라서 충분히 이성적인 국가는 여러 제도와 실천 속에서 시민들이 인정하고 또한 자신의 정체성을 규정하는 근거인 가장 중요한 이념과 규범을 표현하는 국가일 것이다. 이는 이성적인 인간이 만물의 근저에 있는 이성적 필연성이라고 보게 되는 〈이념〉을, 또한 인간을 통해서 자기의식에 도달하도록 운명 지어져 있는 〈이념〉을 국가가 표현하고 있기 때문일 것이다. 따라서 이성적인 국가는 인륜성, 즉 공적 생활에서 최고 규범들의 구체화를 회복할 것이다. 그것은 그리스에서 상실했던 것을 더 높은 수준에서 회복할 것이다. 왜냐하면 충분히 발달한 국가는 보편적인 기준에 의해서 판단하는 개인의 이성적 의지라는 원리, 즉 그리스의 도시국가를 붕괴시켰던 원리를 구체화할 것이기 때문이다.

    개성과 인륜성의 이러한 통일은 우리가 〈이념〉으로부터 연역해 낼 수 있는 하나의 요구이다. 그러나 이것은 또한 칸트의 근본적인 도덕적 자율과 그리스의 도시국가의 표현적 통일을 어떻게든 통일하려고 하는 당시의 열망을 헤겔이 정식화하고 그것에 대해서 답하는 방식이기도 하다. 이러한 난문에 대한 헤겔의 해답은 우리가 본 것처럼, 자율에 대한 초근대적인 열망과 사회의 기초로서의 우주적 질서에 대한 새로운 통찰의 특이하면서도 독창적인 결합이었다. 이 결합은 근본적 자율이라는 이념과 그것의 중심을 인간에서 〈정신〉으로 이행시킴으로써 우주적 질서를 도출해 내었다고 말할 수 있을 것이다. 다음에는 그것이 역사에서는 어떻게 전개되는지를 보자.

## 4. 역사의 목표

따라서 〈정신〉의 완성은 이성을 충분히 실현하고 구체화하는 공동체의 성장을 필요로 한다. 또한 〈정신〉은 자기 자신을 실현하기 위해 공간과 시간의 세계를 정립하기 때문에, 이러한 완성과 그에 따른 이성의 공동체 또한 역사의 목표라고 볼 수 있다. 이러한 방식으로 헤겔이 『역사에서의 이성』에서 역사의 목표에 대해서 말하고 있다.

"그 목표는 (〈정신〉)이 완성된 상태에서의 자기 자신을 알기 위해서 나아가는 것, 그것이 자신의 참된 모습을 자신 앞에 현현顯現하게 한다는 것을 알게 되는 것이다. ― 목표는 그것이 그것 자신(즉 세계)의 개념에 적합한 정신적 세계를 현현하게 하는 것, 그것이 자신의 진리를 실현하고 완성하는 것, 자신의 개념에 적합하게 국가와 종교를 형성하는 것이다. …"(VG, 61).

이 구절에는 역사에서 〈정신〉의 목표가 갖는 두 가지 면이 표현되어 있다. 즉 〈정신〉은 자기에 대한 이해, 즉 인식에 도달하려고 노력한다. 그러나 이를 위해서 〈정신〉은 자신의 개념에 적합한 정신적 공동체(정신적 세계는 국가에서 구체화되지 않으면 안 되기 때문에, 정신적 공동체는 현실적 공동체이기도 하다)를 형성해야만 한다. 또는 "목표는 〈정신〉이 자기 자신에 대한 의식에 도달하는 것, 또는 세계를 자기 자신에 일치시키는die Welt sich gemäß mache 것이다. ―이러한 표현들은 결국은 동일한 의미를 갖는다. …"(Ibid., 74). 따라서 역사는 〈정신〉을 실현하기 위해 전개되는 것으로서 목적론적으로 이해되어야 한다. 역사에서 일어나는 것은 의미, 즉 정당화 ―실로 가장 최고의 정당화― 를 갖게 된다. 그것은 선한 것이며 신의 계획이다.

> "참된 선, 보편적인 신적 이성은 자기 자신을 실현하는 힘이기도 하다. 이러한 선, 이러한 이성은 그것의 가장 구체적인 표상에서는 신이다. 철학은 어떠한 권력도 선, 즉 신의 힘에는 이길 수 없다는 사실, 이러한 힘은 권력이 자신을 관철하는 것sich geltend zu machen을 저지한다는 사실을 통찰한다. … 세계사는 섭리의 계획 이외의 어떤 것도 제시하지 않는다. 신이 세계를 지배한다"(Ibid., 77).

역사는 섭리에 따르며, 참된 역사철학은 헤겔이 말하듯이 신의론神義論이다.

이처럼 역사는 이성과 일치하는 공동체에서 극치에 달한다. 또는 우리는 자유를 구체화하는 공동체에서 극치에 달한다고 말할 수 있을 것이다. 왜냐하면 "세계의 궁극적 목표는 〈정신〉이 자신의 자유를 의식하는 것, 따라서 이러한 자유의 최초의 완전한 실현이기"(Ibid., 63) 때문이다.

물론 이러한 자유는 개인적이고 부정적인 자유, 우리가 하고 싶은 것을 마음대로 하는 자유는 아니다. 그것은 인간이 자기 자신의 본질, 즉 이성에 따를 때 누리는 자유이다. 다른 한편으로 "개인의 자의恣意적인 선택das Belieben은 자유가 아니다. 욕구의 특수한 요소에 좌우되는 자의는 제한된 자유이다"(Ibid., 111). 실로 이성에 따르는 것은 국가의 더 큰 생명에 참여하는 것이다. "국가에서 인간은 이성적 존재를 갖게 되기"(loc. cit.) 때문이다. 물론 충분히 이성적인 국가는 사람들이 자신의 '실체'로서 인정하는 최초의 공동체는 아니다. 그렇지만 모든 중요한 역사적 발전은 국가라는 공동체들 안에서 일어난다. 국가의 외부에, 예컨대 가부장적 부족 사회에서 사는 사람들은 역사가 실제로 시작하기 이전이든 역사의 변두리에서든 전적으로 역사의 변방에 존재한다. 역사의 종말에 도래하는 것은 공동체 자체가 아니고, 오히려 '개념'에, 즉 자유와 이성에 완전히 일치하는 공동체이다.

따라서 역사의 진행은 이러한 공동체들의 연속으로 간주되는 것이며, 초기의 공동체는 후기의 공동체가 보다 적합하게 구체화하려고 하는 것의 극히 불완전한 표현이다. 헤겔은 〈정신〉의 구체화인 이러한 구체적인 공동체들을 민족정신이라고 부른다. 이러한 민족정신들이 역사의 주체이다. "우리가 여기에서 관계해야만 하는 〈정신〉은 민족정신이다"(Ibid., 59).[17]

---

17    나는 이러한 민족정신이란 개념이 사회의 초개인적 주체에 대한 어떤 특별한 교설을 포함하고 있

이처럼 〈이념〉은 역사에서, 그러나 [역사의] 단계들을 통해서 실현되며, 이러한 단계들이 역사상의 문명들이며 민족정신들이다.

"세계사는 〈정신〉의 ―그것의 최고 형태에서― 신적이고 절대적인 과정, 즉 〈정신〉이 자신의 진리와 자기 자신에 대한 자기의식에 도달하는 단계들을 통과하는 이러한 진행의 서술이다. 이러한 단계들의 형태들이 세계 사상의 민족정신들, 그것들의 인륜적 생활의 성격, 그것들의 정체正體, 그것들의 예술, 종교, 과학이다. 이러한 모든 단계의 각각을 실현하는 것이 바로 세계정신의 무한한 추진력Trieb이며, 이러한 구체화와 실현을 향한 세계정신의 불가항력의 돌진Drang이 그러한 정신의 개념이다"(*Ibid.*, 75).

마지막 문장은 이러한 일련의 단계들이 〈개념〉에 따른 필연적인 단계라는 사실을 가리킨다. 〈정신〉이 최대의 외면성으로부터 충분한 자기의식으로 이행하는 것이 그것의 자기실현에 필연적이다. 그러나 똑같은 방식으로, 도중의 단계들도 필연성에 의해서 거치지 않으면 안 되는 과정이며, 각 단계는 전개되지 않으면 안 된다. 운동의 동력은 모순, 즉 외적인 현실과 실현하도록 예정된 목표 사이의 모순이다. 모순은 주어진 어떠한 형태도 해체한다. 그러나 이러한 형태들이 갖는 모순의 특수한 본성이 결과를 결정하며, 따라서 최초 형태의 붕괴로부터 다른 형태가 발생

지 않다는 점을 거듭해서 말해 둔다. 민족정신은 역사상의 문화를 지칭하는 것인 바, 그것은 〈정신〉의 실현과 자기인식의 일정한 단계에서 그러한 〈정신〉의 구체화로 나타나는 문화이다. 근본적인 난점은 ―만약 그것이 있다면― 인간과 인간을 자신의 매체로 삼는 이러한 우주적 주체의 관계에 있다. 사람들이 〈정신〉을 구체화하기 위해 채택하는 역사상의 형태에 대해서는 문제가 없다.

제2장

한다. 이러한 다른 형태는 자신에 앞선 것의 모순을 해결한 후 자기 자신의 모순의 희생물이 되는바, 이와 동일한 사태가 역사 전체에 걸쳐서 행해진다.

　　이처럼 역사는 우리가 1장에서 묘사했던 것과 같은 변증법적 운동을 보여 준다. 그러나 출발점과 목표는 〈이념〉에 의해서, 따라서 필연성에 의해서 설정되기 때문에, 중간의 모든 단계는 필연적인 것이다. 출발점과 목표가 인정된다면 최초의 형태에서 모순의 특수한 본성은 필연적으로 출발점과 목표로부터 도출되고, 모순의 해소로부터 제2의 형태가 나타나며, 이러한 형태로부터 제2의 모순의 목표와 본성이 도출된다. 이렇게 동일한 방식으로 계속된다. 이처럼 역사는 필연적인 변증법적 계획에 따라야 한다.

　　역사의 계획은 〈이념〉의 계획이며, 〈이념〉에 대한 철학적 이해는 역사철학의 전제이다. 따라서 역사의 변증법은 〈이념〉의 자기 전개에서 개념상 필연적인 단계들을 반영하고 있는 것으로서 이해돼야 한다.

　　그러나 실제로는 역사와 논리가 서로 완전히 일치하기 어렵다는 사실이 결코 놀랄 만한 일은 아니다. 역사와 논리가 일반적 형태에서 개념적 관계들은 매우 엄밀한 선험적인 틀을 형성하기에는 너무도 많은 조합을 허용한다. 또한 역사상의 사건은 '보편적', '특수적', '개별적'과 같은 고차원의 개념들로는 너무도 많은 해석을 허용한다. 우리가 갑자기 과거에 대한 우리의 지식이 틀렸다는 사실을 발견하게 되더라도, 그러한 체계는 역사의 진행에서 극히 광범위한 변화를 수용하는 것을 허용할 것이다.[18]

---

18　　[역주] 헤겔의 개념들은 세부적인 역사적 사건까지 엄밀하게 해석하기에는 너무나 일반적이라는

그렇지만 일반적 계획에 대한 사물들의 극히 강하고 설득력까지 갖춘 통일이 존재한다. 사람들이 세부를 무시하면 무시할수록 역사철학은 더욱더 설득력을 갖는 것으로 보인다. 비록 헤겔의 세부적인 서술에는 자주 매혹적인 통찰이 있다 할지라도, 의혹을 불러일으키는 것은 세부가 전체에 대해서 갖는 적합성이다.

역사의 단계들은 위의 마지막 인용문이 말하고 있듯이 여러 민족정신에 의해서 대표된다. 각 단계는 특수한 단계의 〈이념〉을 실현하려고 노력하는 어떤 일정한 민족에 구체화되어 있다. 이것[각 단계의 이념]이 그 민족의 공통된 목적이다. 사람들은 이러한 공통의 과제가 성취될 때까지 이 과제에 전적으로 몰입하며 그것과 완전히 일체가 된다. 그 후 민족은 분열된다. 민족의 구성원들은 공동의 과제에 전적으로 헌신하지 않게 되며, 반성적이 되고, 공적인 목표의 외부에서 개인으로서의 정체성을 구하게 된다. 그들은 '정치적 공백'(*Ibid.*, 68)에 빠진다.

헤겔은 이 구절에서 하나의 단계로부터 다음 단계에로의 이행이 내적 모순에 의한 것이라기보다는 각 세계사적 민족의 흥성과 자연적인 죽음에 의해서 일어나는 것처럼 말하고 있다. 그러나 이것은 양립할 수 없는 견해가 아니다. 일정한 민족정신이 자체의 특수한 형태를 최대한으로 전개하게 되면, 그러한 형태가 갖는 부적합성이 전면에 드러난다. 그 이상의 〈이념〉의 전개는 사라지고 단지 부적합성만이 남는다. 따라서 사람들은 불가피하게 이 나라를 버리고 다른 것을 기대하게 된다. 즉 그들은 얼마 동안은 그 나라에서 행복하게 살 수도 있기 때문에 기본적으로는

의미이다.

충성하면서도, 종내에는 그 나라를 버린다. 그러나 다른 어떤 곳에서 다음 단계를 담당하는 새로운 힘이 발생한다.

그러나 사람들은 자신이 하는 행위의 역사적 의미를 충분히 파악하지 못한다. 그들이 왜 하나의 기준을 버리고 다른 것으로 이행하는지 그들 자신에게는 명확하지 않다. 또는 (차라리 이렇게 말하는 것이 좋을지도 모르지만) 그들이 다른 어떤 명확한 이념을 가지고 있을 수도 있겠지만, 그렇다고 해도 그것이 가장 심원한 진리는 아니다. 왜냐하면 역사의 초기 단계에서 사람들은 필연적으로 〈정신〉의 계획에 대해 지금 철학자(헤겔)가 이해할 수 있는 만큼 이해할 수는 없기 때문이다. 헤겔이 이성의 교지巧智[교묘한 지혜]라는 유명한 사상을 도입하는 것은 이 지점에서이다. 이러한 사상에서 이성은 "자신의 의도를 실현하기 위해 사람들의 정열을 이용하는" 것으로서 묘사된다. 개개의 인간과 그들의 목적은 전쟁의 와중에서 사멸하지만, 보편적인 목적은 안전하게 영속한다.

> "대립과 투쟁에 또는 위험에 떨어지는 것은 보편적 이념이 아니다. 보편적인 이념은 배후에서 공격받을 우려가 없으며 또한 손상되지도 않으면서도, 특수한 정열을 투쟁에 가담하게 하면서 쇠약하게 한다. 우리는 〈이념〉이 정열로 하여금 자신을 위해 일하게 하며, 〈이념〉을 존재하게 하는 것[정열]이 바로 그것 때문에 손상되고 해를 입는 그러한 방식으로 일하게 하는 것을 이성의 교지라고 부른다"(*Ibid.*, 105).[19]

---

19    『논리학』의 한 구절, 내적 목적론에 대한 부분을 참조(*WL*, II 397-398).

그러나 이 사상은 초개인적 주체가 자신의 목적들을 위해서 도구를 사용한다는 식으로, 즉 문자 그대로 받아들여져서는 안 된다. 오히려 우리는 역사상 가장 앞선 단계의 사람들조차 〈정신〉의 매체라는 사실을 고려하지 않으면 안 된다. 그들은 〈정신〉의 요구들에 대해서 어떤 감각을 ―애매한 것이든 아무리 공상적으로 표현된 것이든― 가지고 있는 것이다. 따라서 낯선 목적을 위해 이용된다는 것은 단순히 사람들의 개인적 야심의 문제만은 아니다. 오히려 자신의 개인적 야심이 〈정신〉의 관심사와 일치하는 사람들은 어떤 사명감에 충만해 있다. 그들은 자신이 하는 일의 중요성을 본능적으로 느끼며, 그들의 깃발 아래 모여든 사람들도 그렇게 느낀다. 비록 위인도 그의 추종자들도 자신이 하는 일의 의의를 명확히 표현하고 정확히 언표할 수 없다고 해도 말이다. 헤겔은 [그들의 일이 갖는] 역사적 의의에 대한 이러한 무의식적인 승인에 대해서 '본능'이라는 용어를 사용한다.

따라서 헤겔은 앞에서 인용한 이성의 교지에 대한 한 구절에서, 공화국을 폐기하는 〈정신〉의 일을 수행하자마자 암살자에 의해 살해된 시저의 실례를 들고 있다. 이것이 이성이 희생될 도구를 사용하는 한 예이다. 그러나 그것보다 앞선 한 구절에서(*Ibid.*, 89-90) 헤겔은 시저에 관련하여, 시저 자신의 목표와 세계정신의 목표의 일치가 그에게 힘을 주었다고 말하고 있다. "그의 행위는 시대 자체가 요구한 것을 본능적으로 실현시켰다." 헤겔은 계속해서 이렇게 말한다.

"이러한 사람들은 그들의 특수한 목적이 세계정신의 의지라는 실체적 내용을 포함하는 역사상의 위인이다. 이 내용이 그들이 갖는 권력의 참된 원천이다. 그것은 사람들의 보편적이고 무의식적인 본능 속에 있다. 사람들은 내적으로 그것으로 내몰리며, 이러한 목표의 수행을 자신의 관심사로 떠맡은 위인에 대해서 반항적인 태도를 취하지 않는다. 오히려 사람들은 그의 깃발 아래 모인다. 그는 사람들에게 그들 자신의 내적 충동 immanenter Trieb이 무엇인지를 보여 주며 그것을 수행한다."

따라서 세계정신의 사업은 사람들의 내적 충동으로서 단순히 '본능적인', 즉 이해되지 않는 충동으로 느껴진다. 그리고 바로 이것이 이성의 사업이 역사에서 개인적 야심들의 충돌 속에서 이루어지는 이유이다.

따라서 여러 세계사적 개인의 위대함은 그들이 세계정신의 도구라는 점에만 있는 것이 아니다. 그들은 또한 다음 단계가 어떤 것이어야 하는지를 최초로 감지하고 그것을 명확히 하는 사람이다. 그들이 이 깃발을 들면 사람들은 따른다. 하나의 형태가 역할을 마쳤을 때, 그래서 〈정신〉이 [그동안] 지배하던 형태를 버렸을 때, 모든 사람이 자신의 마음의 심연에서 열망하고 있는 것을 보여 주는 것은 세계사적 개인이다. "사람들이 원하고 있었던 것을 최초로 사람들에게 말했던 사람은 세계사적 개인이다"(*Ibid.*, 99).

일단 세계사적 개인이 이러한 새로운 형태를 명확히 하게 되면, 그것은 자기 자신의 관심 또는 판단에 의해서 그것에 반대하기를 원하는 사람들에 대해서조차 저항하기 어려운 힘을 갖는다. 그들은 마음의 심연에서는 그것과 일체가 되지 않을 수 없기 때문이다.

"왜냐하면 다음 단계로 이행한 〈정신〉은 모든 개인의 혼이지만, 그것은 위인이 그들로 하여금 의식하게 하는 무의식적인 내적인 느낌이기 때문이다. 그렇지만 그것은 그들이 본래 바라고 있던 것이며, 따라서 그것은 그들 자신의 의식적인 의지에 반反하면서조차 그들을 굴복시키는 힘을 갖는다. 이처럼 그들은 자신들의 혼에 호소하는 지도자들을 따른다. 그들은 그들에 대한 그들 자신의 내적인 정신의 저항하기 어려운 힘을 느끼기 때문이다"(loc. cit.).

'이성의 교지'와 같은 범주는 또 하나의 이해하기 어려운 '신비적인' 헤겔 이념이기는커녕, 무의식적인 동기에 일정한 역할을 인정하려고 하는 어떠한 역사 이론에서도 불가결한 것이다.[20]

---

20  슬로모 아비네리(Shlomo Avineri)는 헤겔이 세계사적 개인에 대한 설에서 모순을 범하고 있다고 말한다(Hegel's Theory of the Modern State, (C.U.P.), 1972, 233). 왜냐하면 헤겔은 세계사적 개인이 어떤 때는 자신이 실현하고 있는 이념을 충분히 의식하고 있다고 생각하고, 다른 때는 본능적으로 밖에 의식하지 못하고 있는 것처럼 생각하며, 또 다른 구절에서는 조금도 의식하지 못한다고 말하고 있기 때문이다. 아비네리의 인용은 『역사에서의 이성』에서 이루어지고 있는데, 헤겔이 출간할 생각을 전혀 하지 않았던 이 책의 정제되지 않은 성격을 고려한다면, 세계사적 개인들은 자신이 봉사하는 더 높은 진리를 감지하기는 하지만 그것을 명확히는 보지 못한다는 생각을 중심으로 하여 (서로 모순되는) 여러 구절이 상당히 쉽게 조정될 수 있다고 여겨진다.

# 5. 절대적 자유

  이제 헤겔의 역사철학을 살펴보자. 역사 전개의 주요한 드라마는 헤겔의 정치철학의 중대한 문제를 해결해 나가는 방향으로 전개되는 드라마이다. 그러한 문제는 자기 자신을 보편적 이성으로 인식하는 개인의 자유를 어떻게 회복된 인륜성과 화해시킬 것인가 하는 문제이다. 그런데 역사의 거대한 드라마는 그리스 세계에 나타났던 인륜성의 완전한 통일의 붕괴, 즉 보편적인 의식을 갖는 개인의 탄생에 의해서 개시된다. 그 후 다음 수 세기에 걸쳐서 인륜성을 구체화하는 개인(그의 도야)과 제도들의 점진적인 발전이 이루어져 결국 양자는 이성적 국가에서 서로 결합할 수 있게 되는 것이다.

  여기에서 이러한 발전의 세부를 고찰할 여유는 없다. 그러나 우리의 목적과 관련하여, 헤겔의 청년 시기의 절정을 이루는 사건, 즉 프랑스 혁명에 관한 그의 해석을 고찰하는 것은 불가결하다. 이것은 그의 세대가 자신들의 정치철학을 고안해 내고 계몽주의에 대한 자신들의 입장을 재고하는 배경이 되는 사건이었다. 따라서 근대의 딜레마에 대한 헤겔의 사상이 이러한 사건에 대한 그의 해석에 극히 강력하게 나타나고 있는 것은 놀라운 일이 아니다.

헤겔은 자코뱅당 공포 시대의 참사와 정상을 벗어난 혁명의 과격 행위가 계몽주의의 근본적인 부적합성에서 비롯된 것이라 생각했다. 근대인은 고대 도시국가의 협소한 범위에서 벗어나 자유롭게 된 도덕성의 주체인 이성적 개인[21]의 연장이다. 그러나 근대에서 부가된 것은 이성이 세계를 지배한다는, 그리고, 사유는 존재에서 자신을 재발견할 수 있다는 확신이다. 근본적으로 육화肉化의 종교로서의 기독교에서 유래하는 이 신념[22]은 기독교 이후의 수 세기를 걸쳐서 육성됐지만, 근대와 더불어 질적으로 새로운 단계, 즉 의식적인 자기 긍정의 단계에 도달한다.

이러한 전개는 계몽주의에서, 그리고 인간의 행복과 충족을 확보하기 위해 인간 생활의 조건들을 변혁시키는 거의 무한한 인간의 이성 능력에 대한 계몽주의의 신뢰에서 절정에 달한다. 그러나 이러한 계몽주의의 신념에는 치명적인 결함이 있다. 이성과 존재의 통일을 주장하는 것은 옳지만, 이 통일의 근원을 단순히 인간의 이성에 귀속시키는 것은 전적으로 잘못된 것이다. 우리가 보았다시피, 실제로 헤겔은 존재하는 모든 것이 우주적 주체성으로서의 이성으로부터 생긴다고 생각하고 있다. 세계

---

21    [역주] 이러한 개인은 기독교의 출현과 함께 나타났다. 기독교에서 개인은 신 앞의 개인으로서 국가 공동체에서 벗어나 있다.

22    [역주] 신이 예수라는 인간으로 나타났다는 기독교의 믿음을 가리킨다. 헤겔은 이성이 세계를 지배한다는 근대의 신념이 기독교의 육화 사상으로부터 발전한 것이라고 본다.

를 눈물의 골짜기로 보았던, 그리고 신과 이성에 낯선 것으로 보았던 초기의 소외 단계[23]로부터 나타난 계몽주의의 신념은 그러한 초기의 소외 단계에 비하면 분명히 중요한 발전의 하나였다. 그러나 그것은 최고의 이성을 〈정신〉이 아니라 인간의 이성이라고 본다는 점에서 결정적으로 부적합하다.

이것은 이성이 형식적인에 불과하고 내용을 낳지 않는다는 치명적인 결과를 낳는다. 우리는 이 책 2장 2절에서 칸트의 도덕론을 논하며, 인간 중심주의와 이성의 공허함 사이에 존재하는 이러한 연관을 살펴보았다. 인간은 세계를 이성에 따라 개조하려 하지만 이러한 열망에 내용을 줄 수도 없으며, 어떤 특수한 계획을 참으로 이성에 의해 명령된 것으로 확립할 수도 없다.

이성만으로는 행위에 대한 기준을 제시할 수 없다는 주장은 칸트의 도덕론에 대한 이의로서는 일반적으로 받아들여질지도 모른다. 그러나 동일한 주장이, 국민의 욕망을 충족시킴으로써 행복을 가져다 줄 것을 약속하는 계몽주의의 공리주의적 사회 공학에 대해서도 타당할 수 있는가? 분명히 이런 종류의 계몽주의는 일정한 내용을 갖는다.

그러나 헤겔은 사회적 행위의 이성적 계획을 전개할 수 없다는 점에서는 공리주의가 칸트의 형식적인 이성 원리와 동일하다고 주장하려 한다. 헤겔은 공리의 원리가 사물의 가치를 외부로부터, 즉 그것들이 인간의 목적들에 얼마나 기여하는가에 의해서 평가한다는 사실을 자신의 논거로 삼는다. 이러한 평가 방식은 극히 이성적인 것처럼 보인다.

---

23    [역주] 기독교를 가리킨다.

그러나 이러한 평가 과정은 어디에서 그쳐야 하는가? 인간의 현실적인 욕망에서? 그러나 우리는 왜 여기서 그쳐야만 하는가? 여러 욕망을 갖는 인간들 자신도 세계에서 외적 사실이다. 왜 그들도 외부로부터 '사회' 또는 장래를 위해 평가되어서는 안 되는가? 여기에서 우리는 헤겔이 '악 무한bad infinite'이라고 부르는 무의미한 후퇴에 빠질 위험이 있다. 그러나 이러한 비판의 요점은 단지 공리주의적 윤리의 정당화가 갖는 난점을 폭로하려는 것이 아니고, 이 학설이 갖는 실제적인 경향을 확인하는 것이다. 공리주의적 사상은 예컨대 실업자를 일반적 효용을 위해 구빈원救貧院에 수용하는 1834년의 영국의 구빈법 같은 개혁이 그러한 것처럼, 인간을 목적이 아니라 수단으로 취급할 수도 있을 것이다. 그것은 [인간이 본래 가지고 있다고 하는] 본유적 선의 관념을 결여하고 있기 때문이다.

또한 현실적 욕망이라는 기준이 실제로는 적용될 수 없는 경우에는 인간을 수단시하기가 쉽다. 욕망들은 민족들 사이에서도 민족 내에서도 너무도 다양하며 또한 서로 모순되기 때문이다. 여러 욕망 사이에서 도덕적 갈등이 일어나며, 따라서 본유적 선의 기준, 즉 무엇이 욕망을 선으로 만드는가에 대한 기준이 발견되지 않으면 안 된다.

게다가 우리의 욕망들을 역사 세계에서 현실적인 것으로 만들기 위해서는 우리는 공통적인 목표들을 성취하지 않으면 안 된다. 왜냐하면 유일의 자족적인 현실은 공동체이기에 자족적으로 존재하려는 어떠한 사물의 형성도 공동체 전체의 형성을 전제하지 않으면 안 되기 때문이다. 즉 공통적인 열망이 있어야만 한다.

그런데 이러한 사실은 우리가 앞에서 구했던 해답, 즉 욕망 중의 어떤 것을 선으로 판정하기 위한 기준을 제공하는 것처럼 보인다. 즉 참으로 일반적인 욕망, 자신뿐 아니라 모든 사람을 위한 욕망이 추구되지 않으면 안 된다. 이것이 일반 의지에 관한 설로이다. 이것은 계몽주의 윤리설의 또 하나의 위대한 발견이다. 인간은 자신의 사회를 전적으로 일반 의지에 정초시킴으로써 올바른 이성에 따라서 그것을 형성한다. 이성적인 것은 보편적인 것이기에, 모든 사람에 대해서 타당하고 모든 사람을 구속하는 것이기 때문이다.

공리주의로부터 일반 의지에 관한 설로의 이행은 우리가 2장 2절에서 보았다시피 이성을 보다 완전하게 실현하려는 시도이다. 공리주의적 윤리설은 현실적인 인간의 욕망에서, 즉 주어진 것에 지나지 않는 것에서 임의적인 종착점을 발견하지 않으면 안 된다. 일반 의지의 윤리설은 주어진 것에 지나지 않는 것, 즉 사람들이 임의적으로 욕망하는 것을 넘어서 이성적 의지 자체로부터 도출되는 목표들로 향하려 한다.

어떻든 헤겔은 루소에 의해서, 그리고 나중에 칸트에 의해서 이루어진 사상의 행보를 위와 같이 파악한다. 그러나 이러한 새로운 이론은 공리주의와 마찬가지로 내용을, 즉 일련의 실체적 목표를 이성의 이념으로 전개할 수 없다. 그것은 우리가 보았듯이 여전히 인간의 자유롭고 이성적인 의지를 중심으로 하고 있기 때문이다. 그것은 공리주의와 똑같이 유한과 무한을 분리하며, 따라서 유한한 정신들은 〈정신〉이라는 더 큰 실재에 귀속된다는 사실을 볼 수 없는 '지성'의 영역에 머문다.

일반 의지의 윤리, 즉 형식적 보편성의 윤리는 공허한 것으로 머물렀다. 그러나 공허한 윤리설을 서재에서 고안해 내는 것과 이러한 일반 의지를 역사에 실현하는 것은 별개의 것이다. 독일인은 전자를 했으나, 프랑스인은 후자를 했다. 그리고 무시무시하고 파괴적인 여러 결과는 이러한 사상의 공허함 안에 은폐되어 있던 것을 폭로하고, 다른 단계로 이행해야 할 필요성을 보여 주었다. 이러한 충격적이고 절정에 해당하는 사건이 프랑스 혁명이었다(PR, §258 참조).

이처럼 헤겔은 프랑스 혁명이 인간 이성의 명령을 세계에 실현하려는 극한적인 시도라고 보았다. 이것보다 더 무시무시하며 광범한 여러 시도를 보아 온 우리는 프랑스 혁명이 얼마나 유례없는 사건이고 세계를 진동시킨 사건이었는지를 상기하지 않으면 안 된다. 헤겔은 그것을 권위에도 전통에도 의지하지 않고 인간 이성의 명령에 따라서만 사회를 완전히 개조하려는 시도로 보았다. 사람들은 무한하고 무조건적인 자유, 헤겔의 소위 '절대적 자유'에 의해서 사태를 개조하려 했다.

이러한 열망이 무시무시한 파괴를 초래한다. 그리고 파괴성의 근본 원인은 그러한 열망이 갖는 공허함에 있다. 헤겔은 『정신현상학PhG』의 유명한 구절에서(ch. Ⅵ. B. Ⅲ, 413-422), 혁명은 파괴한 사회를 대체하는 새로운 사회를 재건할 수 없다고 논하고 있다. 존립할 수 있는 정치적 사회에서는 기능의 분화가 필요하기 때문이다. 그리고 이것은 행정, 입법, 사법의 여러 정치 제도와 같은 정치 기구 속에 구체화되어야만 한다. 따라서 헤겔은 분화된 사회 구조(여러 신분)를 좋은 것이라고 생각한다. 그러나 [프랑스 혁명에서는] 분화된 어떠한 특수한 구조도 용납될 수 없다. 이러한 구조는 자신의 명령에 따라서 세계를 개조하려는 이성적 의지의 무조건적인 자유에 대한 제한으로 간주되기 때문이다. 또한 이성(즉 순전히 인간적인 이성) 속에는 이러한 특수한 구조들을 정당화하는 어떠한 근거도 보이지 않는다. 사회의 분화된 구조는 결국 우리가 앞에서 본 것처럼, 헤겔에 의해 그것이 우주적 이성의 표현으로 간주될 경우에만 정당화될 수 있다.

따라서 절대적 자유를 향한 열망은 재건할 수 없다. 그것은 구제도 ancien régime를 파괴할 수 있을 뿐이고 새로운 것을 건설할 수는 없다. 그것은 사실상 자신의 부정적이고 파괴적인 측면에 영구히 머문다. 따라서 일단 구제도가 황폐화되면, 그것은 자신의 파괴적인 에너지를 다른 곳으로 전환해야만 한다. 그것은 '파괴적이고 광포한' 힘으로써 자신의 자식들을 잡아먹기 시작한다. 이상이 공포 시대로부터 끌어낸 결론이다.

그러나 우리가 쉽게 볼 수 있는 것처럼, 이러한 공허함과 절대적 자유에 대한 열망이 초래하는 파괴성에 대한 진단은 모든 사회가 분화를 필요로 한다는 결정적인 전제에 의존하고 있다. 그러나 이것이 결코 논란의 여지가 없는 전제는 아니다. 이와 반대로 완전한 평등을 창조하는 것, 그리고 이를 위해 인간 사회를 그동안 고통으로 몰아넣었던 역할과 특권의 차별을 일소하는 것이 프랑스 혁명으로부터 우리에게 전해진 혁명적인 목표이다. 그것은 실현 불가능하다라든지, 차별은 근절될 수 없다라든지 등의 단언을 하는 것은 이러한 열망에 대한 설득력 있는 논박이 될 수 없다. 요컨대 평등한 사람들의 참된 사회는 매개 기능을 갖는 복잡한 기구에 결부되지 않고서 실현될 수 없는가? 1968년 5월에 예시된 사회가 나타나는 것이 왜 불가능한가?

우리는 2장 4절에서 이러한 전제를 지지하는 헤겔의 논거들을 살펴보기 시작했고, 거기에서 〈개념〉의 분화가 국가에서 실현되지 않으면 안 된다는 사실을 알았다. 그러나 왜 이러한 분절화가 이루어지지 않으면 안 되는가, 또한 왜 절대적 자유에 대한 열망이 분화를 실현할 수 없는가를 보다 면밀하게 음미하면 우리는 헤겔의 근대 국가론의 핵심에 다다르게 될 것이다.

절대적 자유의 사회는 전적으로 그 사회 구성원들의 창작품이지 않으면 안 된다. 첫째로, 그러한 사회는 그 안의 모든 것이 인간의 의지와 결정의 성과인 사회이어야만 한다. 그리고 둘째로, 여러 결정은 구성원 전체의 참가에 의해서 이루어져야만 한다.[24] 우리가 보편적이고 전면적인 참가라고 부를 수 있는 이러한 조건에서는 모든 사람이 결정에 발언권을 갖는다.

이것은 어떤 집단이 여러 직무를 분배하는, 즉 한 집단이 사태의 일면을 결정하는 것에 책임을 지고 다른 집단이 다른 일면을 결정하는 것에 책임을 갖는 사회와 대조를 이룬다. 우리는 이러한 사회에 대해서도 전체적인 결과는 구성원에 의해서 결정된다고 말할 수 있다. 그러나 개개의 구성원들이 전체적인 결과에 대해 결정했다든가, 전체적인 결과에 대해서 다른 사람들과 함께 다 같이 투표한다는 의미에서 그들이 이러한 결정에 발언권을 갖는다든가 하는 것은 아니다.

예컨대 모든 사람이 독립적인 기업가인 이상적인 자유 기업 경제는 그 결과가 구성원들의 결정에 의해서 이루어지지만, 그러나 전체적 결과에 대해서 어느 누구도 결정에 참여하지 않는 경제이다. 이와 달리, 전통 사회는 결정의 영역에서 배제되는 분화된 역할 구조를 가질지도 모른다. 이러한 구조는 결정되어야 할 사항이 어떻게 해서 또한 누구에 의해서 결정되는가를 결정할 것이다. 이러한 구조에서는 이루어져야 할 결정들에 대해서 상이한 사람들이 상이한 방식으로 관계할 것이다. 따라서 어

---

24    "세계는 (자기의식에게는) 단적으로 자신의 의지이며, 그리고 이러한 의지는 보편적 의지이다. 게다가 그 의지는 암묵적인 또는 대표된 동의를 통해 정립되는 공허한 의지가 아니라 참으로 보편적인 의지, 즉 모든 개인 자체의 의지이다"(PhG, 415).

떤 결정은 족장의, 다른 결정은 연장자의, 다른 어떤 결정은 의사의, 또 다른 결정은 부인들의, 이와 또 다른 결정은 모든 사람의 책임이 될 것이다. 이러한 경우에는 모든 사람이 결정할 때조차도 그 결정 방식은 구조에 의해서 결정될 것이다. 예컨대 모든 사람은 연장자에 의해서 작성된 제안들을 받아들이거나 거부하기 위해 투표할지도 모른다.

절대적 자유를 실현하고자 하는 사회는 위에서 간단히 묘사된 자유 기업과 전통 사회의 모델과는 다르지 않으면 안 된다. 그러한 사회들과는 달리 그것은 결정의 범위 밖에 있는 구조, 즉 사물들의 본성과 신들의 의지와 오래된 법률에 근거하고 있다고 여겨지는 구조를 고려할 수 없다. 헤겔이 꿰뚫어 보았듯이 이와 같은 어떤 권위도 받아들이지 않는 것이 계몽주의의 본질이다. 모든 것이 인간의 이성에 의해서 근본적으로 고안되어야 하고, 인간의 의지에 의해서 이성에 따라서 결정되지 않으면 안 된다. 헤겔이 초기의 신학적 저술 중의 하나에서 사용하고 있는 용어를 빌리면 이성적 의지는 단순히 '실증적'인 것들the merely positive, 즉 이성적으로 정당화되지도 않고 이성에 의해 필연적인 것, 또는 바람직스러운 것으로 간주되지도 않고 단순히 거기에 있고 단순히 존재하고 있는 여러 제도와 기구를 받아들일 수 없다. 따라서 일반 의지에 기초를 둔 국가는 그것 자체가 결정의 결과가 아닌 구조들을 포함하지 않는다는 것이다. 단지 본질적으로, 협의는 총회에서 자유 토론에 의해 내분 없이 이루어져야 한다는 -일반 의지를 낳는 결정 과정의 일부인- 구조만은 예외이다. 그러나 그 외의 모든 것, 즉 통치의 형태, 통치의 역할을 맡아야 할 사람, 소유권 등 모든 것은 결정된다. 로크가 말하는 것과 같은 정치의 영향력이 미치는 영역 밖에 있는 것, 즉 불가침의 개인적 권리와 사항은 존재하지 않는다.

이처럼 절대적 자유는 의지에, 즉 결정의 결과에 기초하지 않는 구조를 거절한다. 그러나 그것은 동시에 자유 기업 경제에서 예시되고 있는 모델도 부정한다. 주목할 만한 사실이지만 이 모델도 전통 사회와 관계를 끊었다. 그것은 계몽주의의 산물이다. 그것은 재산 제도와 재산의 교환과 양도에 부수되는 제도(계약, 구입, 판매 등)를 제외하고는, 다시 말해서 그것이 가장 중요하다고 보는 어떤 결정, 즉 자신의 재산 처리에 관한 개개의 기업가의 결정들에 본질적인 제도들을 제외하고는 어떠한 '실증적'인 제도들을 가질 필요를 느끼지 않는다. 전통적 권위와 사물들의 신적 질서에 기초를 둔 어떠한 기구도 존중되어서는 안 되며, 그것들에 복종해서는 안 된다. 이성적인 인간의 의지 행사에 본질적인 기구만이 필요한 것으로 여겨진다. 이처럼 자유 기업 사회는 절대적 자유의 사회와 유사하다. 양자가 서로 크게 구별되는 점은 이성적 의지의 행사에 대한 사유방식에 존재한다. 한 경우[자유 기업 경제]에 이것은 자신들의 이익에 대한 여러 개인들의 결정으로 표현되며, 다른 경우[절대적 자유]에는 자신들의 공적인 일에 대한 사회 전체의 결정으로 표현된다. 하나는 특수 의지의 영역이며 다른 하나는 일반 의지의 영역이다. 각 사회의 근본적 기구들은 그 사회에 본질적인 결정들을 가능케 하기를 의도하고 있다. 그러나 일반 의지의 모델은 자유 기업의 모델을 받아들일 수 없다. 비록 후자가 '실증적'인 것을 부정한다고 해도 전체적 결과는 의지와 결정의 성과가 아니기 때문이다. 각자가 각자 나름대로 결정하고 전체적 결과가 이러한 결정으로부터 도출되는 한, 그것은 그 개인 자신의 것이다. 그러나 그는 전체적 결과에는 지극히 작은 영향을 미치는 데 불과하다. 그는 여타에 대해서 그가 만든 것이 아니라 다른 수백의 의지들의 성과인 조건들에 직면해 있으며, 그러한 수백의 의지들 각각도 그와 유사한 곤경에 처해 있다. 이러한 의지들이 결합하는 방식은 맹목적인 자연법칙의 작용이지 의지의 작용이 아니다. 그러나 내가 어떠한 생활을 하는지 나 자신에 의해 결정되어야 한다는 데만 자유의 요체가 있다면, 내가 극히 작게만 영향을 끼치는 조건들하에서 사는 한 나는 완전히 자유롭지는 않다.

완전한 자유는 전체적인 결과가 나에 의해서 결정되는 것을 필요로 할 것이다. 그러나 물론 전체적 결과는 사회적인 것이므로, 그것이 나에 의해서만 결정될 수는 없다. 그렇다고 해서 내가 그것을 독자적으로 결정한다면, 이러한 결정하에서 살게 되는 다른 사람들은 자유롭지 않다. 만약 우리가 모두 자유롭게 되려면, 우리가 모두 결정을 하지 않으면 안 된다. 그러나 이것은 우리가 모두 전체적 결정을 해야 하고, 모두가 전체적 결과에 대한 결정에 참가하지 않으면 안 된다는 것을 의미한다. 참가는 보편적일 뿐 아니라, 즉 모든 사람을 포함한다는 의미에서 보편적일 뿐 아니라 또한 전체적 결정에 모두가 발언권을 갖는다는 의미에서 전면적이지 않으면 안 된다. 물론 이것조차 충분한 것은 아니다. 만약 화해될 수 없는 의견 대립이 있어서 우리 중의 누군가가 부결되고 굴복을 강요당한다면 우리는 부자유하게 될 것이고 강제 아래 놓이게 될 것이다. 따라서 절대적 자유의 이론은 우리의 현실적 의지들의 만장일치라는 관념을 [전제로서] 필요로 한다. 이것이야말로 우리가 일반 의지에 관한 이론에서 볼 수 있는 관념이다.

보편적이고 전면적인 참가에 대한 열망은 루소의 『사회 계약론 *Contrat Social*』에 함축되어 있는데, 그 책이 의도하는 바는 모든 사람이 같이 참여하면서도 각자는 자기 자신에게만 복종하면서 이전과 똑같이 자유로울 수 있는 연합 형식을 발견하는 것이다. "자기 자신에만 복종한다"는 관념은 그 사람의 삶을 규제하는 법률이 전적으로 그 사람의 결정에서 유래할 것을 필요로 한다. 이것을 사회생활과 화해시키는 유일한 길은 일반 의지에 입각한 보편적이고도 전면적인 참가이다.

그러나 이 경우에는 절대적 자유에 대한 열망이 사회의 어떠한 분절화된 구조와도 조화될 수 없다는 것이 명확하다. 불가침의 것으로 받아들여질 수 있는 유일한 구조는 결정들을 내리는 것의 근저에 놓여 있는 구조이다. 그러나 이 결정들은 전면적으로 모든 사람에 의해서 이루어지지 않으면 안 된다. 따라서 이 구조는 시민들의 최대한의 동질성에 기초를 두지 않으면 안 되고 또한 그것을 확보해야만 한다. 왜냐하면 만약 모든 사람이 총체적 결정을 내리려면 모든 사람이 동질적인 존재로 간주되어야만 하기 때문이다. 더군다나 사회에 의해서 산출된 여러 제도 중에서 모든 사람의 이와 같은 근본적 유사성과 동등성을 부인하는 제도는 결코 허용되어서는 안 된다. 예컨대 이 목적을 위해서 재산 소유의 정도가 평등해지는 것이 필요하다면(루소는 그렇게 생각했다), 이 평등은 반드시 이루어져야 하는 것이다. 결정 과정에서 서로 다른 입장을 낳을 어떠한 분화도, 또한 간접적으로 이러한 분화를 초래할 그 어떠한 분화조차, 예컨대 재산 소유의 불평등조차 허용되어서는 안 된다. 사회는 동질적인 사회가 되지 않으면 안 된다. 일반 의지에 대한 통치하에서도 차이는 물론 허용되고 필수적이다. 어떤 사람들은 통치의 역할을 맡지 않으면 안 된다. 그러나 루소의 체계에 따르면 이것은 전체에 의해서 내려진 결정을 단지 시행하는 것, 즉 일반 의지를 실행에 옮기는 것으로만 간주된다. 그리고 이런 식의 역할 구분은 입법이 이루어지는 과정에 결코 반영되어서는 안 된다.

따라서 절대적 자유에 대한 요구는 상이한 생활 양식에 의해 구별되고, 사회의 통치에 상이한 방식으로 관계하는 신분들이나 상이한 사회 집단들로 사회가 분화되는 것을 거부한다. 이 경우에는 상이한 집단들 각각은 결과의 일부에만 영향을 미치는 결정들을 하기 때문이다. 견제와 균형의 체계로서는 유의미할 수 있는 권력 분립의 전제는 권력 각각이 상이한 사람들에 의해서 행사되어야 한다는 것, 따라서 하나의 권력만이 전체에 의해서 행사되고 그 외의 권력은 전체 이하less than the whole에 의해서 행사되어야 한다는 것이다. 그러나 만약 우리가 절대적 자유가 요구하는 조건들에 충실하고자 한다면, 중대한 어떠한 결정도 전체 이하에 의해서 이루어져서는 안 된다. 우리는 단지 집행상의 결정에 관여하는 대표단은 고려할 수 있지만, 우리의 사회 계획에 또는 우리의 생활을 규제하는 법률에 영향을 미치는 어떠한 대표단도 고려할 수 없다. 일반 의지설은 우리가 루소에게서 볼 수 있듯이 대의제를 인정할 수 없다.

따라서 절대적 자유에 대한 열망은 분화를 거부한다는 점에서 이성적인 국가에 대한 헤겔의 사상과 모순된다. 나는 앞에서 우리는 분화에 대한 이러한 믿음의 필수적인 근거를 헤겔의 존재론에서 찾을 수 있다고 말했다. 그러나 이러한 심원한 존재론적 근거는 헤겔이 그의 눈에 비친 그의 시대의 역사로부터 끌어낸 통찰과 긴밀하게 결부되어 있었다. 헤겔은 고대의 도시국가가 근대 국가의 모델이 될 수 없다는 점을 역설했다. 당시에 직접 민주제가 가능했던 것은 사회가 작았고 많은 직무를 노예와 혼혈아에게 위탁함으로써 동질적일 수 있었기 때문이며, 또한 근대적 개인주의가 아직 발달하지 못했기 때문이다. 근대 세계를 고대 도시국가로부터 구별해 주는 근대 세계의 이런 모든 변화는 헤겔의 견해에 따르면 분화를 불가피하게 한다.

그런데 근대 국가의 크기가, 보편적이고 전면적인 참가라는 제도 하에서 모든 사람이 다 같이 통치하는 것을 불가능하게 한다는 것은 분명하다. 따라서 대의제가 행해지지 않으면 안 된다. 따라서 전면적 참가에 대한 현대의 주창자들은 ―그리고 그들은 오늘날 아마 이전보다 수가 더 많을 것이다― 루소를 따르고는 있으나 유일한 해결책으로서 권력의 탈중앙 집권화decentralization를 주창하고 있다.

그러나 비록 근대 국가의 크기가 정치적 역할의 다소간의 분화를 불가피하게 한다고 해도, 그것은 사회적 분화가 이루어지지 않으면 안 된다는 것과 사회적 분화가 결정 과정에 적합하다는 사실을 보여 주지는 않는다. 그러나 이러한 사실을 보여 주는 것이 사회를 분화하고 있는 신분들에 대한 헤겔의 사상이 갖는 강점이다. 왜냐하면 이러한 신분들은 각각 상이한 경제적 기반과 생활 양식을 가지고 있을 뿐 아니라, 각각에게 고유한 방식으로 통치 과정에 관계하기 때문이다.

헤겔의 여러 신분에 관한 설명은 1800년대 초기의 저작들과 『법철학 강요』의 성숙한 견해 사이에 약간 차이가 있지만, 기본적으로 그는 다음과 같은 집단들, 즉 (1)농민, (2)지주 계급, (3)산업 계급, (4)근대 국가의 행정을 맡는 전문가들과 관료들의 계급을 제시하고 있다. 그는 또한 (5)프롤레타리아 계급의 맹아를 불안해하면서, 그리고 당황해하면서 관찰했다. 그는 이 계급을 국가에로의 특유한 통합 방식을 발견해야만 하는 새로운 집단으로 보기보다는 오히려 피해야 할 파국으로 보았다.

헤겔의 견해를 이해하기 위해서는 우리는 이러한 사회 집단들이 현대 사회의 계급들보다 훨씬 날카롭게 구분되었다는 사실을 염두에 두어야만 한다. 그 당시에 지방의 농민과 도시의 부르주아, 그리고 토지를 소유한 귀족 계급은 견해, 생활 양식, 정치에 대한 관심, 정치 생활에 대한 사유방식 등에서 현저하게 달랐다. 근대 사회의 발전은, 부분적으로는 일반 의지론과 일반적으로는 계몽주의적 사유방식의 영향 아래서 점점 더 큰 동질화의 방향으로 나아갔던 것이며, 이 점에서 서양의 현대 사회는 19세기 초엽의 유럽인에게는 인식될 수 없었을 것이다(토크빌이 보았듯이, 미국은 이미 그 당시 장차 도래할 사태에 대한 징후를 드러내고 있었다고 해도).

그러나 헤겔은 그 당시에 보았던 분화된 집단에 직면하여 보편적이고 전면적인 참가라는 이념은 공상이라고 추론했다. 근대 국가는 고대의 도시국가와 반대로 보편적인 시민권을 목적으로 한다. 이것은 모든 경제상의 직무가 시민에 의해서 행해지는 것을 의미한다. 그러나 헤겔은 이러한 상이한 직무들이 매우 상이한 견해들, 생활 양식들, 가치들과 생활 방식들과 명확히 상응한다고 생각했다. 따라서 무엇보다도 먼저 이러한 여러 신분은 전체로서의 국가의 입법 대상이 되지 않는 그 자신의 중요한 생활 양식을 가져야만 할 것이다. (입법권은 실제로는 토지를 소유하는 계급과 부르주아 계급에게만 인정되었다. 헤겔은 농민도 프롤레타리아도 자치 능력이 있다고 생각하지 않았다. 이렇게 생각한 점에서 그는 당시의 유럽에서는 결코 예외가 아니었는데, 당시의 유럽에서는 이러한 계급들에게는 거의 보편적으로 선거권이 없었다.) 그리고 두 번째로는, 이 때문에 그러한 신분들은 통치에 대해서 상이한 관계를 필요로 할 것이다. 이 두 번째의 필요조건은 보편적이고 전면적인 참가라는 원리를 파괴하는 것이 된다.

이러한 실제적인 분화 상태에도 불구하고 모든 사람을 전체적인 결정에서 동일한 기반 위에 두려고 하는 것은 공상적이었다. 물론 여러 집단은 어떤 분야에서는 홀로 부분적 결정을 내리고자 원할 것이다. 그리고 그 밖의 것에 대해서는, 전체에 관계하고 전체와 일체가 되는 집단들의 방식은 크게 다를 것이다. 예컨대 농민 계급은 ―헤겔의 견해에 따르면― 종족의 풍습에 대한 비非반성적 집착에 빠져 있다. 그들의 자연적인 지도자들에 대한 기본적인 태도는 신뢰Vettrauen이다. 그들은 결정의 내용과 일체가 되고 그 결정의 내용을 자기 것으로 느끼기 위해 결정에 직접 참여하는 것을 필요로 하지 않았다.

이와 달리 주로 자신의 사적인 이익, 생산과 교환의 추구에 몰두하는 시민들은 대체로 공무公務, res publica에 자신을 전적으로 헌신할 시간도 흥미도 갖지 못한다. 그들은 대표자에 의해서 통치 과정에 보다 행복하면서도 보다 적합하게 관계를 맺는다. 다른 한편 지주 계급은 생애를 군무軍務에 바치도록 예정되어 있는 계급이다. 그들이 공무에 간접적으로 관계를 갖는다는 점은 의심할 여지가 없다.

시민들에 대한 헤겔의 언급에서, 우리는 헤겔이 우리의 상태를 고대 도시국가의 상태와 구별하는 것으로서 거론하는 세 번째 이유를 보게 된다. 우리는 고대의 도시국가에는 없었던, 또한 본래 도시국가의 소멸을 초래했던 개인의식을 발달시켰다. 단지 하나의 인간으로서의 그리고 바로 그러한 이유 때문에 의의 있는 것으로서의 ―아테네인으로서도, 스파르타인으로서도, 독일인으로서도, 프랑스인으로서도 아닌― 이러한 개인의식이 우리가 부르주아 경제와 대체로 동일시할 수 있는 헤겔의 소위 '시민 사회'에서 발전하는 것이다. 근대인은 고대인과 달리 보다 더 복잡한 삶의 차원을 갖고 있다. 그는 단순히 자신의 나라의 시민이 아니다. 그는 자기 자신을 단적으로 인간으로서 보는 것이며, 이것이 그의 정체성의 중요한 부분이다. 인간 그 자체는 보편적 이성의 담지자이기 때문이다.

따라서 당연히 모든 사람이 공공 생활에 전면적으로 몰두하지 못하는 결과가 빚어진다. 대다수 사람의 활력의 일부는 사생활에 의해서 점해질 것이기 때문이다. 그런데 국가는 약간의 사람들이 국가와 전적으로 일체가 되고 국가의 생명을 자신의 생명으로 할 경우에만 존재할 수 있으므로, 정치적 분업이 존재하지 않으면 안 된다. 이러한 이유로 보편적이고 전면적인 참가는 불가능하다. 사생활에 가장 몰두하는 계급은 부르주아 계급이다. 따라서 그들은 그들 사이에서 몇 사람의 대표자를 선출하여 공무를 맡긴다. 그러나 또 하나의 집단이 있다. 그것은 예나 시기 초, 헤겔 학설에서는 귀족 계급, 나중에는 관료 계급 또는 보편 계급이라 불리는데, 이 계급은 국가 업무에 전적으로 몰두한다.

우리는 이러한 세 번째의 곤란에 대해서, 사적 직업에 전면적으로 몰두함과 동시에 또한 국가 생활에 모두가 충분히 참여하는 만능인들의 사회를 고안해 냄으로써 대처하고자 할지도 모른다. 그러나 헤겔은 이러한 가능성을 다음 두 가지의 이유로 부정한다. 먼저 인간 각 개인의 삶에 대한 그의 이론은, 우리가 무언가 유의미한 것을 성취하려면 그것에 완전히 몰두해야 하며 그 이외의 다른 것은 포기해야 한다는 것이다.[25] 모든 것을 다 추구하는 사람은 아무것도 성취하지 못한다. 충분히 실현된 것은 특수화된 것이다. 헤겔의 존재론과 정치적 통찰은 여기서 합류한다.

---

25      *PhG and PR*, §207 참조.

그러나 사회에서 필수적인 전문화는 〈이념〉의 필요조건이기도 하다. 이러한 필요조건은 〈이념〉의 여러 측면이 국가에서 구체화된다는 것이었다. 그런데 분절화된 전체의 가장 완전한 구체화는 그 전체의 여러 측면이 여러 부분 또는 여러 기관으로 실현될 때에 존재한다. 미분화된 사회는 보다 원시적인 단계의 사회이다. 따라서 충분히 발달한 국가는 〈개념〉의 여러 계기 —직접적 통일, 분열, 그리고 매개된 통일— 가 각각 특유한 생활 양식을 갖고 서로 분리된 집단에서 실현되는 국가이다. 헤겔이 『법철학 강요』에서 제시하는 〈개념〉으로부터 근대 사회의 신분들이 변증법적으로 연역된다.

이처럼 근대 사회의 불가피한 다양성에 대한 헤겔의 생각은 그의 존재론적 통찰과 일치한다. 그 양자로부터 헤겔은 비천한 여러 직무를 비非시민들에게 전가하지 않는 사회에서는 불가피한 경제적, 사회적, 정치적 역할의 현실적 구분이 문화, 가치, 그리고 생활 양식의 차이를 불가피하게 수반한다는 결론에 도달한다. 이것들(문화, 가치, 그리고 생활 양식의 차이들)은 각 신분에게 어느 정도의 자율적 생활이 허용될 것을 요구하며, 각 신분이 전체에 관계를 맺을 수 있고 관계를 맺으려는 방식을 가능하게 한다. 이것이 절대적 자유에 대한 열망이 부당하고 공허한 이유이며, 또한 이 이유는 근대 국가의 크기라는 이유보다도 훨씬 근본적인 이유이기 때문에 그 이유보다도 중요하다.

# 6. 근대의 딜레마

　　여기에서 우리는 헤겔의 역사철학과 정치철학에 대한 설명을 중단하고 그것이 오늘날에 대해서 갖는 의의라는 문제에 대해 논하는 것이 좋을 것이다. 왜냐하면 위에서 행해진 헤겔의 역사철학과 정치철학에 대한 설명으로부터, 이 문제는 틀림없이 부정적으로 답해질 것 같기 때문이다. 헤겔의 정체관政體觀은 신빙성 없는 〈정신〉의 존재론에 기초해 있을 뿐 아니라, 이것에 더하여 평등과 철저한 민주제로 향하는 근대의 경향을 전적으로 거부하는, 극히 반동적인 귀결을 갖는 듯하다. 이러한 이론이 우리에게 어떤 관심을 불러일으킬 수 있는가? 근대적 정체의 발달은 그러한 이론을 역겨운 것으로 만들고 시대에 뒤떨어진 것으로 만들지 않았던가?

　　물론 근대적 정체의 크기에 관한 그의 첫 번째 논변은 호의적으로 받아들여진다. 또한 근대적 인간은 사적인 차원을 가지고 있기 때문에 사람들 모두가 이전 시대에서처럼 항상 사회의 공적 생활에 몰두하는 것이 완전히 불가능하지는 않다고 해도 극히 어렵다는 그의 주장은 옳다. 그러나 사회적 분화에 대한 그의 견해는 확실히 틀렸다. 근대 사회의 커다란 동질화는, 시민들에 의해서 수행되는 직무가 아무리 다양해도 그들은 결정 과정에 대한 (상이한 집단에 따른) 상이한 관계를 지지하는 어떠한 논변도 무색하게 할 정도로 통일된 견해와 생활 양식을 발전시킬 수 있다는 사실을 보여 준다. 근대 사회의 증대해 가는 '무계급성'은 이러한 방향을 향하고 있는 것으로 생각된다. 물론 헤겔은 그 당시에 '추상적인' 평등을 믿었던 사람들보다 현실적이었다. 그러나 그러한 사람들이 이 설에 기초를 둔 사회가 초래할 동질성을 예언했다는 점에서 선견지명이 있었다는 사실은 분명하다.

그러나 헤겔 시대의 신분들에 대한 그의 이론의 특수한 측면을 무시한다면, 오늘날에 결코 해결되지 않는 중요한 문제가 있다. 근대 사회는 어떤 종류의 구분을 허용할 수 있는가? 여기에 우리가 아직도 해결해야만 하는 딜레마가 있다.

우리는 소위 '절대적 자유'에 대한 열망, 또는 보편적이고 전면적인 참가를 근대 사회 특유의 요청을 만족시키려는 시도로 볼 수 있다. 여러 전통 사회는 왕족과 귀족과 서민, 성직자와 세속인, 자유인과 노예 등의 구분 위에 기초해 있었다. 이러한 구분은 우주 자체의 계층적 질서의 반영으로서 정당화되었다. 근대의 자기 규정적 주체성의 혁명 후에 이러한 우주적 질서관은 허구로 간주되었고, 왕과 성직자와 귀족들이 민중을 복종시키기 위한 기만이라고 비난받았다. 그러나 이러한 질서관은 의식적으로든 무의식적으로든 현상status quo에 대한 정당화로서 아무리 많이 이용되었다고 해도 사람들이 사는 사회와 일체가 되는 근거이기도 했다. 인간은 우주적 질서와의 관계에서만 자기 자신일 수 있었다. 국가는 이러한 질서를 체현하고 있다고, 따라서 인간이 이러한 질서와 접촉하는 주요한 매체 중의 하나라고 주장했다. 유기체적이고 전체론적인 은유들이 갖는 힘은 여기에서 유래한다. 사람들은 자기 자신을 ─손이 신체의 일부이듯이─ 사회의 일부로 보았다.

근대적 주체성의 혁명은 다른 유형의 정치적 이론을 대두시켰다. 사회는 그것이 무엇인가 또는 무엇으로 표현되는가에 의해서가 아니라 그것이 무엇을 달성하는가에 의해서, 그리고 사람들의 여러 필요, 욕망, 그리고 목적을 만족시키는 것에 의해서 정당화되었다. 사회는 도구로 간주되었고 그것의 여러 양식과 구조는 인간의 행복에 미치는 효과 때문에 과학적으로 연구돼야만 했다. 정치 이론은 신화와 우화를 추방하려고 했다. 이것은 공리주의에서 가장 명백하게 표현되었다.

그러나 이러한 근대적 이론은 사람들이 자신의 사회와 일체가 되기 위한 근거를 제공하지 않았다. 전통 사회의 붕괴에 따라 일어난 소외 상태에 대해서 공리주의적 이론은 무력했다. 따라서 여러 근대 사회는 실제로는 그들의 전통적 견지를 그대로 둔 채 또는 단지 서서히 후퇴시키면서(영국의 경우에서 보는 것처럼) 유지해 나갔던 것이다. 또는 무언가 철저한 파괴가 추구될 때는, 그러한 사회들은 혁명적 이데올로기로서 보다 강력한 것, 즉 일반 의지 전통의 변형과 같은 것(자코뱅주의, 마르크스주의, 무정부주의)에 호소했다. 또는 여러 근대 사회는 혁명적 시대에서든 '정상적인' 시대에서든 민족주의라는 강력한 세속 종교에 호소했다. 그리고 미합중국처럼, 공리주의적 전통 또는 로크의 초기 철학의 변형에 기초하는 것처럼 보이는 사회들조차 실제로는 '신화'에, 예컨대 영구히 새롭게 시작한다는 프런티어의 신화, 자기 창조에 대해서 무한히 열려 있는 것으로서의 미래에 호소했던 것이다.

    이 마지막 예는 공리주의적 이론 자체에는 이런 종류의 신화를, 즉 인간 생활의 목적들을 사회, 자연, 그리고 역사와의 연관하에서 사변적으로 해석하는 것을 용인할 여지가 남아 있지 않다는 점에서 무엇보다도 가장 큰 아이러니다. 이러한 것들[사회, 자연, 역사와 관련한 해석들]은 초기의 아직 덜 발전한 시대에 속한다고 여겨진다. 성숙한 사람들은 그들의 사회가 그들을 위해 생산한 것 때문에 자신의 사회에 애착을 느낀다. 10년 전쯤에 이러한 사상이 미국과 서양 세계의 자유주의적 지식층에 의해 널리 신봉되었고, 그들은 '이데올로기의 종언'이 임박했음을 알렸다. 그러나 그들은 자신도 모르게 산문이 아니라 신화를 말하고 있었던 쥬르댕 Monsieur Jourdain[26]의 현대적인 전도된 변형으로 드러났다. 이제 보다 명확해진 사실은 공리주의적 전망이 그것에 대립하는 주요한 이론들과 마찬가지로 이데올로기이며, 그러한 이론들보다 더 설득력 있는 것이 아니라는 것이다. 사회가 개인에 대해서 보증하는 만족의 정도에 따라 사회에 대한 충성심이 변하는 공리주의적 인간은 실질적으로 구성원들을 갖지 않는 種이다. 그리고 만족이란 관념이 '기대'와 적절하고 올바른 것에 대한 신념과 결합되어 있다는 것이 분명한 이상, 그것은 그렇게 확고히 뿌리내린 관념이 아니라는 사실이 드러난다. 현대의 가장 풍요로운 사

---

26    몰리에르의 희곡 『신사 평민』의 주인공. 갑자기 부자가 되었지만, 재산을 어떻게 관리할 줄 몰라 사기꾼들에게 속아 넘어간다.

회에서 일부 사람들은 불만으로 가득 차 있다.

절대적 자유에 대한 열망은 근대 정치 이론에서의 이러한 결함을 극복하고 근대적 주체성의 정신에 입각한 사회와 일체가 되기 위한 근거들을 발견하려는 시도로 볼 수 있다. 우리가 우리 사회와 일체가 되고 그것에 충분한 충성심을 바칠 근거를 갖게 되는 것은 그 사회가 우리의 창조, 더군다나 우리 속의 가장 고귀하며 가장 진실한 것, 즉 우리의 도덕적 의지(루소, 피히테)라든가 우리의 창조적 활동(마르크스)의 산물이라는 의미에서 우리의 것이 될 때이다. 루소로부터 마르크스와 무정부주의적 사상가들을 거쳐 현대의 참여 민주주의의 이론들에 이르기까지, 타율을 배제하고 소외를 극복하며 자발성을 회복하기 위해 사회를 재건하려는 시도가 반복되었다. 자유로운 도덕적 의지에 입각한 사회만이 전통 사회의 충성심에 비견될 만한 충성심을 우리에게 요구할 수 있을 것이다. 그러한 사회는 절대적인 가치를 갖는 어떤 것을 다시 한번 반영 또는 구체화할 것이기 때문이다. 단 그것은 이제 우주적 질서가 아닐 것이다. 근대적 혁명 이후에 절대적인 것은 인간의 자유 자체가 되었기 때문이다.

이처럼 절대적 자유에 대한 열망은 여러 이익의 촉진과 조정을 위한 도구로서의 공리주의적 사회에 대한 깊은 불만의 산물이다. 공리주의적 모델에 따라서 건설된 사회들은 정신적 사막 또는 기계로서 체험된다. 그러한 사회들은 정신적인 것을 전혀 표현하지 않으며, 그것들이 가하는 규제와 훈육은 절대적 자유를 원하는 사람들에 의해서 견딜 수 없는 억압으로 느껴진다. 따라서 절대적 자유의 이론가들이 종종 자유주의 사회에 대한 반동적인 비판자와 유사하며, 또한 종종 자유주의 사회 이전의 사회를 찬미했던 것도 놀라운 일이 아니다.

헤겔은 이러한 열망을 이해하고 있었다. 우리가 보았듯이 그는 근본적 자율에 대한 요구를 자기 이론의 중심으로 삼았다. 그는 루소로부터 마르크스를 거쳐 전개되는 절대적 자유에 대한 이러한 열망의 발전 선상에서 극히 중요한 위치를 차지하고 있다. 왜냐하면 그는 루소와 칸트의 근본적 자율에 대한 요구를 헤르더에게서 유래하는 표현주의적 이론과 결합했으며, 그리고 이것이 마르크스의 사상에 대한 불가결의 배경을 제공했기 때문이다. 그렇지만 그는 근본적 자율에 대한 강력한 비판자였다. 이 이유 하나만으로도 그의 이의를 검토할 만한 가치가 있을 것이다.

사회적 분화에 대한 헤겔의 특수한 이론을 떠나서 생각하면, [절대적 자유에 대한] 이러한 비판의 근본적 논점은 "절대적 자유는 동질성을 필요로 한다"라는 것이다. 절대적 자유는 모든 사람이 사회적 결정에 전면적으로 참가하는 것을 방해하는 구별들을 결코 인정할 수 없다. 게다가 그것은 의지의 만장일치를 요구한다. 그렇지 않으면 다수파가 자신의 의지를 소수파에 강요하게 되고, 자유는 보편적인 것이 될 수 없기 때문이다. 그러나 상당히 본질적인 분화는 근절될 수 없다. (헤겔이 제시한 분화의 구조가 잘못되었다는 이의는 우선 무시할 것이다.) 게다가 이런 종류의 분화는 낭만주의 이후의 풍조에서는 인간의 정체성에 본질적인 것으로서 승인되고 있다. 사람들은 자기 자신의 정체성을 단순히 인간으로서만 확인할 수 없고, 자기 자신을 보다 직접적으로 자신들의 부분적인 공동체, 즉 문화적, 언어적, 종교적 공동체 등으로써 규정한다. 따라서 근대의 민주제는 곤경에 빠져 있다.

나는 현대 사회는 이런 종류의 딜레마에 처해 있다고 생각한다. 근대 사회는 더 큰 동질성과 상호 의존을 향해 왔으며, 부분적 공동체는 그것의 자율성과 그것의 일체성을 상실해 가고 있다. 그러나 집단들 내의 커다란 차이들은 아직 남아 있다. 단지 동질성의 이데올로기 때문에, 이러한 차이들은 그러한 차별적 특징을 갖는 집단에 대해서 의미와 가치를 갖지 못한다. 즉 농촌 주민은 대중 매체에 의해서, 자기 자신을 더 나은 생활 양식의 편익을 결여하고 있는 존재로 보게 된다. 예컨대 미국에서 빈자들은 사회의 주변인으로 간주되며, 어떤 면에서는 더 현저하게 계급이 분리된 사회에서보다도 더 나쁜 운명에 처해 있다.

이처럼 동질화는 소수파의 소외와 원한을 증대시킨다. 그리고 자유주의 사회는 이에 대해서 빈곤을 제거하고, 인디언을 동화시키며, 쇠퇴해 가는 시골로부터 주민을 이주시키며, 시골에 도시의 생활 양식을 도입하는 것 등의 계획들을 실시함으로써 대처하려 한다. 그러나 더 철저한 것은 이러한 소외감을 '절대적 자유'에 대한 요구로 변화시키는 것이다. 이것은 현재의 '국외' 집단out group을 포함한 모든 사람이 결정에 충분히 참여하는 사회를 창설함으로써 소외를 극복하는 것이다.

그러나 이러한 두 가지 해결은 문제를 악화시키는 데 그칠 뿐인데, 이는 동질화가 이전에 사람들이 자신들의 정체성을 확보할 수 있었던 근거인 공동체나 집단을 붕괴시키고 이를 대체할 만한 어떤 것도 제시하지 않았기 때문이다. 이러한 공백을 메우기 위해서 대두하는 것이 인종적 또는 민족적 일체성이다. 민족주의는 근대 사회에서 일체성의 가장 강력한 초점이 되어 왔다. 급진적인 자유에 대한 요구는 민족주의와 결합할 수 있고 또한 자주 결합하며, 민족주의에 의해 강력한 추진력과 일정한 방향이 주어진다.

그러나 이처럼 민족주의와의 결합이 일어나지 않을 경우, 절대적 자유에 대한 열망은 딜레마를 해결할 수 없다. 그것은 대중 사회의 소외를 대중 참여를 통해서 극복하려고 한다. 그러나 근대 사회의 규모, 복잡함, 상호 의존은 기술적 이유 하나만 고려하더라도 그것을 더욱 어렵게 하고 있다. 더 중대한 것이지만 충성을 바칠 전통적 집단들을 해체한 사회에서의 점증하는 소외로 인해, 근본적인 만장일치를 달성하는 것, 즉 철저한 민주제를 위해서 본질적인 '일반 의지'를 실현하는 것이 더욱더 곤란하게 되고 있다. 여러 전통적 제약을 받아들인 근거가 소멸해 감에 따라서 사회는 파편화되어 가는 경향이 있다. 집단들은 자신들의 요구를 더 첨예하게 내세우며 '체제'와 타협할 이유를 보다 덜 인정하게 되기 때문이다.

그러나 참여에 대한 급진적인 요구는 이러한 파편화를 저지하기 위해 아무것도 할 수 없다. 어떤 결정을 내리는 데 모든 사람이 참여하는 것은 모든 사람이 서로 동의할 근거가 있을 경우에, 또는 근저에 공통된 목적이 있을 때만 가능하다. 급진적인 참여는 이러한 것들을 창조할 수 없고 단지 전제할 뿐이다. 이것이 헤겔이 거듭 강조하고 있는 점이다. 절대적 자유에 대한 요구는 그것만으로는 공허하다. 헤겔은 가능한 귀결 중의 하나를, 즉 공허함은 철저한 파괴를 낳는다는 사실을 강조한다. 그러나 그는 또한 『정신현상학』에서 또 하나의 다른 귀결을 언급하고 있다. 그것은 어떤 집단이 권력을 장악한 후 일반 의지를 대표한다고 주장하면서 사회에 그 집단의 목적을 부과함으로써 사회에 하나의 방향을 주려는 것이다. 그들은 이처럼 다양성이란 문제를 힘으로 '해결한다.' 현대의 공산주의 국가들이 이러한 방향으로 나아간 사례이다. 그리고 그러한 국가들에 대해서 무엇이라고 말하든 간에 그것들은 자유의 모델로 간주될 수 없다. 게다가 절대적 자유의 공허함에 대해 그러한 국가들이 제시한 해결책은 어떤 의미에서는 일시적인 것에 지나지 않는다. 어떠한 사회적 목표를 선택해야 하는가 또는 어떠한 사회적 구조를 채택해야 하는가라는 문제는 자유주의 사회를 상대로 한 동원과 투쟁이라는 긴급한 과제에 의해 해결된다. 공산주의 사회가 계급적 적敵을 타파하는 것이든 근대적 경제를 건설하는 것이든, 공산주의의 전제 조건들을 확립하지 않으면 안 되는 기간에는 그 사회에 일정한 과제가 부과될 수 있다. 이러한 사회는 총동원 기간이 끝날 때에는 혼란에 빠질 것이다(따라서 총동원 기간은 지배하는 당이 붕괴할 때나 끝날 것이다).

그러나 이러한 총동원이라는 전체주의적 진로를 취하려 하지 않는 참여 이데올로기는 대규모적인 현대 사회의 복잡함과 파편화에 대처할 수 없다. 이러한 이데올로기를 주창하는 많은 사람은 이러한 사실을 깨닫고 여러 공동체의 고도로 권력이 분산된 연합이라는 루소의 이념으로 되돌아간다. 그러나 그동안의 대규모적인 동질 사회의 성장은 이것을 훨씬 실행하기 어렵게 만들었다. 거대한 인구 집중과 경제적 상호 의존 때문에 많은 결정이 사회 전체와 관련해서 내려져야 한다. 그리고 우리는 권력 분산으로는 이러한 사태에 대처할 수 없다. 더 심각한 것은 동질화로 인해 과거에 이러한 분권적인 연합체의 기초였던 부분적 공동체들이 붕괴하고 말았다는 사실이다. 그렇다고 해서 사회를 관리하기 쉬운 여러 단위로 분할하는 것도 좋은 방안이 못 된다. 누구도 이러한 단위들과 일체감을 느끼지 못한다면, 우리가 오늘날의 많은 도시 정책에서 보듯이 참여는 최소한에 그칠 것이다.

이처럼 헤겔이 파악한 근대 민주제의 딜레마는, 극히 간단히 말하면 평등과 전체적 참여라는 근대의 이데올로기는 사회의 동질화를 초래한다는 것이다. 사회의 동질화는 사람들을 자신의 전통적 공동체로부터 분리하지만 일체성의 거점으로서의 공동체를 대신할 아무것도 제시할 수 없다. 오히려 그것은 차이와 개성을 경시하고 심지어 파괴할 전투적 민족주의라든가 전체주의적 이데올로기를 통해 일체성을 회복하려고 하기 쉽다. 이 경우 그것은 어떤 사람에게는 일체성의 거점이 될 것이고, 다른 사람들은 말 못할 소외를 겪게 될 것이다. 헤겔은 개인의 자유라는 원리를 알게 된 근대 세계에서는 그리스 도시국가의 견고한 통일이 회복될 수 없다는 사실을 끊임없이 강조한다.

따라서 보편적이고 전면적인 참여의 사회로 이행함으로써 공백을 메우려고 하는 시도는, 설혹 자유를 억압하지 않는 경우에도 무위로 끝난다. 절대적 자유는 그것만으로는 공허하며 [전통적 공동체를 대신할] 일체성의 거점을 제시하지 않기 때문에, 동질화를 강화함으로써 문제를 악화시킬 수밖에 없다. 그뿐 아니라 전면적 참여는 대규모 사회에서는 실현 불가능하다. 사실상 절대적 자유의 이데올로기는 자신들이 사회에 실현하려는 강력한 비전을 갖는 소수 내에서만 일체감을 산출할 뿐이다.

이러한 병폐에 대한 유일한 처방책인 유의미한 분화의 회복이 근대 사회에서 어려운 이유는, 근대 사회를 더 큰 동질성으로 몰아가는 이데올로기에 대한 근대 사회의 집착 때문이다. 남아 있는 약간의 분화된 집단들(예컨대 미국의 빈민들)은 멸시를 받는, 소외와 원한의 배양지이다. 그리고 사실상 공백을 메우고 일체성의 거점이 되고 있는 차이들은 인종적 또는 민족적 차이이다. 그러나 그 차이들은 배타적이며 분열을 초래하기 쉽다. 그것들은 극히 어렵게나마 하나의 분화된 사회를 형성할 수 있다.

이에 반해 다민족 국가는 근대 세계에서 살아남기 매우 힘들다. 민족주의는 단일한 동질적인 국가들을 산출하는 경향이 있다. 즉 민족주의가 강한 나라에서는 민족주의는 일체성의 거점을 주고 파편화를 저지하는 경향이 있다. 그러나 그때 그것은 의견의 불일치와 차이를 억압하는 편협하고 불합리한 국수주의chauvinism에 빠질 위험이 있다.

헤겔은 민족주의를 거의 중시하지 않았다. 그리고 이것이 그가 근대 세계에서 민족주의의 중대한 역할을 예견하지 못했던 원인이었다. [헤겔에게는] 민족에 대한 충성으로서의 민족주의는 충분히 이성적이라기보다는 지나치리만큼 감정에 가까웠다. 따라서 그것은 국가의 건설에서 중요한 위치를 점할 수 없었다. 그러나 [헤겔이 보기에] 민족주의는 근대 사회가 필요로 하는 것을 제공할 수 없다는 것도 사실이다. 그리고 근대 사회가 필요로 하는 것은 그 민족 내의 여러 부분적 공동체를 서로 반목시키지 않고 오히려 그것들을 더 큰 전체로 결집시키는 분화이다.

단적으로 말해, 이러한 분화야말로 근대 사회가 자신의 딜레마를 해결하기 위해 필요로 하는 바일 것이다. 그것은 전통 사회가 소유하고 있었던 것이다. 왜냐하면 우주적 질서라든가 유기적 유비organic analogies와 관련된 사유방식의 요체는 그러한 사유방식이 사회집단 간의 차이에 의미를 주고, 그러한 의미가 또한 그 집단들을 하나로 결집시켰다는 것이기 때문이다. 그러나 이것을 근대 사회에 어떻게 회복시킬 것인가? 우리가 보았듯이, 헤겔의 답은 사회적·정치적 분화를 우주적 질서의 표현으로 봄으로써 그것들에게 의미를 주는 것이었지만, 그는 이러한 질서를 자율에 대한 근대적 열망의 최종적이고 완전한 충실이라고 생각했다. 그것은 오직 이성에 입각한 질서이며, 따라서 자유로운 의지의 궁극적 대상이다.

　　우리는 이제 사회의 필연적 분화에 대한 헤겔 사상의 두 차원이 서로 어떻게 결부되어 있는지를 보다 분명하게 알 수 있다. 한 차원에는 그리스의 도시국가와의 비교로부터 끌어낸 일련의 고찰이 있다. 즉 근대 국가의 규모, 일단 모든 직무가 시민들에 의해서 수행되면 어떤 국가도 포함하지 않으면 안 되는 커다란 분화된 집단들, 그리고 개성에 대한 근대적 관념에 관한 고찰이 그것이다. 다른 차원에는, 사회에 반영되지 않으면 안 되는 〈이념〉의 필연적 분절화가 있다. 헤겔에서 이러한 두 차원은 서로 별개의 것이 아니다. 그것들은 서로 결합되어 있고, 헤겔은 그 시대의 서로 다른 사회적 집단들을 〈이념〉의 분절화를 반영하는 것, 또는 〈이념〉이 역사에서 자기 자신을 실현하는 대로 [〈이념〉에] 완전히 상응하게 반영을 하는 것으로서 보고 있다. 그리고 바로 이것이 그가 그러한 분화된 집단들을 이 시대의 급진적 사상가들이 주장하는 것처럼 소멸할 운명에 처한 역사적 유물로 간주하지 않고, 오히려 마침내 '〈개념〉에 상응하게 될' 국가의 형태에 가까운 것으로 보았던 이유이다.

　　우리는 오늘날 헤겔의 해결책을 받아들일 수 없다. 그러나 그것이 해결하려고 했던 딜레마는 그대로 남아 있다. 그것은 토크빌이 권력 기구를 분산하여 활력 있는 공동체들로 이루어지는 민주적 정체에 커다란 중요성을 인정했던 반면에, 일각에서는 동시에 평등이라는 매력이 근대 사회를 획일성으로, 그리고 전능한 정부에 대한 복종으로 유도하고 있었던 때에 [헤겔과는] 다른 입장에서 해결하려고 했던 딜레마이다. 이러한 일치는 결코 놀라운 일이 아닌바, 양자는 몽테스키외로부터 깊은 영향을 받았고 미래에 대해서는 물론 과거에 대해서도 깊은 공감적 이해를 가졌기 때문이다. 그러나 우리가 헤겔의 입장에 서든 토크빌의 입장에 서든 간에, 근대적 민주 정체가 크게 필요로 하는 것 중의 하나는 유의미한 분화를 다시 회복하고 그 결과로서 그 정체의 여러 부분적 공동체로 하여금 ―지역적인 것이든, 문화적인 것이든, 직업적인 것이든 간에― 사회 구성원들을 전체에 결합시키는 방식으로 존재하면서 그 구성원들의 활동과 관심의 중요한 중심이 될 수 있도록 하는 것이다.

# 7. 미네르바의 올빼미

이제 다시 헤겔의 프랑스 혁명에 대한 해석으로 되돌아가면, 우리는 절대적 자유의 추구가 어떻게 해서 실패할 수밖에 없었던가를 알 수 있다. 어떠한 분화에도 반대함으로써 그것은, 사람들이 보편적인 것과 다시 한번 결합할 수 있는 새로운 사회를 낡은 사회의 폐허 위에 재건할 수 없었던 것이다. 그것은 "언어의 영역에서든 현실에서든 어떠한 적극적인 실현Werk에도, 어떠한 보편적인 성취Werken에도, 의식적 자유의 법률에도, 보편적인 제도들에도, 실천적인wollenden 자유의 행위와 달성Werken에도" 도달할 수 없었다(PhG, 417). 그러나 그때 그것의 모든 에너지는 부정적으로 낭비되지 않으면 안 된다. 절대적 자유에 대한 열망은 존재하는 사회, 즉 구제도에 직면하여 그 사회의 제도들을 파괴하고 그것의 분화된 구조를 철폐하려고 했다. 그러나 절대적 자유는 그 대신에 아무것도 산출할 수 없었으므로 이러한 부정적 계기에 매몰되었으며, 그것의 모든 에니지는 계속적인 파괴에 소비될 뿐이었다. "보편적인 자유는 어떠한 적극적인 사업도 행위도 낳을 수 없다. 거기에는 부정적인 행동만이 남아 있을 뿐이다. 그것은 파괴의 광포狂暴함에 지나지 않는다"(Ibid., 413).

이상은 공포정치에 관한 헤겔의 연역적 설명이다. 공포정치는 프랑스 혁명의 자코뱅당원과 급진주의자들의 열망의 우연한 귀결이 아니었다. 자유 자체에 대한 요구, 즉 헤겔이 말하는 "어떠한 내용도 자신에 대한 제약으로서" 거부하는 '부정적 자유'(PR, §5) 또는 '공허한 자유'에 대한 요구가 갖는 공허함을 우리는 철학적 수준에서 보편화에 관한 칸트의 기준이 갖는 공허함에서 이미 보았다. 그것이 이제 어떠한 분화된 기구도 광신적으로 부정하면서 정치의 무대에 등장하게 된다. 혁명은 "보편적인 평등과 같은 어떤 적극적인 사태를 실현하려 하고 있다"라고 상상할지도 모르지만, 실제로는 아무것도 실현할 수 없다.

> "왜냐하면 이러한 현실성은 곧 어떤 질서에 즉 여러 조직과 개인들의 특수화로 이끌기 때문이다. 이에 반해 이러한 부정적 자유의 자기의식은 특수성과 객관적 분화 체계의 소멸로부터 전진해 간다. 따라서 부정적 자유가 실현하기를 바라는 것은 추상적 이념 이외의 어떤 것도 아니며, 이러한 이념을 실행하는 것은 광포한 파괴를 초래할 수 있을 뿐이다"(Ibid., §5).

그러나 제도 전체가 붕괴했을 때, 그 혁명은 무엇을 파괴할 수 있을까? 답은 그것 자신이며, 그 자신의 자식들이다. 사실상 전면적이고 완전한 참여에 대한 열망은 엄밀히 말하면 불가능하기 때문이다. 실제로는 어느 집단이 주도권을 장악해야만 하고 정부가 되어야만 한다. 이 집단은 실제로는 하나의 당파에 지나지 않지만, 이러한 사실을 솔직하게 인정할 수 없다. 그것이 집단의 정당성을 무너뜨리기 때문이다. 따라서 그 집단은 자신이 일반 의지를 구현하고 있다고 주장한다. 그 이외의 당파들은 범죄 집단으로 간주된다. 또한 그러한 당파들은 그렇게 간주되지 않을 수 없다. 왜냐하면 그들이 일반 의지로부터 일탈하기 위해 그것을 침해하려고 하기 때문이다. 그러한 당파들은 보편적이고 전면적인 참여에서 벗어나려고 한다. 그들은 사적인 의지로서 자신들을 계속 견지하려고 하므로 분쇄되지 않으면 안 된다. 그러나 어떤 당파에도 참가하지 않아도 처벌되어야 할 경우가 생긴다. 정당성의 원천이 일반 의지이므로 [혁명에 대해 단지] 적대적이고 불순한 의지를 갖기만 하는 사람들조차 그들이 혁명 정부에 대해 반대하는 행위를 하든 안 하든 간에 자유와 인민의 적이기 때문이다. 긴박한 위기의 시대에는 이러한 자들조차도 처벌되지 않으면 안 된다. 물론 불순한 의지는 반혁명적 행동과 동일한 방식으로 [즉 외적인 증거에 의해] 입증될 수는 없기 때문에, 소위 애국자들에 의한 혐의가 [어떤 사람이 불순한 의지를 가지고 있는지 그렇지 않은지를 판정하는] 기준이 될 수밖에 없다. "이처럼 혐의를 받는다는 것이 유죄라는 것을 대체하거나 그것과 동일한 의미와 귀결을 갖는다"(*PhG*, §419). 이처럼 헤겔은 공포정치가 극에 달했을 때의 용의자 체포령loi des suspects을 연역해 낸다. 동시에 그는 미래의 공포정치가 불순한 의도마저 ('주관적으로'는 그렇지 않지만 '객관적으로'는 그렇다는 이유로) 범죄적 행위와 동일시하게 되는 이유를 도출해 낸다.

공포정치는 또한 그의 적과 적의 숙청에 대해서 하나의 특징적인 태도를 보여 준다. 인간성의 본질은 일반 의지 속에서 발견되어야만 한다. 인간의 참된 자기, 그의 자유의 내용은 거기에 있다. 일반 의지에 대립하는 것만이 비이성적인 것이며, 일반 의지에 대립하지 않는 한 변태적인 변덕이나 추악한 인간 혐오도 정당화된다. 이러한 적들은 그들 자신의 독립한 정체성에 근거해 있지 않고 인간적 내용을 갖지 않는 공허하고 불순하며 고집 센 자아에 근거해 있기 때문에, 적들을 제거하는 것은 자율적인 인간을 죽이는 것이 아니다. 따라서 그들의 죽음은 "내적인 의미도 갖지 않고 충실을 표현하지도 않는 죽음이다. 부정되는 것은 내용을 갖지 않는 한 점, 절대적으로 자유로운 자기라는 한 점이기 때문이다. 따라서 그것은 극히 냉혹하고 극히 김빠진 죽음이며, 양배추의 목을 치거나 물한 모금 마시는 것 이상의 의미를 갖지 못한다"(*Ibid.*, §418-419).

헤겔은 이러한 예언적인 구절들에서 우리가 그의 시대의 사람들보다 훨씬 크고 심각한 규모로 당해야만 했던 정치적 테러의 근대적 형태를 묘사하고 있다. 이는 '인민의 적들'을 인류의 참된 의지라는 이름 아래 제거해 버리는 테러이며, 이처럼 적극적인 대립자들뿐만 아니라 용의자들까지 제거하는 테러이다. 이 자체는 새로운 것이 아니다. 그 어떤 폭군의 법정이라도 혐의에 입각하여 민중을 처형해 왔다. 그러나 근대의 정치적 테러에서는 혐의가 적대적 행위와 유사한 것에만 향하는 것이 아니다. 그것을 넘어서 의지가 불순하거나 미온적이라는 이유 하나만으로 처벌한다. 이러한 의지가 인류에 대한 범죄의 본질이기 때문이다. 그러한 의지는 인류의 전진에 기여하지 않는다. 그리고 이와 동시에 희생자들은 인류의 대열로부터 제외되며 기생충같이 취급된다. 이처럼 고도로 문명화된 국민들의 야만은 칭기즈칸과 아틸라의 최악의 야만을 능가했다. 그리고 집단적 의지에 대한 도착적인 이데올로기는 인종 차별과 혼합됨으로써 이전의 모든 범죄를 능가하는 범죄를 저질렀다.

헤겔의 견해에 따르면, 테러는 또는 최소한 파괴적 광포는 절대적 자유의 추구에서 본질적인 요소이다. 그것은 어떠한 영속적 기구도, 그리고 동시대의 적극적인 의지의 발현이 아닌 과거의 창조물들도 그대로 용인할 수 없다. 따라서 그것은 파괴 속에서만 그 자신에 충실하다고 느낀다. "무엇을 파괴하는 것에서만, 이러한 부정적 의지는 자기 자신에 대해서 존재하고 있다는 감정을 갖는다"(PR, §5). 우리는 헤겔이 마오쩌둥의 문화대혁명에 대해, 그리고 관료화에 대해 현대의 혁명가들이 갖는 혐오에 대해 어떻게 생각할 것인지를 쉽게 상상할 수 있다. 헤겔이 예견하지 못했던 것은 여러 건설적인 목표와 기구가 절대적 자유의 이름 아래 어떻게 부과될 수 있는가 하는 것이며, 또한 그것이 얼마나 더 무시무시한 것일 수 있는가 하는 것이었다.

따라서 프랑스 혁명에 대한 헤겔의 분석은 그것을 계몽주의의 궁극적 귀결, 그것이 갖고 있는 내적 모순의 극치라고 보고 있다. 계몽주의는 근대에 있어서 인간의 정신화 운동의 정점이다. 그것은 인간이 이성적 의지의 담지자이며, 아무것도 이성적 의지를 방해할 수 없다는 사실을 의식하고 있다. 그것은 그 자신을 모든 '실제적인 것'으로부터, 즉 한갓 존재하는 제도와 과거의 비이성적 권위의 수용으로부터 해방시켰다. 그러나 계몽주의는 '지성'의 편협한 관점으로 인해 맹목적으로 되었기 때문에 인간이 더 위대한 주체라는 사실을 보지 못한다. 그것은 인간을 단지 이성적인 의지의 원천이라고 정의한다. 그 결과 그것은 이러한 의지에 대한 내용을 발견할 수 없다. 단지 파괴할 수 있을 뿐이다. 따라서 그것은 그 자신과 자기 자신의 자식들을 파괴하는 것으로 끝난다.

그다음에 헤겔은 국가가 재발견된 분화로 귀환한다고 생각한다.

그러나 이것은 한갓 구식舊式의 분화로 귀환한다는 것은 아니다. 그동안에 무언가가 획득됐기 때문이다. 낡은 실제적인 구조들과 불합리한 과거 또는 ―이렇게 말하는 것이 좋을지 모르지만 오히려― 합리성의 불완전한 구체화에 지나지 않았던 제도들은 일소되고 말았다. 구체제의 제도들은 소멸하고 그것들을 대체할 새로운 구조들에게 자리를 내놓아야만 했다.

이처럼 프랑스 혁명에 의해 수행된 세계사적 전환을 참으로 수용한 국가는 분화가 다시 회복된 국가이다. 그 국가는 우리가 앞으로 살펴볼 것처럼, 그것에 앞선 신분 구조와의 어떤 연속성을 가지고 있지만, 그 구조는 변혁된 것이며 무엇보다도 이성에 근거하고 있다. 이것이 헤겔이 『법철학 강요』에서 묘사하고 있는 국가 구조이다.

헤겔에서 이러한 국가가 역사의 무대에 등장하는 것, 즉 그 실현은 그것의 본성과 합치한다는 사실을 주목하는 것이 중요하다. 그러한 국가는 단순히 인간 의지의 발현으로 보이지 않는 것처럼, 인간의 의식적인 계획에 의해서 형성되지 않는다. 물론 국가는 역사에서 사람들의 행위에 의해 형성된다. 그러나 결과로서 일어나는 것은 항상 사람들이 기대하는 것 이상이다. 프랑스 혁명가들은 불가능한 것을 시도하는 중에 죽었지만, 새로운 국가의 형성을 위한 지반을 마련하는 데 기여했다. 나폴레옹은 유럽을 정복하고 권력을 장악하기까지 하였지만, 그 결과 나타난 것은 회복된 국가이다. 파멸적인 결과들조차 나름대로 기여했다. 왜냐하면 헤겔이 공포정치는 죽음과의 대면에서 생긴다고 보는 [독특한] 효과를 낳았기 때문이었다. 즉 공포정치는 사람들을 보편적인 것에 대면하게 하여 새로운 국가의 건립을 용이하게 했던 것이다(*PhG*, 420). 이것이 바로 이성의 교지

效智이다.

여기서 우리는 헤겔과 마르크스의 결정적인 차이를 보게 된다. 절대적 자유에 대한 헤겔의 비판에서, 우리는 그가 루소와 프랑스 혁명을 비판하고 있음을 본다. 그러나 이것은 또한 마르크스에 대한 비판이기도 했다.[27] 왜냐하면 마르크스도 우리가 종국적으로는 보편적이고 전면적 참여가 이루어지는 사회에 도달하여 분업을 극복함으로써 새로운 동질성을 회복할 것이라고 믿고 있기 때문이다. 그리고 헤겔의 분화에 대한 마르크스의 거부는 우리가 보았듯이 헤겔을 자코뱅당원들로부터도 분리시켰던 쟁점에 입각해 있었던 바, 마르크스에게 역사의 목적으로서의 자유는 순수하게 인간적인 자유일 뿐 〈정신〉의 실현fulfilment이 아니었다. 따라서 [마르크스의 관점에서 보자면] 그러한 자유의 실현은 의식적인 행위에 의해 이루어진다.

따라서 마르크스는 헤겔의 이성의 교지라는 개념을 받아들이기는 하지만, 이것은 최후의 위대한 혁명에는 적용되지 않는다. 마르크스주의자들은 부르주아와 [최후의 위대한 혁명] 이전의 정치적 활동가들은 자신들의 행위가 갖는 의의를 이해할 수 없다고 주장한다. 그들은 그들이 생각하고 있는 것보다 많은 것을, 또한 그것과는 다른 것을 이룩한다는 것이다. 그러나 이것은 프롤레타리아에 대해서는 해당되지 않는다. 프롤레타리아는 사태에 관한 과학적 견해를 가지고 있다고 마르크스주의는 생각한다. 이 경우, 그들의 혁신적 행동이 갖는 의의는 활동가들에 의해 이해

---

27    그러나 마르크스는 그 나름대로 변형시킨 헤겔적인 구체화 원리를 수용하고 있으며, 인간을 자연의 모체 내에 존재하는 것으로 보고 있다는 점에서 부분적으로나마 이러한 비판에서 벗어나 있다.

된다.

마르크스에서 이성의 교지에 해당하는 테제는 인간의 유적類的 본성이라는 관념에 기초해 있다. 역사에서 사람들의 행동에 의의를 주는 것은 아직까지 알려지지 않았던 인간 본성이다. 그러나 그것은 최후의 모순이 폭발함과 아울러 의식되기에 이른다. 사람들은 자신이 무엇인지를 알게 되며, 유적 인간이기 때문에 전체로서의 인류의 수준에서 행위할 수 있는 사람들, 즉 프롤레타리아는 자신이 무엇을 하고 있는가를 명확히 알 수 있다. 이것을 달리 표현하면 헤겔의 '이성'에 대응하는 역사에서 눈에 보이지 않는 행위자는 유적 인간이다. 유적 인간이 계급 사회에서와 같이 자신의 구체적인 역사 현실과 모순되는 한, 인간은 자신이 무엇을 하고 있는지를 명확히 알 수 없다. 그러나 프롤레타리아의 경우처럼, 일단 이러한 모순이 극복되면 그의 행동은 자기의식적인 것이 된다.

그러나 헤겔에서는, 인간은 자신이 그때 무엇을 하고 있는지를 명확히 알 수 없다. 왜냐하면 작용하는 동인動因은 단순히 인간이 아니기 때문이다. 우리 모두는 행위자로서 우리가 실제로는 이해하지 못하는 극drama에서 자신의 역할을 하고 있다. 그 극이 다 끝났을 때에만 우리는 그 동안에 일어났던 것을 이해하게 된다. 미네르바의 올빼미는 황혼이 질 때만 날아다닌다.

따라서 작용하는 동인은 전적으로 우리가 아니다. 우리는 이성적인 국가를 입안하고 설계하여 그것을 존재하게 하려고 했던 것은 아니다. 그것은 역사를 통해서 성장했던 것이다. 그것은 게르만의 삼림森林에서 나타나 중세를 통하여 발달했던 제도들에서, 나중에는 입헌군주제가 되었던 왕권 제도과 신분 제도에서 성장했다. 이러한 제도들은 변혁되고 세

런되고 합리화될 필요가 있었다. 이것조차 계획에 따라서 이루어진 것이 아니고 다른 목표를 가졌던 혁명가들과 한 위대한 장군[나폴레옹]의 정복 활동으로부터 이성의 교지에 의해 일어났던 것이다.

헤겔의 정치론에서 국가는 이성에 따라서 건설되지 않으면 안 되는데, 이성(〈정신〉)이 자기 자신을 실현한다고 주장하는 그의 역사철학으로부터, 이성에 일치하는 국가의 건설은 이성의 청사진을 보고 그것에 입각하여 국가를 건설하는 소수에 의해 일어나는 것이 아니라는 결론이 나온다. 이성이 자기 자신을 실현한다는 것은, 자신이 무엇을 하고 있는지를 의식하지 못하고 흡사 흐린 유리를 통해 보면서 행동하면서도 이성의 교지에 의해 인도되는 인간의 행동으로부터 결과가 생긴다는 사실을 의미한다.

게다가, 비록 어떤 기묘한 시간의 반전反轉에 의해 사람들이 미리 국가의 정확한 청사진을 입수했다고 해도 그것이 간단히 적용될 수는 없을 것이다. 왜냐하면 그러한 청사진의 중요한 부분은 사람들이 실현된 공공 생활과 일체가 되는 일이기 때문이다. 그러나 그것이 우리의 뜻대로 간단히 이루어지는 것은 아니다. 그것은 우리의 무의식적인 정신 생활의 심층에서 오랜 시간에 걸쳐 발달하는 것이다. 이것이 헤겔이 아무리 훌륭한 헌법이라도 아무 곳에나 간단히 적용될 수 없다고 말하는 이유이다. ─이는 또한 나폴레옹이 스페인에서 깨달았던 사실이기도 하다─ 스페인 국민의 인륜성은 그런 종류의 자유주의와 결합될 수 없었던 것이다.[28]

올바른 헌법의 인륜성도 그와 똑같이 서서히 성장하며 일정한 국

---

28    *PR*, §274 추가.

민 속에서, 그리고 일정한 속도와 일정한 조건 아래에서만 성장한다. 그것이 현재 존재할 때까지는 그것이 이해되지 않는다는 것이 단순히 불행한 일만은 아니다. 오히려 그것이 현재 존재하기 전에는 사람들이 아직 이러한 인륜성으로까지 성장해 있지 않기 때문에 이해되지 않는 것이며, 그들이 그것을 파악할 수 없는 것 또한 놀라운 일이 아니다. 그들은 그들 자신의 인륜성을 가지고 있지만, 아직 충분한 합리성에 도달해 있지는 않은 것이다. 그것[인륜성]의 성장이 이해되지 않는 것은 이성의 성장, 이성에서의 성장을 포함하고 있기 때문이며, 또한 이러한 성장의 높은 단계는 낮은 단계의 가장 높은 위치로부터도 이해될 수 없기 때문이다. 우리가 그것을 이해할 수 있기 이전에 [이성의] 성장이 일어나지 않으면 안 된다.

이성적 국가는 이성의 성장의 극치로서, 그것이 등장하기 이전에는 충분하게 이해될 수 없다. 그리고 누군가가 그것을 어떤 사람들에게 [그것이 스스로 성장하여 등장하기 전에] 제시한다 하더라도 그들은 그것을 실행할 힘을 갖지 못할 것이다. 왜냐하면 그 시대의 사람들은 그것을 이해할 수 없으며 더군다나 그들은 그것에 대해서 일체감을 가질 수 없을 것이기 때문이다.

헌법을 올바르게 입안한 후 그것을 실천에 옮긴다는 이념은 계몽주의의 이념이다. 계몽주의는 사태를 공학의 문제, 수단과 설계의 외적인 문제로 취급한다. 그러나 헌법은 사람들의 정체성, 즉 그들이 자신을 이해하는 방식에서 일정한 조건들을 필요로 한다. 따라서 계몽주의의 이념은 너무나 천박하다. 사람들이 철학에서 자신의 시대를 초월하려고 기도하는 것은 로도스섬을 뛰어넘으려는 것과 같은 것이다(PR, preface, 11).

우리는 헤겔이 생각하는 실현된 국가를 여기에서 서술할 수 없다.

그러나 그 대체적인 윤곽은 우리가 검토한 역사철학으로부터 명확히 파악할 수 있다. 이는 어떤 방식으로든 소크라테스와 기독교의 보편적 주체성과 고대인의 인륜성을 결합하는 국가일 것이며, 보편적 개인들이 일체감을 느낄 수 있는 인륜성을 갖는 국가일 것이다.

> "근대 국가들의 원리가 이상한 힘과 깊이를 갖는 것은 그것이 주체성의 원리를 절정에 달하게 하여 극두의 자립적이고 인격적인 특수성을 갖도록 하기 때문이며, 동시에 주체성의 원리를 실체적 통일과 결합함으로써 주체성의 원리에서 이러한 통일을 유지하기 때문이다"(Ibid., §260).

근대 국가들의 원리는 두 측면[주체성과 실체적 통일]이 서로 결합하는 데까지 이행했기 때문에 그러한 것을 달성했다. 보편적 주체성은 국가에서 [자신의] 구체화를 발견하지 않으면 안 된다는 사실을 자각했으며, 더 나아가 그 국가는 인간의 의지가 아니라 오히려 〈정신〉의 발현으로서의 인간의 의지에 기초한 국가라는 사실을 깨닫는다. 따라서 개인은 더 큰 질서[국가] 속에서 자신의 위치를 점하면서도 그 질서와 일체가 된다. 왜냐하면 그것[그 질서]은 이성의 구체화이기 때문이다.

이처럼 보편적 주체성[으로서의 인간]은 이성적인 사회를 간단히 창조할 수 없다는 것, 또한 그 사회를 역사 속에 전개되어 있는 하나의 질서로서 발견하지 않으면 안 된다는 것을 이해하게 된다. 그리고 그러할 때 그는 개인주의를 넘어서 다시 한번 '인륜적 신념sittliche Gesinnung'을, 즉 실현된 질서 —여기에서 자유의 최고의 형태가 발견되는데— 와 하나라는 내적인 감각을 회복할 수 있게 된다.

그러나 동시에 질서 그 자체가 진화하지 않으면 안 된다. 질서는 보편적 주체가 [그 질서 안에서] 자신을 느낄 수 있도록, 또한 자신의 인륜성으로서 그 질서와 일체가 될 수 있도록 이성과 일치하지 않으면 안 된다.

헤겔은 지금 이러한 진전이 이미 일어났다고 생각한다. 세계를 이성에 따라서 개조하려던 이성의 노력은 좌절하고 말았다. 그러나 그러한 노력은 이 과정에서 그러한 노력을 한 장본인들이 아직 파악하지 못했던 국가의 합리화를 이룩했다. 그들은 낡은 실제적인 것을 일소했던 것이며, 따라서 대격변 이후에 일어난 국가는 단순히 과거와의 연속성을 유지하지 않고 정화되었던 것이다. 이성적인 인간은 자신의 주체성을 충분히 발전시킨 후, 이제 이 새로운 국가와 기꺼이 일체가 된다. 철학의 과제는 현실의 이성적 기초를 드러내어 이러한 일체화를 촉진하는 것이며, 이러한 일체화에 의해서 이성적 국가는 완성에 도달할 것이다.

## 8. 탈산업화의 '인륜성'

우리는 역사철학과 정치철학에 관한 헤겔의 이러한 간략한 서술로부터 [헤겔 철학이] 오늘날 어떤 의미를 갖는지를 알 수 있을까? 우리가 앞에서 본 것처럼, 헤겔은 모든 발전성이 있는 사회는 유의미하게 분절화되어야 한다고 역설했다. 그리고 이것이 근대 사회의 자발적인 응집성에 관한 논쟁을 불러일으켰다. 자유로운 사회, 즉 자발적 참여가 광범위하게 행해질 경우에만 제도들이 운영될 수 있는 사회는 어떻게 해서 그 통일성과 활력을 보존할 수 있는가? 이는 자유주의적인 시대가 자유주의 사회의 통일을 당연하게 생각했기에 보지 못했던 쟁점이다. 그러나 이 쟁점은 정치사상사에서 아리스토텔레스와 마키아벨리, 그리고 특히 몽테스키외가 중요시했던 문제이다. 우리 사회가 해체되어 가고 있기 때문에, 우리는 오늘날 그 문제가 갖는 중요성을 재발견하기 시작하고 있다.

헤겔은 아리스토텔레스와 몽테스키외를 토대로 하여 자신의 정치사상을 형성했기 때문에 그것은 그에게도 중심적인 논쟁점이었다. 그는 시민들이 도시국가에서의 생활을 자기 삶의 중심으로 여길 정도로 일체감을 깊이 느꼈던 고대 그리스의 자유로운 국가들에 대해서 그의 세대와 똑같이 향수를 느꼈다. 도시국가는 인륜성에 대한 헤겔의 사상의 기원이 된 역사상의 모범적인 실례였다. 그리고 헤겔은 이 개념과 이 개념에 연관된 개념들을 사용하여 자유로운 사회들의 쟁점을 다루려고 한다.

인륜성은, 우리가 지탱하고 존속시키지 않으면 안 되는 더 큰 생활에 대한 윤리적 의무의 차원을 가리킨다. 인륜적 차원은 사람들이 자신의 사회와 그 사회의 제도들과 깊은 일체감을 갖는 윤리적 생활에서 중요하다. 사람들이 자신들의 사회와 그 사회의 제도와 일체감을 갖지 못할 경우, 즉 그들에게 근본적으로 중요한 것이 다른 곳에 있을 경우, 그들은 헤겔이 소외라는 단어로 특징짓는 체험을 하게 된다. 헤겔은 이 점에서 몽테스키외와 [정치사상의] 오랜 전통에 따라서, 활기찬 인륜성을 지탱하는 일체감 없이는 자유로운 사회가 유지될 수 없다고 믿는다.

인륜성과 소외라는 헤겔의 개념들은 전통과 관계가 있을지라도 자유로운 사회의 필요조건이라는 문제를 다루는 새로운 방법을 제시한다. 그러나 근대 정치학이 이 문제를 다룰 경우, 대체로 '정당성'이란 개념을 통해 다루며, 더 나아가 헤겔이 서 있던 전통에서 전적으로 단절된 방향에서 다룬다. '정당성'은 어떤 정체政體의 구성원들이 이 정체와 그것의 제도들에 대해서 갖는 주관적인 태도와 관련하여 정의된다. 즉 제도란 그 자체로서는 정당한 것으로, 또는 부당한 것으로 특징지어지지 않는다. '정당성'은 오히려 제도들이 그 제도하에서 사는 사람들에 의해 보이는 방식을, 또는 이런 사람들이 제도들에 대해서 어떻게 느끼고 있는지를 특징 짓는다. 물론 이러한 접근 방식은 기술記述과 설명을 가치 평가로부터 분리하면서 과학을 '몰沒가치적'으로 만들려고 하는 근대 사회과학의 시도와 완전히 일치한다.

그러나 몰가치성의 요구는 이 과학이 여러 정체와 제도들 자체를 특징지을 때 이러한 제도들에 대한 국민들의 태도를 기술하기에 적합한 어떠한 용어들도 피해야만 한다는 사실을 의미한다. 더 정확히 말하면, 어떤 사회의 제도를 그것이 인간과 사회에 대해 갖는 인간의 관계에 관한 어떤 일정한 사상을 구체화하고 있다거나 표현하고 있다는 식으로 묘사해서는 안 된다. 이러한 제도가 그러한 사상을 구체화하기 위해 설립된 극히 한정된 경우를 제외하고는 말이다. 왜냐하면 그러한 사상의 참된 진원지는, 제도들을 어떤 의미에서 자신들의 이상을 실현하고 있는 것으로서 볼 수 있는 국민의 마음속에 존재하기 때문이다. 만약 제도들이 이상을 구체화하도록 고안된 것이 아니라면, 아마 그것들이 인간과 사회에 대한 어떤 사상을 견고히 하고 격려하고 자각시키는 것은 가능하겠지만, 그러한 사상을 구체화하고 표현하는 것은 불가능할 것이다.

이와 마찬가지로 우리는 사회와 그 제도들에 대해서 그것들이 어떤 종류의 공동체 정신을 구체화하고 있다고 말해서는 안 된다. 왜냐하면 제도들은 공동체 정신을 표현하는 것으로서 국민에 의해서 드러나고 느껴지는 어떤 종류의 행위들을 권유하고 촉구할지도 모르나, 공동체 정신은 궁극적으로는 국민의 '주관적인 태도'이기 때문이다. 그것이 제도들 자체 속에 있을 수 없다.

따라서 이러한 과학이 여러 정체와 제도를 특징짓기 위해서는 [몰

가치적인] 언어를 사용해야 한다. 그것은 제도들을 사람들의 태도를 형성하고 그들의 목적을 좌절시키거나 촉진하는 행동의 양식들patterns로 해석할 것이다. 그러나 그것은 제도를 표현적 차원에서, 즉 삶에 관한 어떤 사상 또는 어떤 종류의 삶을 표현하는 것으로 볼 수는 없다.

이러한 것이 헤겔의 인륜성이란 용어와 현저하게 다르다는 것은 참으로 명백하다. 우리는 2장 3절에서 헤겔의 '객관적 정신'이란 개념이, 우리의 여러 제도와 실천은 개인이면서도 사회적 존재이기도 한 우리 자신에 관한 어떤 일정한 견해를 구체화한다는 사상을 수반하게 된다는 사실을 보았다. 따라서 헤겔의 이 용어는 근대 정치학의 주류와 현저히 다른, 사회를 이해하는 또 하나의 방식에 대해서 기초를 제공한다.

이러한 두 개의 이해 방식이 얼마나 다른지는 우리가 현대의 중대한 문제, 즉 서양의 많은 민주적 정체에서 증대하고 있는 긴장과 분열을 보면 명백히 드러날 것이다. 근대 정치학의 용어로 말하자면 '정당성'의 하락 현상이 일어나고 있는 것이다. 그러나 그 원인은 무엇일까? '정당성'은 결국 우리로 하여금 국민의 주관적인 태도에 주목하게 한다. 따라서 문제가 되는 것은 무엇이 이러한 주관적인 태도에서 변화를 초래할 수 있는가 하는 것이다. 보통 잘 알려져 있는 답변들은 다음과 같은 것들이다. 제도들이 개인의 중대한 목표들을 좌절시켰다는 것, 그 결과 개인이 불만을 갖게 되었다는 것이다. 또는 제도들의 '출력output'은 불변하거나 심지어는 개선되고 있는데, '기대'는 보다 빨리 상승함으로써 좌절감을, 그리고 이에 따른 불만을 초래했다는 것이다. 또는 국민의 '가치들'이 우리가 심리학적으로 설명할 수 있는 방식으로, 또는 사회의 다른 차원, 예컨대 가족 구조에서의 변화들에 의해서 변화했다는 것이며, 그 결과 존재하는 제도들이 널리 지지받고 있는 규범들에 부합하지 않게 되었다는 것이다. 예컨대 약간 관료화된 대의 제도는 더 개방적이고 관대하게 육성된 세대에게는 너무 권위주의적인 것 같다는 것이다.

이러한 모든 설명은 많은 논란이 되어 왔으며, 그것 중에는 진리의 요소를 포함한 것이 있을 수도 있다. 그러나 이러한 설명들에 공통적인 것은 이 설명들이 국민의 태도상의 변화를 사회 자체의 변화로서 설명하려고 하지 않는다는 사실에 있다. 사회 자체의 변화는 사회가 갖는 '출력'에 의해서, 즉 그것이 국민들의 기대를 충족시키는가 충족시키지 않는가에 의해서 국민이 느끼는 방식에 영향을 미치는 것에 지나지 않는다. 그러나 오늘날 정당성의 심각한 하락은 단순히 '출력 고장output failure'에 따른 것이 아니고 국민의 기대와 견해의 변화에 의한 것이다. 우리가 답하지 않으면 안 되는 중요한 물음은 무엇이 기대를 상승시키는가, 무엇이 가치들의 변화의 원인인가 하는 것이다. 그리고 이러한 물음에 답하기 위해 우리는 심리학이라든가, 가족의 발달을 고찰하고, 또는 이러한 차원의 다른 연구에 의지하지 않으면 안 된다.

이와 반대로 헤겔의 용어는 전혀 다른 접근법을 제시한다. 증대하는 긴장과 분열은 소외라는 견지에서 이해된다. 그리고 소외는 인간과 사회, 그리고 자연에 대해 인간과 사회가 갖는 관계에 관한, 일정한 사회 제도 속에 구체화된 중요한 이념들에 대해서 그 사회의 구성원들이 더 이상 일체감을 느낄 수 없을 때 생긴다. 우리가 보았다시피 보편적인 도덕의식을 갖는 개인은 편협한 도시국가에 일체감을 느낄 수 없게 된 것이며, 그로 인한 도시국가의 붕괴 후에 (헤겔의 해석에 따르면) 수세기에 걸쳐 소외가 계속되었던 것이다.

이러한 인륜성이라든가 소외라는 용어는 국민의 [체제에 대한] 충성심에서의 변화를 설명하려고 하는 다른 방식을 제공한다. 일정한 사회가 그 제도에 구체화하고 있는 인간의 이념에 대한 이해는 그 사회의 발전에 대한 이해와 결합하면, 소외의 증대 또는 (다른 용어를 사용하면) '정당성'의 하락을 설명하는 데 아마 도움이 될 것이다.

사변적인 실례가 이러한 가능성을 명확히 하는 데 도움이 될지도 모른다. 이 설명은 물론 헤겔에게서 인용한 것은 아니지만 헤겔의 정신에 입각해 있다.

근대 사회가 갖는 응집성을 야기하는 중요한 원인 중의 하나는 인간이 자신을 생산자로서, 즉 사회를 자신의 목적에 부합하도록, 그리고 더 나아가 점점 더 광범위하게 진행되는 변혁에 종사할 수 있도록 변혁할 수 있는 존재로서 본다는 데 있을 것이다. 사람들이 자기 자신을 이와 같이 보는 한 그들은 사회를 과학 기술과 사회적 협력에 의해서 배가된 인간의 힘을 통해 자연을 정복하는 하나의 커다란 협동 기업으로 보게 되는 경향이 있다.

이러한 인간관의 마르크스주의적인 변종에서 원동력이 되는 주체는 집단이며, 사회적 노동의 기본적 주체는 사회이고, 인간은 그의 '유적 존재'에 의해서 정의된다. 그러나 그러한 인간관의 서구적 [자유주의적] 변종에서는, 생산자가 자신의 정체성을 갖게 되는 과정인 자연에 대한 지배에서 주체는 각 개인이라고 여겨진다. 이것이 서양의 생산자 사회가 소비 지향적인 이유 중의 하나이다. 사회적 노동은 자유로운 개인들의 협동 사업으로 간주되고, 그들의 관계는 교섭과 공동 결정에 의해 끊임없이 새롭게 형성될 수 있다.

이러한 인간관은 단순히 국민들의 머릿속에 있는 하나의 이념이 아니기 때문에 인륜성의 영역에 속한다. 실로 그러한 인간관은 국민들의 극소수만 명확하게 파악하고 있을지도 모른다. 그러나 그것은 우리 사회의 많은 제도와 실천 속에, 즉 복지가 개인적으로는 소비재의 사용 능력에 의해서, 집단적으로는 GNP의 증대에 의해 측정되는 우리의 '자유 기업' 경제와 소비 경제 안에, 그리고 이해 대립을 협의에 의해 조정하기 위한 모든 기구 안에, 또한 생산에 주어진 중심적 중요성 등 속에 깊이 뿌리를 내리고 있다.

　　사람들이 자신을 대규모적인 협동 사업에 참가하는 생산자로서 파악하는 한, 즉 이러한 인간관이 그들에게 기본적으로 중요하면서 여러 사물이 그들에 대해서 갖는 의미를 결정하는 척도가 되는 한, 이러한 제도들을 갖춘 사회는 자신의 단결을 유지한다. 소외는 이러한 일체감이 사라질 때, 즉 사람들이 자기 자신을 이러한 인간관에 의해서 쉽게 규정할 수 없을 때 생긴다.

　　그러나 이러한 사회의 근저에 있는 사유방식들을, 또는 그것 중의 하나를 명확히 하는 것이 우리가 소외의 증대를 설명하는 데 도움이 될 것이다. 이처럼 우리는 우리가 방금 간략하게 서술한 생산자의 정체성이 본질적으로 경제 성장과 관계가 있다는 사실을 알 수 있다. 그것은 생산과 자연 지배에서 지속적인 성장이 일어날 경우에만 만족할 수 있다. 그러나 그 사회가 무한한 성장이란 가치가 의문시될 수밖에 없는 단계로까지 나아가면 위기가 초래될 것이다. 사회의 인륜성에 본질적인 정체성은 도전을 받을 것이며, 소외가 증대할 것이다. 이러한 관점에서 볼 때 현대의 인륜성의 위기는, 부분적으로는 오염과 인구 과밀과 사회 혼란이라는,

성장에서 빚어진 손실에 관한 또한 성장이 안고 있는 한계에 관한 우리의 증대하는 자각에 의해 초래되는 것 같다.

또는 성장에 열중한 생산자 사회 특유의 자기 이해는 사람들의 기대를 끊임없이 상승시키지 않을 수 없고, 이러한 기대의 무제한성으로 인해 이 기대가 언젠가는 좌절되고 이에 따라 사회의 규율이라는 면에서 긴장이 증대될 것이라는 점은 확실하다. 이것이 이어서 근본적 정체성에 관한 불확실성의 위기를 초래할 수 있다.

이러한 설명들은 현대에 대한 검토와 반성으로부터 인용된 것임에도 불구하고 헤겔적인 사상에 매우 가깝다. 생산자들로 이루어진 사회는 헤겔이 '시민 사회'라고 부르는 사회적 차원에 대응하는 것이며, 그러한 사회는 욕구들의 상호 충족에 관심을 갖는다. 그러나 그것을 여기에 소개하는 의도는 헤겔의 개념적 도식이 가능케 하는 설명이 어떠한 것인가를 예증하기 위해서일 뿐이었다. 정치학의 주류는 국민의 '가치' 또는 '기대'에서의 변화를 설명될 수 없는 출발점으로 두든가 어떤 전혀 다른 분석 수준에 기초하여 설명하지 않으면 안 된다. 이에 반해 헤겔의 해설은 사회가 구체화하고 있는 기본적 이념과 그 사회에 본질적인 정체성이라는 견지에서 이해된 사회적 변화와의 관련을 통해서 그러한 변화를 설명하려고 기도하는 것이다.

이처럼 나는 헤겔의 사상은 오늘날에도 극히 중요하다고 말하고 싶지만, 이러한 주장은 부분적으로는 [헤겔의] 이런 종류의 해설이 현대 사회의 발전에 대한 본질적 통찰을 제공한다는 테제에, 즉 [역으로 말하면] 현대의 정치학은 우리가 현재 부딪치고 있는 위기의 배경을 이해하는 데 그것이 갖고 있는 개념상의 여러 제한 때문에 무력하다는 테제에 의존해 있다. 헤겔이 고대와 근대의 실례를 통해서 깊이 생각했던 것은 이런 종류의 배경이며, 그는 그것으로부터 인륜성과 소외라는 자신의 귀중한 전문 용어를 전개했던 것이다.

내가 주장하고 싶은 것은 헤겔의 인륜성이라는 개념이 갖는 효용은, 인륜성의 문제와 〈이념〉에 기초한 사회 진화라는 문제에 대한 헤겔의 답변이 오늘날의 우리에게 극히 실망스러운 것이라는 사실을 보상하고도 남음이 있다는 것이다. 우리는 헤겔의 답변을 받아들일 수 없지만, 그의 문제 제기는 가장 예리하고 심원한 것 중의 하나이다.

그러나 헤겔의 정치철학의 일반적 개념들이 오늘날의 우리에게 유익하다면 그의 상세한 분석도 우리에게 크게 유익하다. 우리는 프랑스 혁명에 대한 그의 분석에서 그러한 실례를 볼 수 있었다.

사실상 근대 사회의 전개에 대한 헤겔의 '예상'은 크게 틀렸다. 우리는 앞에서 그가 프랑스 혁명 후에 〈이념〉에 기초를 둔 새로운 인륜성이 결실을 맺게 되리라고 생각했다는 사실을 보았다. [그는 이렇게 생각했다.] 인륜성은 프랑스 혁명에서 드러난, 자유에 대한 열망들이 초래하는 파괴적 경향을 억제할 것이다. 그것은 이러한 열망들에 새로운 초점을, 즉 이성적인 의지 위에 사회를 건설하려는 야심에 내용 ─그것[인륜성]이 사물들의 존재론적 구조로부터 도출하려고 하는 내용─ 을 줄 것이다.

그러나 그 후에 실제로 일어난 것은 헤겔이 계몽주의의 두 가지 경향이라고 밝혔던 것, 즉 공리주의적 원자론적 사회 공학과 일반 의지의 실현을 통한 절대적 자유의 추구가 근대 사회의 [그 후의] 전개를 규정해 왔다는 것이다. 이러한 두 가지 경향에 대한 헤겔의 극히 심원하고 예리한 통찰이 우리에게 커다란 의미를 갖는 것은, (역설적으로) 그러한 두 가지 경향이 근대 사회에서 갖는 중요성은 그가 생각했던 것보다 훨씬 크기 때문이다.

근대 사회의 공리주의 원자론적 경향에 관한 헤겔의 해석은 의식의 한 양식으로서의 공리주의의 분석에 한정되지는 않는다. 더 중요한 것은 해방된 부르주아 사회의 근대적 생산 관계에 대한 헤겔의 분석이다. 우리는 이것을 그의 『법철학 강요』 중 시민 사회를 논한 절들과, 동일한 주제를 다룬 예나 시기 초기의 미발간된 저작에서 발견한다.[29]

이러한 저작들은 나중에 마르크스에 의해 전개된 몇 가지의 주제들과 통찰을 헤겔이 놀랄 만한 정도로 선취하고 있었다는 사실을 보여 준다. 헤겔은 근대의 공업 생산이 노동의 분업을 증대시키고 세분화하고 이것과 아울러 프롤레타리아를 창출하는 경향이 있다는 사실을 예견한다. 헤겔은 세분화되어 가는 생산 과정이 그 자체로 방임된다면, 프롤레타리아는 물질적으로는 저임금과 고용의 불안정에 의해서, 정신적으로는 그 작업이 단조롭고 극히 세부에 국한된 것으로 인해서 빈곤하게 될 것이라고 생각한다.

만약 빈곤화가 저지되지 않을 경우, 그것은 주기적으로 과잉 생산의 위기를 초래할 것이며 그 결과 빈곤층은 복지 정책에 의해서만 생계를 유지할 수 있을 것이다. 그러나 복지 정책에 의지하는 것은 사람들이 자신의 생계를 위해 스스로 노동하지 않으면 안 된다는 부르주아 경제의 원

---

29    이것과 관련된 저작은 1801-1802년 집필된 "System der Sittlichkeit"(이는 *Schriften zur Politik und Rechtsphilosophie*, ed. G. Lasson (Leipzig, 1923)에 실려 있다)와, 이보다 이른 시절의 두 편의 체계적 시론과 *Jenaer Realphilosophie* 1부와 2부(호프마이스터에 의해 각각 1932년에 라이프치히에서, 1967년에 함부르크에서 발행되었다)라고 불리는 예나 시기의 시론이다. S. Avineri, *Hegel's Theory of the Modern State* (C.U.P., 1972), 87-98을 참조.

리에 모순된다. 그리고 헤겔은 1821년에 다음과 같은 불길하면서도 선견 지명이 있는 주장을 하고 있다. "이러한 사실로부터 시민 사회가 부의 과 잉에도 불구하고 충분히 풍요롭지 않다는 것, 즉 그것의 자산은 과도한 빈곤과 하층민의 창출을 저지하기에는 불충분하다는 사실이 명확해진 다"(PR, §245).

'천민Pöbel'은 이미 사라졌을지도 모르지만 빈곤을 저지할 수 없다 는 것이 오늘날의 부유한 과학 기술 사회의 현실이며, 이것이 모든 근대 공동체의 통일과 단결을 침식하고 있다. 그리고 헤겔이 '천민'을 두려워 했던 것도 바로 이 때문이었다. 그는 만약 그것이 [빈곤이 이대로] 방치된 다면 근대의 인류를 파괴할 증대하고 있는 소외의 원인이라 보았다.

헤겔은 〈이념〉에 기초한 새로운 이성적인 법치 국가가 부르주아 경제를 제어하고 그것을 제한할 수 있다고 믿었던 것 같다. 이 점에서 그 가 아무리 틀렸다 하더라도 그는 이러한 경제에 잠재된 사회적 방향을 예 리하게 통찰했던 것이며, 그러한 사회적 방향은 사람들을 압도적으로 휘 몰아 가는 힘을 갖는다는 사실을 통찰할 수 있었다. 초기의 저작("System der Sittlichkeit", 80-81)에서 그는 분업과 교환의 체계(시민 사회)를, 그 자신의 법칙에 따라서 작용하고 사람들의 삶에 대해서 "무의식적이고 맹목적인 운명"으로서 작용하는 '소원한 힘fremde Macht'으로서 묘사하고 있다.

이것은 헤겔이 간파했던 근대 사회의 파괴적인 잠재력의 한 측면 이다. 헤겔이 파악한 절대적 자유의 추구가 갖는 위험성에 대해서는 이미 논했다. 헤겔은 다음 두 가지의 힘이야말로 근대 국가를 위협하고 분열시 키는 것이라고 보았던 것이다. 첫째는 시민 사회와 그것의 생산 양식에 내재하는 사적인 이해의 힘이다. 이 힘은 실로 모든 제한을 넘어서 사회를 부자와 빈자로 양극화하고 국가의 유대를 해체할 우려가 있다. 둘째는 이러한 것과 다른 모든 분열을 일반 의지와 평등한 자들의 참된 사회라는 이름 아래 모든 분화를 일소함으로써 극복하려고 하는 정반대의 시도다. 헤겔의 생각에 의하면 이것은 폭력과 혁명적 엘리트의 독재로 끝날 수밖에 없는 시도이다.

그리고 근대 사회에는, 헤겔이 이 두 가지의 힘에 의해 촉진되고 있는 것으로 보는 제3의 경향이 있다. 그것은 동질화를 향한 경향이다. 왜냐하면 모든 차별을 일소하는 것은 절대적 자유의 추구만은 아니기 때문이다. 자본주의 경제의 발달은 또한 전통적 공동체의 붕괴, 인구의 대량 이주, 단일화된 시장과 단일화된 노동력의 창출을 의미했다. 이 모든 것이 근대 사회의 동질화에, 즉 하나의 거대한 사회의 창출에 기여했던 바, 하위의 문화군cultural subgroups은 점차 사라지게 되거나 삶의 주변에서, 즉 가정의 습관이나 민속 속에서 간신히 살아남는 것이 되었다.

이러한 추세는 오늘날에도 계속되고 있다. 철저한 평등주의와 자유주의적 개인주의의 영향 아래, 깊이 뿌리내린 모든 사회적 차별, 즉 출생과 사회적 지위에 기초해 있는 [차별의] 형태뿐 아니라 생물학적으로 기초 지어진 차별인 양성 간의 차별조차 공격받게 되었다. 근대적 평등관은 개인들이 자신들 앞에 갖는 기회에서 어떠한 차별도 인정하려 하지 않는다. 여러 개인은 그들이 선택하기 이전에 [다른 사람과] 교환될 수 있는 것이지 않으면 안 된다. 달리 말해 어떠한 차이도 선택되지 않으면 안 된다. 현대의 평등 원리에서 선택의 강조는 그것이 자기 창조로서의 근본적인 자유라는 관념과 결부되어 있다는 사실을 반영하고 있다.

이 두 힘[평등주의와 개인주의]이 서로 결합하여 전통 사회의 분절

조직을 일소해 왔던 것이며, 그동안 나타났던 새로운 분절 조직과 싸워 왔던 것이다. 우리가 지난 2세기 동안의 역사를 살펴볼 때, 여러 차이가 서서히 제거되고 무력화되고 마침내는 모든 사람이 (적어도 이론상으로) 잠재적으로는 무제한한 가능성을 자신 앞에 가지면서 다른 모든 사람과 동등하게 간주되는 명백한 경향이 있다는 사실을 보게 된다. 자유에서 평등이라는 이름 아래, 오늘날에는 여성의 지위와 미성년자의 지위에조차 심각한 혁명이 일어나고 있다. (예컨대 투표권 행사 나이를 18세로 내리는 것은 오늘날의 서양 세계 전역에 걸쳐 보편화되어 있다.)

이러한 추세는 자유세계에만 한정된 것이 아니다. 현대의 전체주의적 사회는 개인의 자유를 제한할지도 모르지만 자기 창조로서의 자유라는 원리는 고수하고 있다. 그리고 그 사회는 개인들을 그들의 원시적 집단으로부터 떼어 내고 더 큰 사회에만 결합하고 있다. 그러한 사회는 또한 모든 사람이 동등하게 자신의 운명의 지배자가 되고, 확대해 가는 가능성 중에서 자유롭게 선택할 수 있으며 개인들이 서로 교환될 수 있는 사회의 창출을 목표하고 있다. 비록 그러한 사회들이 이러한 선택을 일련의 개인적인 자유 선택의 행위라기보다는 공통적이고 집단적인 행위로 보고 있다고 할지라도 그렇다.

물론 헤겔은 이러한 무한한 동질화를 그것이 〈이념〉에 기초한 새로운 인륜성에 의해서 억제될 것으로 생각했기 때문에 예견하지 못했다. 그러나 그는 사회를 그러한 방향으로 몰아가는 힘들을 알아차렸다. 그는 또한 우리가 앞에서 보았던 것처럼, 이러한 동질화 과정은 헤아릴 수 없을 정도로 파괴적이며, 모든 차별을 분쇄하면서 인륜성의 모든 가능한 기반을 붕괴시킬 것이며, 사회를 분절 조직을 갖는 통일체로부터 전제적인 힘에 의해서만 결속이 유지되는 미분화된 '무리'undifferentiated 'heap'로 화하게 할 것으로 생각했다. 이상은, 이러한 [동질화의] 과정은 그 자신의 사회적 기초를 파괴할 것이기에 그것이 도달할 수 있는 데까지 절대로 진행되지 않을 것이라고 그가 생각했던 이유이다.

이 점에서 헤겔이 옳을지도 모른다. 우리는 우리를 파멸시킬지도 모른다. 나는 앞에서 근대 사회에서 분화의 필요성을 논한 헤겔이 전적으로 틀린 것은 아니라고 생각하는 이유를 보여 주는 몇 개의 논거를 제시했다. 그러나 우리 사회가 겪었던 정도로까지 동질화가 진척된 사회에 분화가 뿌리내리는 것이 가능한지 어떤지 하는 문제는 아직 미지수이다. 아마 활력 있는 다른 종류의 공동체가 나타나 근대적 발전이 일소해 버린 공동체를 대신할 수 있을지도 모른다.

그러나 분명한 것은 첫째로, 이러한 동질화 과정이 일체감의 전통적 토대, 즉 인륜성의 전통적 양식을 일소했다는 것이며, 둘째로 그 결과 생긴 공백이 자주 분열적이고 파괴적인 것으로 나타나는 민족적 일체감에 의해서 채워졌다는 것이다.

셋째로, 이러한 동질화를 초래했던 이데올로기들 자체 ―자유주의적인 것이든 혁명적인 것이든― 가 그들 자신의 인륜성의 형태 내부에서 전개되어 왔다는 것은 사실이다. 혁명적 정체성은 지금 지배적인 전위 정당의 제도와 실천에 뿌리박고 있다. [그리고] 여러 형태의 자유주의적 정체성은 서구 사회의 정치적, 경제적 제도들에 깊이 뿌리박고 있다. 그 예로서 우리는 앞에서 간략하게 서술한 생산자들의 정체성을 거론할 수 있다. 또는 우리는 대의제를 갖는 몇몇 나라들에서 인륜적인 정체성을 발견한다.

문제는 이러한 인륜성의 형태들이 산업화된 세계 전역에 걸쳐서 붕괴하고 있거나 최소한 극도의 긴장을 겪고 있는 것 같다는 사실이다. 이러한 형태 중의 어느 것이 탈산업화 국가의 인륜성이 될 수 있는가? 우리를 위해 일체화의 지주支柱가 될 수 있는 기본적인 인간관과 사회관은 무엇인가? 자유주의적 또는 혁명적 전통으로부터 발생한 형태 중 어느 것이 이러한 과제를 수행할 수 있을 것인가?

헤겔 철학은 우리가 이러한 종류의 물음을 제기하려고 할 경우 귀중한 출발점을 제공한다. 그것은 그 물음을 이론적인 형태로 표현했을 뿐만 아니라, 실제로 작용하고 있는 여러 힘을 발견했기 때문이다. 그리고 헤겔 철학은, 우리가 헤겔 시대의 열망이라고 보았던 두 개의 열망, 즉 이성적 자율과 표현적 통일에 대한 열망에 대해서 이성적인 해답을 발견하려고 하는 시도이기 때문에 풍부한 내용을 가지고 있다. 표현적 통일에 대한 욕구는 헤겔의 사유에서는 인륜성의 중요성에 대한 그의 강조에서 나타나며, 이성적 자율에 대한 욕구는 근대적 개인의 이성적 의지에게 충분한 활동 공간을 부여하는 근대적 인륜성에 대한 요구에서 나타난다.

헤겔 철학은 그것이 행한 종합의 부적합성에도 불구하고 우리 시대에 대해서 시사하는 바가 많다. 왜냐하면 이 두 개의 열망에 충실하려고 노력하는 사상은, 우리가 부딪치고 있는 절박한 위기가 빚어 내는 무책임한 몽상을 제어해야만 하면서도 근대 정치학의 주류처럼 인륜성의 문제를 더 이상 방치할 수 없는 우리의 상황에 직접적으로 말을 걸어 오기 때문이다. 헤겔 철학은, 공리주의적·원자론적 전통의 환상과 왜곡뿐만 아니라 그것들이 끊임없이 산출하는 낭만주의적 반反환상counterillusion[30]도 피해야만 하는 우리 시대를 위해서 유익한 통찰력을 제공한다.

---

30    [역주] 환상에 반한다는 의미가 아니라 공리주의적이고 원자론적인 사회에 반(反)하는 환상을 가리킨다.

제3장

자유의 문제

# 1. 헤겔 철학의 종언

나는 2장의 마지막 몇 절에서 헤겔의 존재론이 거의 신빙성이 없는 반면 그의 철학은 우리 시대에 큰 의미가 있다는 이중적인 주장을 예증하려고 노력하였다. 나는 오늘날의 약간의 근본적인 논쟁점들과 관련하여 헤겔의 정치철학을 검토해 봄으로써 그러한 이중적 주장의 타당성을 보여 주려고 했다.

그런데 이 3장에서 나는 그러한 이중적 주장을 약간 더 면밀히 음미하고 싶다. 근대 문명의 어떠한 발전이 헤겔의 종합을 신빙성이 없는 것으로 만들게 되었는가? 그리고 동시에 그가 제기한 물음들과 그러한 물음들을 제기한 방식이 어떻게 아직도 우리에게 유효 적절한 것으로 남게 되었는가? 우리는 이러한 물음들에 답하려고 하면서, 근본적 자율과 표현적 실현을 결합하기 위한 헤겔 시대의 지배적 열망이 겪은 약간의 변용을 고찰할 것이다. 그리고 이것이 우리를 자연스럽게 자유의 본성이라는 주요 쟁점으로 이끌어 갈 것이다.

그런데 첫 번째 물음 ―헤겔의 종합은 오늘날 왜 신빙성이 없는가― 은 답하기 쉬운 것처럼 보일지도 모른다. 2장 1절에서 언급한 산업주의 적이고 과학 기술적인, 그리고 합리화된 근대 사회의 발전이 계몽주의적 인간관을 확립시켰기 때문에, 낭만주의 시대가 낳은 자연과 친교하는 인 간, 그리고 〈정신〉의 표현으로서의 자연이라는 표현주의적 견해는 사멸 했다고 생각할 수도 있다. 헤겔의 이상이 비록 형식 면에서 더 이성적이 고 통찰력 면에서 더 심원한 것이라 할지라도 그러한 견해와 함께 침몰해 갔다.

이러한 각도에서 보면 낭만주의는 근대 산업 사회가 탄생할 때 발 생한 위기로 간주되며, 또 과도기의 심각한 사회적 불안과 병행하면서 그 것에 영향을 미치며 아울러 그것에 의해서 영향을 받은 위기로 간주될 수 있다. 이러한 위기는 사회적 불안과 더불어 새로운 사회가 확립됨에 따라 서 극복되었다. 낭만주의는 개인의 사생활에 국한되는 방식으로 새로운 사회에 흡수되었으며, 이를 통해 새로운 사회 속에 자신의 위치를 할당받 았다. 이러한 사회적 흡수에는 지적인 흡수가 병행되었다. 19세기 후반 의 과학적 견해는 표현주의적인 사상과 낭만주의적인 사상의 많은 통찰 을 흡수했지만, 그러한 통찰들이 원래 근거하고 있던 철학적 범주들은 무 시해 버렸다.

유기체적인 사유방식은 기계론적인 방향을 취하게 되었던 생물학 에 영향을 끼쳤다. 그러한 사유방식은 또한 콩트의 사회학의 기초를 이루 지만, 그는 표현과 목적인이란 범주를 과학에서 제거했다. 진화론적 사유 방식은 다윈을 통해서 정통 과학의 중심적 원리가 되었으며, 프로이트 자신은 그의 주요한 관념의 상당수가 낭만주의적 저술가들에 의해서 선취되었다는 사실을 지적했다.

그러므로 이러한 의미에서 19세기 후반 유럽에서 전개되었던 문명은 그것의 점진적인 자연개조, 집단적인 구조들, 그리고 가장 뛰어난 지적 업적인 과학에 계몽주의 인간관을 확립시키는 경향이 있었다. 그리고 이것은 왜 헤겔의 종합이 그가 죽은 후 반세기만에 몰락하게 되었는가를 부분적으로 설명해 준다. 왜냐하면 그것은 표현주의적 사조를 종속적인 방식 이상으로 통합하려고 기도했기 때문이다.

헤겔의 국가 구조는 결과 또는 성취에 의해서가 아니라 그것이 표현하거나 구체화한 것, 즉 〈이념〉에 의해서 이해되고 평가되어야만 한다. 헤겔의 국가가 갖는 합리성은 관료적 기구의 합리성과는 전혀 다른 것이었다. 사적인 낭만주의와 공적인 공리주의의 근대적 혼합은 차라리 야만적으로 운영되는 시민 사회, 즉 '무리heap'로 변한 사회이다. 생산성의 향상을 기초로 한 산업 사회의 지속적인 변혁과 더 높은 개인적 생활 수준의 추구는 헤겔의 국가에서는 본질적인 것이었던 여러 구분을 일소시켰으며, 또 개인을 모든 부분적 집단으로부터 점차로 해방했다. 헤겔은 이러한 추세를 과소평가함으로써 다음 시대를 파악하는 데 있어서 심각한 오류를 범했다.

그러나 이러한 오류는 ―만약 오류라고 말해도 된다면― 그의 존재론과 직접적인 관계가 있다. 헤겔은, 사람들이 〈이념〉을 구체화한 구조 속에서 자기 자신을 인정하게 될 것이기 때문에 시민 사회가 갖는 해체와 동질화의 힘은 억제될 것이라고 생각했다. [그렇게 된다면] 사람들은 새로운 인륜성을 회복하고 더 큰 생명과 일체가 될 것이다. 그러나 그러한 힘들의 계속적인 발전은 새로운 사회가 성장함에 따라서 헤겔의 견해를 비현실적이고 그릇된 것으로 간주하지 않을 수 없게 만들었다. 만약 헤겔이 옳았다면 사람들은 이성적인 국가의 구조 속에서 자기 자신을 인정했을 것이며, 이에 따라 산업 사회는 이제까지와 같은 진로를 밟지 않았을 것이다.

헤겔적인 국가를 파괴하는 근대 사회의 발전은 근대 과학의 발전과 병행하고 있다. 경험 과학은 헤겔에서는 '절대지' 안에 포함되었다. 즉 경험 과학의 성과는 관련된 현실의 수준에 특유한 근사도와 부정확도를 수반하면서, 〈개념〉의 구조를 드러내야 한다. 그러나 과학은 헤겔 당시 이미 헤겔 철학이 그것에 부과한 종합을 파괴했으며, 또 비록 각각의 새롭고 중요한 발견에 따라 다시 이론적으로 종합적 해명을 시도할 가능성은 항상 남아 있을지라도, 과학의 발달은 '자연철학'의 모든 계획을 무익하고 오도된 것으로 만들었던 것이다. 자연의 근저에 있는 의미 있는 구조의 탐구는, 끊임없이 증대하며 다양해져 가는 과학적 지식의 영역에서는 자의적인 것으로 나타날 것임이 틀림없다.

그러면 우리는 근대 문명이 우리를 자연과 사회에 대해서 객체화하는 입장을 취하는 자기 규정적 주체로 완전히 변화시켰기 때문에 헤겔의 존재론은 이제 쓸모없게 되었다고 결론지을 수 있을까? 전혀 그럴 수 없다. 사실상 우리는 완전히 변한 것이 아니기 때문에, 그런 결론은 지나치게 단순하다. 낭만주의 시대 이래 계속해서 근대적 정체성에 대한 위화감이 존재해 왔다. 확실히 많은 현대인은 자기 자신을 무엇보다도 먼저 실제적인 욕망과 목표를 갖는 개인으로 생각한다. 그리고 자신들의 사회를 그들 각각의 욕망을 충족시키기 위해서 설계된 생산과 교환 그리고 관넘적으로는 상호 협동의 공동 기업으로 생각한다. 따라서 사회의 중요한 덕목은 합리적 조직, 분배의 정의 그리고 개인적 독립의 보호이다.

그러나 동시에 많은 사람 —그리고 때때로 앞에서 언급한 사람들 조차— 이 근대 사회의 부적합성에 대해 심각하게 느끼고 있으며, 이러한 느낌은 근대 사회에 대한 낭만주의적 저항에 근원을 둔 것이다. 18세기 말 이래 근대 문명을 속악俗惡하고, 범용과 순응을 낳으며, 소심한 이기주의적인 인간을 배양하고, 독창성과 자유로운 표현, 그리고 모든 영웅적 덕목을 질식시키는 것으로, 또한 '비루한 안일erbärmliches Behagen'[1]에 집착하는 것으로 고발하는 불만 세력이 끊임없이 존재해 왔다. 이러한 종류의 비난 또는 최소한 예감은 가장 뛰어나고 가장 민감한 정신의 소유자들에 의해 이루어졌다. 그리고 '부르주아' 문명에 반대하는 태도를 보인 많은 저술가와 예술가는 말할 것도 없고, 토크빌, 존 스튜어트 밀과 같이 상당히 온건하고 건설적인 비평가로부터 니체와 소렐과 같은 격렬한 아웃사이더에 이르기까지 다양한 사상 조류에 의해 제기되었다.

이러한 비평가들은 다양한 방식으로 근대 사회를 혹평하는데, 이들에 의하면 근대 사회는 순응시키는 힘을 통하여, 또는 효용utility을 최고의 가치로 내세워 모든 행동, 대상, 제도가 효용은 갖지만 인간은 무엇인가 또는 인간은 무엇일 수 있는가를 표현하지는 않는 세계를 산출하므로 분명히 죽은 사회이며 또한 표현적 실현을 질식시키는 사회라는 것이다. 이러한 비판적 조류는 18세기 말의 표현주의적 사조에 그 근원을 두고 있다. 또한 그것이 아직도 계속적인 영향력을 갖고 있다는 사실은 근

---

1    F.W. Nietzsche, *Also sprach Zarathustra, Zarathustra*의 서설, §3.

대적 정체성이 거의 확립되지 못했다는 사실을 반영한다.

우리는 이러한 사조가 소수의 지식인과 예술가에게만 관계될 뿐 대다수의 '평범한' 사람들에게는 영향을 끼치지 못한다고 생각할지도 모른다. 그러나 이러한 종류의 비판이 광범한 반향resonance을 불러일으켰다는 사실은 계속해서 산업 문명을 괴롭혀 왔던 주기적인 소요와 사회 불안에 의해 증명된다. 심각한 표현주의적 불만은 파시즘의 득세에 일조를 담당했으며, 또한 현대 서구의 여러 나라의 '체제'에 대한 젊은이들의 반항의 근원이기도 하다.

이처럼 우리는 헤겔의 존재론이 퇴조하게 된 원인을 단순히 낭만주의적 저항을 과거의 것으로 격하시킨 근대적 정체성의 성공적인 확립으로써 설명할 수는 없다. 그러한 성공적인 확립은 발생하지도 않았던 것이다. 오히려 문제는 계속된 낭만주의적 또는 표현주의적 저항이 왜 헤겔의 이상에서 자신의 철학적 표현을 발견할 수 없는가인 것이다.

그 해답의 하나는 그것이 저항이라는 사실에 있다. 헤겔의 통찰은 정신과 화해한 세계에 대한 것이지만, 낭만주의적 정신은 근대 사회와 대립하고 있다는 사실을 의식하고 있다. 그것은 과거에 대한 향수, 아직 충족되지 않은 희망에 대한 열망, 또는 유례없는 미래를 실현하려고 하는 결의이지만, 현실적인 것이 갖는 이성적인 성격에 대한 자각은 분명히 아니다. 그리고 표현적 실현을 열망했던 사람들이 19세기 말에 근대 역사의 진행으로부터 소외되어 있다고 느꼈다면, 오늘날 그들의 후계자들은 그렇게 느낄 더 큰 이유를 가지고 있다. 1914년 이전에는, 속물적 사회는 그나마 그 자신의 편협하고 범속하며 비영웅적인 선善을 점차 충분히 실현하기 위해 예정된 견고한 질서를 제공했다. 그러나 1914년 이래의 동란動

亂으로 말미암아, 서구 문명은 더 높은 표현적 실현의 길로 나아가기는커녕 그러한 견고한 질서조차 의심스럽게 되고 말았다. '범속한 안일'의 추구는 더 높은 새로운 문화에 의해서가 아니라 오히려 기괴하고 비인간적인 난동에 의해 저지되었다. 그리고 극히 아이로니컬하게도 낭만주의적 저항 그 자체에도 이러한 무시무시한 사태에 대해서 부분적으로 책임이 있다. 그들의 여러 주장은 여러 형태로 변형되어 오늘날의 무차별 암살의 무당파無黨派 투사들에 대해서는 말할 것도 없고, 파시즘과 스탈린주의에 대해서도 기여했던 것이다.

따라서 현대인들은 역사를 "민족의 번영, 국가의 지혜, 모든 개인의 덕성이 희생당하는 … 도살대"(VG, 80)로 보고 싶은 유혹에 빠진다. 현대인들이 이해하기 어려운 것은 헤겔이 이러한 문구를 쓴 후에도 어떻게 역사를 이성과 자유의 실현으로 볼 수 있었는가라는 것이다. 우리를 헤겔의 시대로부터 분리하는 것은 역사의 공포와 악몽, 즉 가해자와 피해자에게도 불가사의한 파괴와 잔학은 그 시대 이전에만 존재한다는 느낌이다. 헤겔이 그의 철학에서 표현했던 이러한 느낌은 ―그가 비록 사적인 판단에서는 때때로 동요하고 있는 것처럼 보일지라도― 현대의 가장 낙천적인 사람들조차 거의 되찾을 수 없는 것이다.

그러므로 자신에 넘쳐 성장하는 근대 사회의 일원으로서든 또는 이 사회의 해체의 목격자로서든간에 낭만주의자의 후계자들은 소외를 느끼지 않을 수 없다. 그들은 역사를 〈정신〉의 전개로 볼 수 없다. 동시에 그들은 자연을 더 이상 〈정신〉의 발현이라고 볼 수도 없다. 근대 과학 기술의 증대하는 자연 지배는 끊임없이 확대되어 가는 과학 지식 영역과 함께 18세기 말의 표현주의적 사조의 절정인 정신적 힘들 또는 신적 원리의 현현으로서의 세계라는 견해를 추방해 버렸다. 레싱을 유혹하고 헤르더를 거의 압도했으며, 괴테와 낭만주의자들의 공동재산이었던 질풍노도 시대의 '스피노자주의'는 근대 문명의 확립에 따라 그 의미를 잃게 되었다. 그러나 헤겔의 종합은 이 위에 구축된 것이었다. 내가 해석하려고 했던 그 종합의 의도는, 자연을 〈정신〉의 표현으로 보는 이러한 견해를 자연과의 표현적 통일을 성취하려는 인간의 내밀한 요구뿐 아니라 이성적 자율에 대한 요구와도 결합하려는 것이었다. 이성적 필연성이 지배하는 세계의 존재론적 기초인 〈정신〉은 이러한 종합의 실현을 의도한다. 그것은 인간이 자신의 이성적 자유를 잃지 않고도 전체와의 통일을 실현할 수 있다는 사실을 보증한다. 그러나 만약 이러한 표현적 범신론이 퇴조한다면, 또한 '자연 전체'[2]와의 통일에 대한 열망이 의미를 잃는다면, 절대적 이념을 위한 기초 그 자체는 괴테의 원현상原現像, Urphänomene과 노발리스의 '마술적 관념론'과 낭만주의자들의 더 야성적인 창작물들과 아울러 소멸한다.

그러므로 헤겔의 종합은, 근대 문명이 시간이 갈수록 강화시켜 온 근대적 정체성에 대한 표현주의자들의 반발 위에 구축되어 있을 뿐만 아니라 이러한 반발의 보다 초기의, 그리고 구식의 형태에 근거해 있기 때문에 오늘날에는 신봉자들을 획득할 수 없다. 그것은 승리하는 이성에 대한 통찰을 제시한다고 주장하지만, 사실은 현실에 대한 반대파에 속해 있다. 게다가 그것은 오늘날 더 이상 생존이 불가능한 것으로 보이는 반대파에 속하고 있다.

---

2    J. C. F, Hölderlin, *Hyperion* (Fischer edn, Frankfurt, 1962), 9.

## 2. 인간에 대한 관심 집중

　이렇게 해서 우리는 왜 헤겔의 중심적인 테제가 사멸하게 되었는지를 최소한 개략적으로나마 알 수 있었다. 그러나 왜 오늘날에도 우리에게 이 철학이 큰 의미를 갖는가? 만약 우리가 헤겔 시대의 형식들을 계승한 낭만주의적이고 표현주의적인 항의의 여러 형식을 고찰해 본다면, 이것은 더 명확해질 것이다.

　만약 생명의 커다란 흐름과의 합일에로의 복귀라는 목표가, 회복된 통일이 주체적 자유를 수용하는 역사의 나선형적 발전에 대한 견해와 결합하면서도 더 이상 그럴듯한 것으로 생각되지 않는다면, 또한 만약 자연을 객체화하고 변용하는 역사적 경험이 이론과 실천에서 지나치게 강력하여 자연이 인간과 대화하는 자로서 살아남을 수 없다면, 근대 문명을 반대하는 표현주의적 사조는 인간에 초점을 맞추지 않으면 안 된다. 근대 사회에 의해서 "봉쇄되고, 억압되며, 제한되어 있는 것", 즉 근대적 순응성에 의해 저지되고 있으며, 효용이라는 거대한 기계에 의해서 짓밟혀 있고, '조직'에 의해서 억압되고 있는 것은 인간의 본성 또는 보다 정확히 말하면 인간의 창조적이며 표현적인 가능성이다.

그러나 표현적 실현은 신체와 영혼, 의지와 경향, 〈정신〉과 자연의 분열을 허용하지 않는 일종의 통합성, 즉 생명의 전체성을 필요로 한다. 만약 이러한 충실이 더 이상 〈정신〉의 구체화로서의 자연과의 친교를 의미하지 않는다면, 자연은 이제 어떤 방식으로든 그 구체화 가운데 나타나지 않으면 안 된다.

표현주의의 후기 형식들은 이것을 두 가지 방식으로 보여 준다. 첫째로, 생명이 실현된 형식은 인위적이고 분열적이며 또는 억압적인 사회에 의해서 저지되고 방해받고 또는 은폐되어 있는 우리의 내밀한 동기를 표현하는 것으로 간주된다. 근대 사회는 인간에서 자발적인 것, 자연적인 것, 감각적인 것 또는 '디오니소스적인 것'의 억압자로 간주된다. 어떤 의미에서는 낭만주의 이후의 민족주의의 상당수를 이러한 넓은 범주에 집어넣을 수 있다. 왜냐하면 민족주의는 사람들에 대한 특수한 사실들 —그들의 유전, 그들이 사는 토지, 그들이 소속한 언어군— 을, 인간에 대한 '추상적이며', '세계적인' 이상에 반대하면서 표현적으로 충실한 인간 생활에서의 중심적인 동기로서 회복하려고 하기 때문이다.

둘째로, 인간은 자연을 변혁함으로써 자연과의 조화를 달성하는 것처럼 보인다. 우리와 전체의 통일을 회복하는 '제식祭式'이자 자연과 역사에서 〈이념〉의 관조인 철학은, 자연의 신적인 것에 대한 감각을 상실해 버린 사람들에게는 의미를 지닐 수 없으며 또한 억압적이며 비인간적인 사회에 반항하는 사람들에게는 반동적인 것으로 생각될 것임에 틀림

없다. 이러한 지평에서 볼 때 인간과 인간이 의존하는 자연적·사회적 세계와의 표현적 통일에 대한 열망은 인간이 자유롭게 자연과 사회를 변혁함으로써만 충족될 수 있다. 이러한 종류의 견해에서 표현적 통일은 헤겔 철학에서와 마찬가지로 급진적인 자유의 관념과 결합하지만, 그러나 근본적으로 다른 방식으로 결합한다. 헤겔의 종합은, 말하자면 인간화됨으로써 〈정신〉으로부터 인간에게로 이행된 것이다.

물론 이것은 1830년대와 1840년대의 청년 헤겔 학파에 의해서 이루어진 혁명적인 전환이었다. 또한 이는 후대에 커다란 영향을 끼쳤다. 왜냐하면 근대 문명의 진행에 대한 거대한 표현주의적 여러 저항은 이러한 인간적 자연과 외적 자연 양자의 변혁이라는 관념을 인간의 완성에서 본질적인 부분으로 수용했기 때문이다. 근대 문명의 표현적 빈곤에 대한 반응은 물론 대단히 다양했다. 즉 이러한 다양한 반응은 세계고世界苦, Weltschmerz, 버림받고 명백히 죽은 것으로서의 세계에 대한 심각한 느낌, 또는 다시 회복할 수 없는 과거에 대한 향수, 또는 이러한 초기의 하나―신앙의 시대 또는 오늘날의 많은 '탈락자들'이 열망하는 자연과의 조화가 가능했던 원시적 상태― 로 복귀하려는 기도, 또는 단조롭고 무취미한 세계에 의해서 구속되지 않는 제2의 예술 세계를 창조하려는 기도 등으로 나타나고 있다. 그러나 정치에 눈을 돌린 저항은 일반적으로 인간의 생활과 그것의 자연적 기초의 적극적인 변혁을 꾀했다. 이것은 마르크스주의와 무정부주의 같은 좌파 이데올로기에 대해서 타당할 뿐 아니라, 인간의 억압된 '원초적' 힘의 방출을 강조했던 파시즘과 같은 이데올로기에 대해서도 타당했다. 파시즘은 위에서 언급한 '디오니소스적' 요소와 이러한 '프로메테우스적' 요소를 사실상 혼란스러운 방식으로 결합하려고 했다.

이러한 프로메테우스적 열망이 갖는 중요성 때문에, 청년 헤겔 학파 중에서 가장 위대한 인물인 마르크스의 이론에 나타난 그 열망의 가장 영향력 있는 정식화를 살펴보는 것은 가치 있는 일이다.

많은 마르크스주의자뿐만 아니라 비非마르크스주의자들도 마르크스주의를 내가 표현주의적 전통이라고 불렀던 것에 귀속시키는 것에 반대할 것이다. 물론 마르크스주의는 그 이상의 것이다. 그러나 나는 우리가 마르크스주의에서 이 차원을 사상捨象해 버리고도 마르크스주의와 그 영향력을 이해할 수 있다고는 생각하지 않는다.

누구도 청년 마르크스가 헤겔을 통해서 표현주의적 열망을 계승했다는 사실을 부정하지는 않을 것이다. 그리고 이미 1840년대 초기에 이 열망은 급진적인 계몽주의와 결합하여 대단히 강력한 마르크스주의적 종합을 낳게 되었다.

청년 마르크스는 우선 인간이 자신의 의도대로 자연을 그리고 궁극적으로는 사회를 형성한다고 생각한다는 점에서 급진적인 계몽주의의 계승자이다. 다음으로 그는 존재 질서의 비인간성을 비판하고 있다는 점에서 계몽주의의 계승자이다. 계몽주의는 세계의 불의不義에 대한 새로운 종류의 격렬한 저항을 불러일으켰다. 그것은 우주적 질서에 대한 낡은 견해들을 분쇄하고 기껏해야 환상이라, 심지어 기만이라 폭로하며, 구사회의 모든 차별과 그것의 특수한 부담 및 규율을 부당한 것으로 비판했다. 만약 농노로서의 자신의 운명을 감수하는 것이 신과 자연에 의해서 정립된 사물들의 위계질서에서 지정된 자신의 위치라면, 그것은 그 나름대로 타당성을 가질 것이다. 그러나 만약 이러한 우주 질서의 구체화로서의 사회라는 이념이 제거된다면 또한 사회가 사실은 행복을 추구하기 위해 동일한 정치적 지붕 아래에서 살아야만 하는 사람들의 공통적인 도구라면, 낡은 질서의 부담과 권리 박탈은 정의와 이성에 반하며 사기와 기만에 의해서 유지되는 야만적인 억압이다. 그들은 신에게 ―만약 아직도 신이 존재한다면― 현실의 변혁 심지어는 [억압자에 대한] 복수를 호소할 것이다. 이처럼 계몽주의는 비인간성과 불합리한 고통에 대한 새로운 의식, 그리고 그것과 싸우려는 굳은 결의를 불러일으켰다. 왜냐하면 인간이 욕망들의 충족(즉 행복)을 목표하는 여러 욕망의 주체에 지나지 않는다면, 천상이나 지상의 어떠한 것도 이러한 행복의 상실을 보상해 주지 않기 때문이다. 보상되지 않는 권리 박탈은 위로될 수 없는 절대적인 상실이다.

마르크스는 비인간성에 관한 이러한 급진적인 비판을 수용한다. 그러나 마르크스가 착취와 압제의 근거로 비난하는 신화는 낡은 종교가 아니라 고전 경제학자들의 이론에 반영되어 있는 것과 같은 새로운 원자론적·공리주의적 계몽철학이다. 확실히 종교는 오히려 비교적 가볍게 취급되고 있다. 왜냐하면 종교는 '냉혹한 세계의 감상',[3] 인간을 구속하는 사슬 위에 핀 꽃, 불의한 세계에 사는 사람들이 겪는 고통에 대한 불가결한 위안인데, 그러한 불의한 세계는 실은 역사의 현 단계에서는 부르주아의 공리주의철학에 의해 직접 지탱되고 있기 때문이다.

그러나 마르크스의 이론이 갖는 가공할 위력은 그가 이러한 급진적 계몽주의를 표현주의적 전통과 결합하는 데서 비롯된다. 마르크스의 생존 시에는 발행되지 않았던 1844년의 『경제·철학 수고Economic and

---

3    K. Marx, *Early Writing*, trans. and ed. T. B. Bottomore (London and New York, 1964), 43-44.

*Philosophical Manuscripts*』와 이론에 의하면 자연의 변용은 인간의 변용이다. 인간은 그의 자연적 환경을 변화시키면서 자신의 '비유기적 신체'를 변화시키고 있는 것이다. 그가 소외를 경험하는 이유는, 계급 사회에서의 그의 노동과 그 생산물, 즉 변형된 자연 —이것은 원래 그의 일부, 즉 그의 표현이라는 강력한 의미에서 그에게 속한 것이다— 이 그로부터 박탈되고 이를 통해 그에게 저항하고 대립하면서 그 자체의 원동력을 갖는 소외된 현실이 되기 때문이다. 이처럼 소외란 개념은 본질적으로 표현주의적 사상에 기초를 두고 있다. 인간의 노동과 그 생산물인 인공적인 환경은 인간 자신의 표현이며, 따라서 그것의 상실은 단순한 박탈이 아니라 자기 분열이다. 또한 그것의 회복은 단순히 행복을 위한 수단이 아니라, 전체성과 자유를 회복하는 것이다. 왜냐하면 인간의 생산 활동은 스스로의 '자기 창조Selbsterzeugung'이기 때문이다.

따라서 마르크스는 독자적인 방식으로 근대 문명에 관한 표현주의적 비판의 공통적인 주제들을 거의 모두 수용하면서, 표현을 무시하고 소유를 인간의 주요 목표로 하는 사회를 고발한다. 소유에 대한 광적인 추구는 그 자체가 소외된 세계에 속하는 바, 그 세계는 인간의 인간적인 힘들이 인간에게서 분리되어 재산으로서, 즉 참된 인간성 회복에 대한 조잡하고 왜곡된 대용품으로서 양도될 수 있고 유통될 수 있는 세계이다. "사유 재산은 우리를 너무나 어리석고 단편적으로 만들어 버렸기에, 어떤 대상은 우리가 그것을 소유할 때만, 즉 그것이 우리에게 자본으로서 존재하거나 또는 그것이 … 어떤 방식으로 이용될 때만 우리의 것이 된다."[4]

4       *Ibid.*, 159.

급진적인 계몽주의와 표현주의의 이러한 강력한 결합은 헤겔의 종합을 〈정신〉으로부터 인간에게로 이행시키는 데서 생긴다. 헤겔의 입장에서 말하자면 〈이념〉은 자연 속으로 이행하며 처음에는 거기에서 상실되고 만다. 즉 〈이념〉은 아직 자신에게 적합한 표현을 얻지 못한다. 따라서 세계의 내부에는, 그리고 자기 자신을 인식할 수 없는 〈정신〉과 세계 사이에는 분열과 분리가 존재한다. 이념에 상응하는 구체화의 전개, 즉 〈정신〉의 자기 자신에로의 복귀는 역사에서 행해진다.

이제 〈정신〉을 인간으로, 그러나 개인으로서의 인간이 아니고 '유적 존재'로서의 인간으로 읽어 보라. 마르크스에서 인간은 근본적으로 자연적 존재이다. 인간은 자연 속에서 존재하며 자연과의 끊임없는 상호 관계 속에서 존속한다. 그가 자연적 모체 속에서 존재하지만, 이 자연적 모체는 처음에는 자신을 전혀 표현하지 않는다. 그러나 인간은 동물과 달리 보편적이고 의식적으로 생산할 수 있기 때문에, 자연과의 이러한 상호 관계는 자연의 순환을 단순히 갱신시킬 뿐만 아니라 자연을 변혁한다. 인간은 자연을 자기 자신의 표현으로 변화시키며, 그러한 과정을 통해 본래의 인간이 된다. 마르크스는 적합한 외적 표현의 형성에 의한 인간의 자기 창조를 "인간의 종적 생활의 대상화Vergegenständlichung"[5]라고 부른다.

그러나 인위적인 세계를 창조하려는 최초의 시도는 필요라는 압력 아래서 수행되기 때문에 분열을 초래한다. 인간은 자신들의 사회적 관계를 재조직함으로써 자연과의 더 높은 상호 작용의 형식 또는 더 높은 생산 양식에 도달할 수 있지만, 처음의 낙후되어 있고 궁핍한 상태에서는

---

5    *Ibid.*, 128.

이것이 어떤 사람들이 다른 사람들을 지배하지 않으면 안 된다는 것, 따라서 착취하지 않으면 안 된다는 것을 의미한다. 아이로니컬하게도 더 높은 생활을 향한 최초의 시도, 즉 인간의 참된 실현은 사람들을 원시 공산주의의 낙원으로부터 계급 사회의 고통과 잔혹으로 끌어들인다. 여기서 우리는 아담과 이브의 타락 신화에 대한 헤겔의 해석을 상기하지 않을 수 없다. 그것은 분명히 주체 또는 정신적 존재로서의 자기 자신에 대한 인간의 최초의 긍정인 바, 이를 통해 인간은 조야한 특수성이라는 초기의 상태에서 자신을 보편적인 것으로부터 분리시키고 궁극적으로는 자신을 〈정신〉의 적합한 매체로 만들게 되는 오랜 도야 과정으로 진입하게 되는 것이다.

그러나 변혁의 주체는 개인이 아니라 '종적 존재', 즉 자연적 모체 속에 자리 잡은 인간 사회이기 때문에, 서로 분열된 인간은 적합한 표현을 이룰 수 없다. 따라서 계급 사회에서 사람들은 자기 자신의 표현물을 통제할 수 없다. 그것은 그들로부터 분리되어 그 자체의 동력을 갖게 된다. 그들은 자신의 삶에서 소외를 경험한다. 그리고 이러한 소외는 그들이 소외된 세계를 부르주아적인 고전 경제학의 철의 법칙으로 받아들이는 소외된 의식에 의하여 뒷받침된다. 불행한 의식의 시기에서의 헤겔의 〈정신〉과 마찬가지로, 유적 인간은 자기 자신의 표현물에서 자기 자신을 인식할 수 없다.

그러나 만약 계급 분열이 궁극적으로 궁핍에 의해서 강제되는 것일 경우, 사람들이 일단 자연을 충분히 지배하게 되면 이러한 분열은 극복될 수 있다. 자기 자신의 구체화에서 자기 자신으로 복귀하는 유적 인간은, 독자적인 객체로 분리되지 않고 사회 전체에 속하는 완벽한 표현이 이루어지는 자유의 왕국에 들어갈 것이다. 그리고 그 안에서 인간들은 서로 화해하게 될 것이다. 공산주의는 "인간의 자기 소외를 폐지하게 될 것이며, 인간을 통한 그리고 인간을 위한 인간 본성의 현실적 획득이 될 것이다. 따라서 그것은 인간의, 사회적인, 즉 참으로 인간적인 존재로서의 자기 자신에로의 복귀이며, 이전의 발전 과정에서 형성되어 왔던 모든 부를 자기의 것으로 하는 완전하고 의식적인 복귀이다."[6]

표현적인 실현으로서의 공산주의는 인간의 생활을 끊임없이 괴롭혀 왔던 분열과 대립을 극복할 것이다.

> "공산주의는 충분히 전개된 자연주의로서 휴머니즘이며, 충분히 전개된 휴머니즘으로서 자연주의이다. 그것은 인간과 자연, 인간과 인간 사이의 적대 관계의 결정적인 해결이다. 그것은 존재와 본질, 자유와 필연, 개인과 종의 갈등의 참된 해소이다. 그것은 역사의 수수께끼의 해소이며, 자기 자신이 이러한 해소라는 사실을 알고 있다."[7]

우리는 위에서 헤겔의 야심이 변화된 형태로 성취되고 있음을 본다. 헤겔의 야심은 대립을 화해시키는 것이었으며, 특히 인간이 조화를 이루어야만 하는 자연 안에서 인간의 필연적 대상화에 대해서 처음에는 인간을 자연과 대립시키는 그의 자유의 요구들이 갖는 대립을 화해시키는 것이었다. 마르크스도 독자적인 방식으로 표현주의를 피히테의 급진

---

6    *Ibid.*, 155.
7    *loc. cit.*

적인 자유와 결합한다. 왜냐하면 마르크스의 인간은 자기 자신을 창조하기 때문이다. 그러나 헤겔에게는 화해가 이미 존재해 있는 〈정신〉의 구체화의 인식에 의해 성취된다. 이러한 인식은 역사에서 〈정신〉의 매체인 인간의 생활 형식의 변혁을 요구한다. 그러나 이러한 변혁의 궁극적 목표는 〈정신〉의 자기인식이기 때문에, 변혁된 사회조차 이러한 자기인식에 의존한다. 즉 그것은 사람들이 더 큰 질서를 깨닫고 이 질서의 반영으로서의 분화된 사회 구조와 일체가 될 것을 요구한다.

이에 반해 마르크스에게는 이미 존재해 있는 것을 인식한다는 사상은 없다. 화해는 전면적으로 창조된다. 인간은 자연을 자신의 표현으로서 변화시켰기 때문에 그렇게 변화시킨 만큼 자연과 하나가 된다. 인간사회의 변혁은 더 큰 질서의 궁극적 인식이 아니라 결국은 인간에 의해서 자유롭게 창조된 계획에 자연을 복종시키는 것을 목표로 한다.

두 사상가의 차이를 보여 주는 유명한 짧은 정식, 즉 헤겔은 현실의 관조에 대해서 말하는 반면 마르크스는 현실을 변혁시키기를 원한다는 것은 궁극적으로 그들이 상이한 존재론에 기초하고 있다는 것을 보여 준다. 헤겔에서의 주체는 〈정신〉, 즉 만물의 〈정신〉이므로 화해는 인식을 통해서 성취된다. 왜냐하면 전 우주의 변혁은 의미를 갖지 못하기 때문이다. 그러나 마르크스의 화해는 변혁을 통해서 성취되지 않으면 안 된다. 왜냐하면 그에게 주체는 유적 인간이기 때문이다. 또한 인간은 신과 달리 노동을 통하여 자연 속에 자기 자신을 실현할 때까지는 자연 속에서 자기 자신을 인식할 수 없다. 따라서 마르크스의 화해는 영원히 불완전한 것일 수밖에 없을 것이다. 즉 그것은 아직 변혁되지 않은 자연이라는 [끊임없이 후퇴하는] 한계를 결코 넘어설 수 없다. 그러나 이것은 그의 프로메테우스적 자기 창조라는 관념이 치러야 할 대가이다.

〈정신〉으로부터 인간에로의 이행이 일단 이루어지면, 헤겔의 분화된 구조는 구제도의 그것과 마찬가지로 신적 질서로서 스스로를 위장하는 억압과 불의로 간주될 것이 틀림없다. 따라서 마르크스는 자신이 헤겔에게서 많은 것을 배웠다는 것을 인정하면서도, 헤겔의 국가관에 대해 급진적인 계몽주의적 분노를 퍼부었다. 헤겔의 종합은 현실의 실제적 분열을 은폐하면서 단지 사상에서만 성취된 종합이라고 비난을 받았다. 헤겔을 논박할 때 마르크스는 불가피하게 헤겔을 왜곡시켰다. 즉 그는 자주 헤겔이 단지 '추상적인 사유'에만 관심을 가졌으며 다른 종류의 실천을 주장하지는 않은 것처럼 말한다. 그러나 마르크스가 헤겔에게서 많은 것을 배웠다는 것은 부인하기가 어려우며, 심지어 그가 그 사실을 인정하지 않을 때조차 그의 저작들을 통해서 분명히 드러난다. 헤겔은 철저한 자유와 자연을 화해시키기 위해서, 철저한 자유가 〈정신〉으로서 만물의 근저에 있다는 사상을 전개했다. 근본적으로 만물은 자유의 발현이다. 가장 강력하고 혁명적인 학설을 낳게 하기 위해서는 이러한 행동주의적 사상의 주체를 인간에게로 이행시키는 방법밖에 없다.

초기 마르크스에 관한 이러한 해석에 동의하는 많은 주석자는 마르크스의 성숙한 사상은 완전히 다르며, 그가 1840년대 초기의 헤겔적이고 표현주의적인 정식화를, 자본주의 사회의 내적 발전과 최종적 사멸에 관한 철의 법칙들을 상술하는 자본주의 사회의 냉철한 과학을 위해서 포기했다고 주장한다. 나는 마르크스가 『자본론Capital』을 과학적인 저작이라고 보았으며, 또 '과학'이라는 말이 그에게는 19세기 후반에 가졌던 의미를 가졌다고 생각한다. 이 때문에 우리는 『자본론』을 초기 낭만주의 시대의 통찰을 수용하고 있는 다윈의 진화론이나 프로이트의 정신분석과 같이 성숙한 과학의 위대한 작품 중의 하나로 생각할 수 있을지도 모른다. 그러나 그렇다고 해서 마르크스가 1844-1887년 사이에 가졌던 사상을 버려야만 한다고 믿었다는 결론은 나오지 않는다. 내가 위에서 언급했던 입장은 『공산당 선언The Communist Manifesto』과 세부적 설명에 의해 보완된 1844년의 『파리 수고Paris Manuscripts』에서 인용된 것이다. 나는 마르크스가 그러한 사상을 본질적인 점에서 폐기했다든가 또는 그렇게 할 필요를 느꼈다든가 하는 증거는 조금도 찾아볼 수 없다.

후대의 주석가들은 성숙한 마르크스의 '과학적' 입장과 마르크스가 헤겔을 표현주의적으로 변용시켰다는 사실 사이의 불일치를 느꼈다. 이 점에서 그들은 마르크스보다 더 통찰력이 있다고 할 수 있다. 그러나 마르크스 자신이 이러한 불일치를 느꼈다고 말하는 것은 부당하다. 처음부터 마르크스가 의도한 것은, 인간은 자연과 사회를 지배하기 위해 과학을 통해서 자연과 사회를 객체화할 수 있다고 보는 급진적인 계몽주의를 전체성에 대한 표현주의적 열망과 종합하는 것이었다. 이것이야말로 그가 공산주의를 휴머니즘과 자연주의의 합일이라고 말할 때 의미한 것이다. 표현적 실현은 인간(유적 인간)이 자연을 지배하고 그의 자유로운 설계도를 그 위에 각인할 수 있을 때 성취된다. 그러나 동시에 그는 과학적 실천을 통해서 자연을 객체화함으로써 그것을 지배한다. 공산주의 아래에서 사람들은 존재하는 어떠한 사회적 협정도 자유롭게 형성하거나 변경한다. 그들은 협정을 도구로 취급한다. 그러나 동시에 그들의 사회적 존재의 이와 같은 집단적 형성은 그들의 자기표현이다. 이러한 견해에서는 자연의 객관화와 그를 통한 표현은, 자신의 작품을 형성할 때 공업 기술을 이용하는 조각가와 마찬가지로 양립되지 않는 것은 아니다.

달리 말하면 표현적 실현은 급진적인 자연 형성의 자유를 통해 성취되는 것이므로, 그것은 자연 세계와 사회 세계를 과학과 기술에 의해서 지배하려고 하는 가장 원대한 계몽주의적 열망과 결합할 수 있었던 것이다.

우리가 본 청년 마르크스로부터 성숙한 마르크스에로의 이행은 견해의 변화가 아니라, 그에게는 근본적으로는 항상 동일한 입장으로 생각되었을 것임이 틀림없는 것 내부에서의 강조점의 변경일 뿐이다. 19세기 후반의 정신적 분위기에서 '과학적 사회주의'가 우세하게 되었던 것은 당연했다. 그리고 이러한 방향은 궁극적으로는 러시아에서의 한 마르크스주의적 혁명 정당의 성공에 의해 확고한 것이 되었다. 왜냐하면 마르크스주의는 러시아에서 근대화 이데올로기의 역할을 맡지 않을 수 없었기 때문이다. 레닌의 유명한 말에 따르면, 사회주의는 소비에트 권력에 전기를 더한 것이다. 이 두 개의 목표는 지배 엘리트가 그들이 처리해야만 하는 다루기 힘든 사회 문제에 관해서 기술자의 입장을 취하는 것을 불가피하게 만들었다. 마르크스-레닌주의는 새로운 시대의 자유 의식이라기보다는 오히려 뛰어난 건축가의 수중에 있는 청사진으로 취급되기 시작했다.

그러나 관료적 마르크스주의도 종합의 표현주의적 요소를 간단히 거부하지는 않았다. 관료적 마르크스주의 운동에서 공산주의적 인간의 자유와 전체성이라는 이상은 부르주아 사회에 대한 그것의 많은 비판과 마찬가지로 표현주의적 전통 안에 머물러 있다. 사실 전체성이란 이상은 소비에트 마르크스주의의 전체주의적 경향들, 예를 들어 예술과 문화생활에 대한 요구들과 공산주의적 인간에 대한 본래적 추구의 관료주의적 변질의 근저에 놓여 있는 것이다.

그러나 소련의 경험은 표현적 실현과 과학적 객관화의 마르크스적 종합의 약점을 강조하는 데 기여했을 뿐이다. 조각가의 예는 인간이 자연에 대해서 표현적 관계와 객체화하는 관계를 동시에 갖고 있다는 사실을 확실히 보여 준다. 또한 우리는 능률과 표현이라는 기준을 동시에 만족시키기 위해 자신들의 사회적 협정을 형성하고 수정하는 하나의 조화로운 단체를 상상할 수 있다. 그러나 이 경우 사람들이 의지하는 것은 공학 기술이나 과제들의 분배 방법, 또는 그러한 종류의 어떤 것이다. 그들은 사람들의 행태의 결정 인자들을 발견해 내는 인간 과학 등을 이용하고 있지는 않다. 왜냐하면 만약 그것이 이용된다면, 어떤 사람들이 다른 사람들을 통제하고 조종하는 것이 되기 때문이다.

달리 말해서 사람들이 어떻게 행동하고 느끼는가를 결정하는 요인들 ―이것은 대다수 사람의 시야 밖에 있거나 모든 사람의 의지 밖에 있든가 아니면 그 양자 모두에 해당하든가이다― 을 발견해 내는 인간의 과학적 객체화가 실제로 공산주의 사회의 실천적 토대가 될 수는 없다. 이것은 이런 종류의 과학이 나쁜 의도를 위해 또는 자유라는 대의에 역행하는 방향으로 이용될 것임에 틀림없다는 것을 의미하는 것은 아니다. 오히려 이러한 종류의 객체화라고 주장하는 정신분석은 어떤 사람들에 의해서, 다른 사람들을 치료하기 위해서, 그리고 이를 통해 그들의 자유를 증대시키기 위해서 이용될 수 있다. 그러나 마르크스주의적 공산주의 사회는 함께 결정하는 사람들의 사회이다. 결정은 어떤 의미에서 일반 의지를, 즉 단순히 개인적 결정들의 연쇄가 아니라 진정한 공통적 목표를 표현한다. 이것은 예를 들어 병자를 치료하기 위해, 인간을 통제하는 과학 기술을 최소 한도로 이용하는 것을 배제하지는 않는다. 그러나 사회가 의식적이며 집단적인 결정으로서 택하는 진로는 이런 종류의 응용과학에 의해 파악되는 결정 인자들에 의해 정해지는 결과일 수는 없다.

그런데 만약 『자본론』, 즉 마르크스-레닌주의의 체계가 우리에게 부르주아 사회를 지배하고 있는 '법칙들'을 가르쳐 주고 또 이를 통해서 우리가 어떻게 그것들을 가장 잘 폐지할 것인가를 알 수 있다면, 부르주아 사회의 초극은 이러한 법칙들의 정지를 의미할 것임에 틀림없다. 왜냐하면 부르주아 사회에 관한 과학은 사람들이 스스로 이해하지도 통제하지도 못하는 구조와 동력에 사로잡혀 있다는 사실을 보여 주기 때문이다. 이러한 과학은 부르주아 사회를 폐지하는 혁명적인 실천의 근거가 될 수는 없으며, 이러한 실천은 그렇지 않을 경우에는 역설적으로 다른 사람들을 조종하는 실천이 될 것이다.

그러므로 자본주의와 공산주의의 두 시대의 혁명적 경계에는 어떤 비약, 즉 사회에 적용되는 법칙들의 변경이 있지 않으면 안 된다. 그리고 이러한 사실은 앞에서 논한 소외론에 대해서도 타당하다. 소외 상태에서 자기 자신의 운동 법칙에 따르는 부르주아 사회의 실천 —마르크스주의적 과학은 이것을 추적하려고 한다— 은 공산주의와 더불어 인간의 통제하에 들어가며, 자본주의에서와 유사한 외적 결정 인자에 굴복하지 않고 자유로운 사회의 결정에 굴복하게 된다.

자유로운 표현을 위해서 이처럼 외적 결정 인자를 초극하는 것은, 말할 나위도 없이 헤겔 철학 내에서는 완전한 의미를 갖는다. 그것은 우리가 헤겔의 '자연철학'에서 존재의 여러 차원으로, 예를 들어 무기적 자연으로부터 생명으로 상승할 때 또는 소외로부터 인류성으로 이행할 때 볼 수 있는 것이다. 그러나 그것은 계몽주의에 근거를 두고 있는 과학의 전통에서는 낯선 것이다. 이러한 과학은 인간이 존재의 한 차원에서는 자연을 중립적 도구로서 객체화하면서도 다른 차원에서는 표현적 대상을 형성하는 것을 허용한다. 그럼에도 과학은 경계가 변함으로써 역사의 한 단계에서는 객체화와 자연법칙의 영역에 속하던 것이 그 영역을 넘어서 다른 단계에서는 표현의 왕국으로 들어가는 것까지 인정할 수는 없다. 과학은 과학의 법칙들이 지양되는 것을 용인할 수 없다.

인식론적인 관점에서 볼 때 이것은 성숙한 마르크스가 결코 명확히 하지 않았을 뿐 아니라 아마 결코 깨닫지 못했을 애매함이다. 역사의 중대한 전환점에서 일어나는 이러한 사회 법칙의 지양, 즉 어떤 시기에 대한 설명에 필수적인 술어들이 다른 시기에는 적용될 수 없다는 것은, 헤겔에서 그랬던 것처럼 분명히 청년 마르크스의 최초의 이론 속에도 암암리에 함축되어 있었다. 이는 혁명과 공산주의로의 이행에 관한 마르크스 사상의 논리에서 본질적인 것이었다. 그러나 그것은 마르크스가 『자본론』을 세상에 내놓았을 때 호소하고 있는 것 같은 과학 양식에서는 용인될 수 없는 것이었다.

마르크스는 결코 이러한 모순에 주의하지 않았다. 설령 이러한 모순이 그에게 지적되었다 하더라도, 중요하고 '철학적인' 문제로는 거의 인정되지 않았을 것이다. 그의 과학적인 작업은 자본주의에 대한 혁명을 완수해야 한다는 긴박한 실천적 요구들에 의해 재단되었다. 공산주의로의 이행에 대한 사변은 그에게는 하나의 사치스러운 사변에 지나지 않는 것 같았으며, 그러한 이행에 의해서 제기되는 인식론적 문제들에 대한 사변은 더욱더 그러한 것 같았다.

　　그러나 보다 깊이 조사해 보면, 마르크스 자신이 이행에 대해서 극히 단순하게 생각했기 때문에 그에게는 그러한 문제가 결코 제기되지 않았던 것 같다. 혁명은 부르주아 사회와 그 사회에서 작용하는 법칙들을 폐지할 것이며, 단합된 프롤레타리아 계급은 그들이 계승한 경제를 인수하여 자유롭게 처리할 것이다. 이런 종류의 무제약적인 자유에로의 도약은 본래의 변증법적인 지양, 즉 높은 단계의 통일이 항상 낮은 단계에서 예시되고 양자 간에는 비연속성 못지 않게 연속성도 존재하는 그런 지양이 아니다. 그러나 그러한 도약은 매우 비현실적인 것이다. 마르크스는 대규모 집단에서는 의사소통과 결정의 불투명성 및 간접성이 불가피하다는 사실을 망각했다. 또한 그는 광대하고 복잡한 생산 체계를 중심으로 조직된 사회에서는 말할 것도 없고 작고 단순한 사회에서조차 사람들 사이의 상호 작용의 역학이 항상 부분적으로 은폐되어 있다는 사실을 망각한 것 같다.

　　더 긴급한 문제들이라는 압력만큼이나 도약이라는 이미지에 집착했기 때문에 마르크스는 자유를 조직하는 문제에 대해서는 생각할 수 없었던 것 같다. 이는 그가 공산주의를 자본주의 사회보다는 덜 제한적이고 덜 비인간적이지만 그럼에도 불구하고 어쨌든 그 자체의 독자적인 한계를 지닌 사회로 파악하지 못하게 만들었다. 그러므로 이 한계가 자본주의 사회의 한계에 대해서 갖는 관계라는 문제는 일어날 수 없었다. 오히려 그것은 우리가 내연 기관을 폐지해 버리면 기화기氣化器의 기술이 소용이 없어지는 것처럼 부르주아 사회의 법칙들은 이 사회의 폐지와 함께 소멸하는 것으로 간주되었다.

이런 종류의 이행은 가장 완고한 실증주의자에 의해서도 이해될 수 있는 것이며, 『자본론』이 지향하는 부르주아 사회의 지양이 과학의 고전적인 준거틀 안에 수용될 수 있게 만든 것도 그러한 사유방식이다. 그러나 과학의 고전적인 준거틀과의 이러한 양립성은 이행을 단지 낡은 제한을 폐기하는 무제한적 자유에로의 도약으로 보는 매우 비현실적인 생각에서 비롯된 것이다.

계몽주의적 과학과 표현적 실현 사이의 마르크스적 종합은 결국 실행 가능한 것이 아니다. 변증법적 이행 속에 포함되어 있는 것을 드러내는 것, 어떤 단계와 그다음 단계의 사회 '법칙들' 사이의 관계를 파악하는 것, 증대된 자유의 사회적 분절 구조를 제시하는 것 등은 우리가 계몽주의적 과학의 범위를 넘어설 것을 요청한다. 우리는 사람들의 행위가 외부의 법칙들에 의해서 지배되고 있는 단계, 즉 어느 누구도 원하지도 사유하지도 않는 규칙성에 따르는 단계로부터 사람들이 (부분적으로) 이해하고 있고 또한 그들의 선택에 의해서 그들의 행위가 규제되는 단계로의 이행을 상세히 보여 주어야만 할 것이다. 그러나 이런 종류의 이행은 우리가 고전적인 과학의 경계를 넘어서게 한다. 외적 법칙에 의한 결정의 단계에서 의미 있는 상황에 의한 지도指導로의 이행은 헤겔의 변증법적 이행의 여러 범주에 의해서 더 용이하게 설명될 수 있다.

이와는 달리 고전적인 과학관에 입각할 때 우리는 그러한 이행을 맹목적인 법칙으로부터 의미있는 상황에로의 이행이 아니라 단순한 속박의 제거라고 생각해야만 한다. 우리는 새로운 사회에서의 주체와 그의 행위의 본질을 단지 완전한 자발성이라는 미해명의 문제로 남겨 두지 않으면 안 된다.

후대의 주석자들은 정당하게 마르크스의 표현주의와 그의 과학주의 사이의 분열을 지적해 왔다. 그러나 이것이 청년 마르크스와 후기 마르크스 사이의 차이는 아니다. 오히려 이러한 분열이 그의 눈에 띄지 않았던 이유는 이미 그의 최초의 입장 속에, 즉 헤겔의 자기 정립적 〈정신〉의 관념을 인간에게로 치환시키는 것 속에 암암리에 포함되어 있던 것이다. 자기 자신의 구체화를 창조하는 〈정신〉의 힘이 일단 인간에게 부여되면, 그 이전의 어떤 것보다도 더욱 급진적인 자기 창조로서의 자유의 개념이 산출된다. 그것은 일단 소외가 극복되면, 미개척된 자연에 의해서만 한계 지어지는 유적 인간의 자유로운 자기 활동을 향한 도약이라는 광활한 전망을 제시한다. 마르크스의 자유의 왕국이라는 관념은 우리가 이러한 분열이 나타나는 경계 지대를 탐구하지 못하게 만든다.

그러나 그것이 마르크스에게만 존재하는 맹점은 아니었다. 그것은 공산주의 운동 전체에 영향을 미치고 있다. 1917년 10월 혁명이 일어나기 몇 개월 전에 레닌은 그의 『국가와 혁명*State and Revolution*』에서 공산주의 사회의 행정에 대해서 믿을 수 없을 정도로 단순한 견해를 제시했다. 볼셰비키 당은 인간의 자유를 사물에 대한 완전한 관리로 보는 단순한 사상을 가지고 국가 권력을 장악했다. 그리고 소비에트 공산주의 사회는 그러한 사상에 집착함으로써 하나의 사회 형태로서의 자기 자신에 대한 적합한 개념을 형성하는 대신에, 전대미문의 규모로 인간들을 사물로서 관리하게 되었던 것이다.

소비에트 공산주의의 가혹한 역사는 독자적인 마르크스주의자들이 마르크스의 이론을 재고하게 만들었으며, 또 많은 사람이 마르크스의 1840년대의 더 '철학적인 저작들'을 재음미하게 했다. 초기 마르크스는 많은 '수정주의자'에게 새로운 출발점을 제공했지만, 반면에 이러한 초기 저작들은 관료적인 공산주의에 의해서 아직 헤겔 철학에서 완전히 해방되지 못한 미성숙한 저작들로서 못마땅하게 받아들여졌다. 오히려 그들은 마르크스의 표현주의와 과학주의 사이의 실현 불가능한 종합이 면밀하게 음미되는 것을 막았던 것이다. 볼셰비즘이 갖는 호소력은 한편으로는 표현적 자유에 대한 약속과 다른 한편으로는 '과학적 사회주의'를 역사에 대한 공학적 청사진으로서 소유하는 것의 모순적인 결합에서 비롯된다. 이러한 모순이 폭로되고 해결되는 것을 막는 것은 운동의 이익을 위해서이다. 세련된 형태의 과학주의란 이름 아래 마르크스로부터 헤겔적인 관념들을 제거하려고 시도했던 알튀세르Louis Althusser의 저작에서처럼 그러한 모순이 해결될 때, 그것은 해석으로서도 설득력이 있는 것이 아니며 정치적 비전으로서도 매력적인 것이 아니다. 사회적 모순들의 소위 과학적 대상화를 구실로 한 정당화, 즉 레닌주의 정당에 의한 엘리트 지배의 정당화가 노골적으로 표명될 경우 현대사를 반성해 본 적이 있는 독자들에게는 불쾌감만을 초래할 뿐이다.

역사의 '법칙들'에 따라서 건설하는 '기술자'로서의 프롤레타리아 정당이라는 볼셰비키의 이미지는 인간의 상태에 대한 두 개의 서로 대립하는 견해를 결합하고 있다. 그것은 한편으로는 우리에게 손쉽게 다룰 수 없는 문제들에 대항하여 역사의 진행에 자신의 의지를 부과하는 인간을 제시한다. 이것은 '영웅주의적' 이미지이다. 다른 한편으로 변증법적 유물론은 인간과 역사를 철과 같은 필연성으로 지배하는 법칙들을 제시한다. 이 두 가지 이미지가 그 자체로서 양립 불가능한 것은 아니다. 그러나 이 둘은 위와 같은 방식으로 결합할 수는 없다. 자신의 의지를 역사의 진행에 부과하는 기술자들에 의해 적용되는 법칙들은 철의 필연성에 따르는 법칙들일 수는 없다. 만약 우리가 철의 필연성이라는 개념으로, 인간의 결정 자체는 그러한 법칙들에 의해 설명될 수 없기 때문에, 일어나는 모든 사건을 인간의 어떠한 결정에도 의거하지 않고 전적으로 그러한 법칙에만 의거하는 것으로 설명할 수 있다는 것을 의미한다면 말이다. 역사의 참된 발전 법칙은 그것의 선행 조건들이 통제될 수 없는 그런 성질의 법칙일 것이다. 그것은 우리가 사건의 진행에 더 원활하게 적응하고 이행을 용이하게 하는 것에는 기여할 수 있겠지만, 우리가 우리의 의지를 그것에 부과하는 데에는 기여하지 않을 것이다. 즉 그것은 '기술자'에 의한 적용에는 순종하지 않을 것이다.

사실상 볼셰비키 당은 1917년에 혁명을 기도했을 때뿐만이 아니라 1928년 이후의 농민의 집단화 운동에서 훨씬 강력하게 그들의 의지를 역사의 진행에 부과했다. 이것이 얼마나 부자연스러웠던가는 그 당시의 엄청난 유혈 사태와 거의 50년 후의 소련의 농업 상태에 의해서 추측할 수 있다. [소련은 이후 미국의 최대 식량 수입국으로 전락했다.] 그리고 스탈린과 그의 동료들은 그들이 농민들을 지도하여 이끌든가 네프$^{NEP}$[신경제정책]하에서의 비교적 자유로운 농민 경제의 성장으로 인해 그들의 권력의 토대가 붕괴되든가 그 어느 하나를 택해야 한다고 느꼈다. 그러나 그것이 사실 권력의 경제적 하부 구조와는 약간의 관계가 있었던 반면, 불가피한 역사의 방향과는 전혀 관계가 없었던 '철의 필연성'이며, 우리 또는 그들의 선택과 관계된 문제였다. 공산주의의 불가피한 승리를 예고하는 '역사의 법칙들'은 결국에는 역사의 진행에 대한 자신들의 결정에 대한 알리바이로서 기여할 뿐이다. 더 높은 문명으로 향하는 인류의 불가피한 전진

중에 흘린 피에 대해서 유감은 있을 수 있지만, 죄책감은 있을 수 없다.

      이처럼 마르크스-레닌주의는 서로 양립할 수 없는 것들의 합일, 즉 극단적인 주의주의主意主義와 과학주의 ―물리학이 자연을 잠재적인 조작 대상의 영역으로서 객체화하는 것처럼 역사 과학은 사회를 객체화한다는 사상― 가 가장 철저한 결정론과 결합한 합일을 실현했다. 이러한 합일은 반항적인 집단에 새로운 방향을 부과하는 엘리트들에게는 자연스러운 것이다. 그러나 이러한 실천은 표현적 자유에 대한 마르크스주의적 전망과 쉽게 일치할 수는 없다. 그러므로 이러한 거대한 사회 공학은 대중의 불가피한 의지와 운명으로서, 대중으로부터 비롯되는 역사 법칙들의 결과로서 제시된다. 이러한 견해에는 심각한 모순이 있다. 역사의 법칙들이 사회 공학의 토대이면서 동시에 사건들의 불가피한 동향을 보여 주는 것일 수 없다. 주의주의와 사회 공학의 결합은 자유의 증대를 허용할 여지를 주지 않는다. 그러나 이러한 결합은 현대사에서 하나의 정치적 거점으로서 강력한 힘을 발휘해 왔다.

      마르크스주의 내의 수정주의자들은 이러한 세 가지, 즉 주의주의, 과학주의, 결정론 사이의 연관을 보았다. 그들은 의지에 의해 부과되는 것으로서의 혁명의 이미지와 철의 필연성에 의해서 결정되는 것으로서의 혁명의 이미지가 역설적으로 결합해 있는 것을 보았다. 그들은 마르크스주의를 재해석하여 이 양자로부터 동시에 벗어나려고 노력했다. 그리고 이러한 재해석에 의하면 우리는 혁명을 위한 조건들의 성숙을 파악할 수 있지만, 그러한 조건들은 "여러 대안 중에서 하나를 결정하는 행위에 의해서만 실현될 수 있다."[8] 그들은 마르크스의 초기 견해에 의거하여 혁명적 변혁으로 향하는 '경향'이란 개념에 의해서, 한편으로는 무력한 설교, 즉 단순한 당위의 정치와 다른 한편으로는 힘에 의해 공산주의를 부과하려는 기도를 극복하려고 했다. 즉 그들은 혁명이 혁명적 엘리트들만의 활동에 의해서가 아니라 광범한 대중의 자발적 활동에 의해서 실현될 것이며, 공산주의를 실현하기 위해서 사용되는 수단은 목적과 일치할 것이라고 주장했다.

동시에 그들은 사태의 경향은 철의 필연성은 아니라고 주장함으로써 자유로운 활동에 의해서 매개되지 않는 자유로의 이행이라는 역설을 피한다.

라이프니츠의 유명한 문구를 빌면 "필연적이지는 않지만 어느 쪽으로 기우는" 사태의 경향이란 개념을 내세우려는 수정주의자들의 기도는 분명히 그 연원을 초기 마르크스의 사상에 두고 있다. 그러나 초기 마르크스만으로는 충분하지 않다. 왜냐하면 마르크스 자신은 초기 및 후기에도 사회생활의 불투명성, 분열, 간접성, 의도의 어긋남이 완전히 극복된 자유라는 비현실적인 관념을 고수하고 있었기 때문이다. 표현주의와 과학주의 사이의 실행 불가능한 종합의 근저에 있는 것, 또한 볼셰비키적인 주의주의가 자유의 실현으로서 위장하는 것을 가능케 하는 것은, 상황을 갖지 않는 자유situationless freedom라는 표상이다. 이에 반해 수정주의의 의도는 행위자가 인수할 수도 거부할 수도 있는 하나의 방향 지어진 상황 안에 있는 것으로서의 자유로운 행위라는 관념을 회복하는 것이다.

이렇게 상황을 갖지 않는 자유가 헤겔이 말하는 '절대적 자유'이

---

8    I. Meszaros, *Lukács' Concept of Dialectic*(London : Meszaros Press, 1972), 44에서 루카치의 말을 인용.

다. 그것은 헤겔의 눈으로 보면 다른 방식보다는 오히려 이런 방식으로 행동하는 어떠한 이유도 우리에게 제시하지 못한다는 점에서 황폐하며 공허한 자유였다. 그것은 또한 공허한 것이기에 어떠한 긍정적인 업적도 자유에 대한 장애로서 분쇄하도록 우리를 몰아 대기 때문에 파괴적이었다. 내가 2장 7절에서 말했던 것처럼 절대적 자유에 대한 헤겔의 비판은 비록 프랑스 혁명 당시의 혁명가들을 겨냥한 것이었지만 어떤 의미에서는 마르크스에 대한 비판을 선취한 것이었다. 그러나 다른 의미에서 헤겔의 후계자로서의 마르크스에게는 이러한 비난을 부분적으로 피할 수 있는 측면이 있다. 이제 우리는 이 두 판단이 얼마나 참된 것이며, 또 상황 내의 자유에 대한 규정을 추구하는 수정주의자들의 탐구에서 초기 마르크스가 얼마나 좋은 근거이며 또 얼마나 불충분한 근거인가를 명확히 파악할 수 있다. 마르크스는 칸트가 그렇게 했던 것처럼 순수하게 자율적인 이성적 의지로부터 출발하지 않기 때문에 헤겔의 비난을 피할 수 있다. 마르크스에게 인간은 자연과의 상호 작용 속에 존재한다. 그가 자유롭게 되는 것은 이러한 자연을 제거하고 중립화시키는 것에 의해서가 아니라 그것을 변혁하는 것에 의해서이다. 그리고 그것은 인간에게 극히 명확한 과제를 부여한다. 즉 그는 그 과제가 한편으로는 자연을 변혁하고 다른 한편으로는 이러한 변혁의 초기 단계에 발생하는 분열과 소외를 극복한다는 것이다. 그러므로 인간은 상황 속에 있다. 그는 자신에게 어떤 과제를 부과하는 더 큰 질서의 일부이다. 이처럼 마르크스의 이론은 우리가 이미 보았던 헤겔의 이론과 유사하며, 그것에서 정신을 인간으로 대체시킨 것이다.

처음부터 인간은 자유의 조건들을 창조해야만 한다. 그리고 이것이 마르크스주의적 사회에 방향을 부여했던 것이다. 그 사회는 사회주의를 건설하고 공산주의의 전제 조건을 발전시켜야만 한다. 그러나 일단 자유의 조건들이 실현되면 마르크스주의적 자유관은 더 이상 도움이 되지 않는다. 자유로운 사회에 대한 상세한 청사진을 제시하는 것은 불가능하며, 그러한 요구는 모순되는 것으로서 정당하게 거부되었다. 오히려 모든 소외와 분열의 극복은 인간을 상황 없이 남겨 두기 때문에, 인류의 '전사 前史, pre-history'[9]가 끝나는 이 단계에서부터 절대적 자유의 공허함에 대한 헤겔의 비판이 적용되기 시작하는 것이다.

비록 공산주의 사회의 청사진을 구하는 것이 터무니없는 것이라 해도, 인간의 상황이 어떻게 변할 것이며 또 어떠한 강제, 분열, 긴장, 난관, 투쟁, 그리고 소외가 오늘날 우리가 알고 있는 것들을 대신할 것인가를 묻는 것은 전혀 불합리하지 않다. 고전적 마르크스주의는 이에 대한 해답을 갖고 있지 않을 뿐 아니라, 그에 대한 답은 '없으며' 우리의 유일한 상황은 자연과 싸우는 조화롭게 단결된 유적 인간의 상황일 것이라는 사실을 암시하고 있다. 그러나 이러한 상태는 믿기 어려운 것일 뿐 아니라 인간이 살 수 있는 것이 될 수도 없다. 그것은 전적으로 공허한 자유일 것이다.

상황을 갖지 않는 자유라는 관념은 비록 헤겔이 예언했던 방식과는 상당히 다르지만 극히 파괴적이었다. 왜냐하면 마르크스주의적 사회는 건설, 즉 사회주의의 기초들을 쌓는 것에 큰 관심을 가졌기 때문이다.

---

9    [역주] 마르크스에서 인류의 전사(前史)란 인간들이 의식적으로 자신의 사회를 계획하고 운영하는
      사회주의 사회가 도래하기 전의 시대를 가리킨다. 이러한 시대에 인간들은 사회의 주인이 아니
      며, 오히려 맹목적으로 작동하는 사회의 메커니즘에서 소외되어 있다.

그러나 '절대적 자유'의 마르크스주의적 변형이 볼셰비키적 주의주의의 근저에 놓여 있다. 볼셰비키는 자신들의 역사적 정당성을 확고히 믿으면서 자신들의 진로를 방해하는 모든 장애를 무자비하게 제거했고, 헤겔이 탁월한 통찰력으로 묘사했던 공포정치를 재생시켰던 것이다.

# 3. 상황 속에서의 자유

우리가 마르크스의 프로메테우스적 표현주의를 고찰한 것은 그것이 서구 문명의 진행에 대한 광범위한 근대적 항의 중에서 가장 영향력 있는 사상이기 때문이다. 세계에 대한 인간의 지배를 회복하고 세계를 자유롭게 선택된 설계도에 따라 근본적으로 형성함으로써 세계의 불의와 표현적 무기력을 일거에 극복한다는 이념은 관료적 마르크스주의의 경계를 넘어서 커다란 매력을 갖는다. 우리는 그러한 이념을 현대의 거의 모든 저항 운동과 해방 운동에서 발견한다.

그리고 그러한 이념이 갖는 이 같은 편재성遍在性, ubiquity에서 우리는 오히려 헤겔 철학의 유의미성이라는 문제에 대한 해답의 단서를 발견한다. 급진적인 자유에 대한 열망들이 마르크스의 영향을 받고 있는 한, 그 열망들은 또한 헤겔에게서 유래한다. 그러나 더 중요한 사실은 그 열망들이 마르크스주의에 대한 우리의 고찰에서 보았던 것과 동일한 난관에 부딪친다는 것이다. 즉, 동일한 공허함, 완고한 세계에 자신의 해결책을 강요하려는 동일한 유혹, 현재의 불완전한 상황이 일소된 후의 인간의 상황은 규정되지 않은 채 남아 있게 된다는 동일한 무능력에 직면한다. 1968년 5월의 반항자들은 이 점에서 그들이 그렇게 경멸했던 소련의 무자비한 인민 위원들과 다를 바 없었다. 다른 점은 후자가 사회주의를 위한 '조건들'의 일사불란한 건설을 목표로 하는 강령을 가지고 있었던 반면에, 전자는 건설은 오래전에 충분히 이루어졌으며 이제는 자유의 왕국에 들어갈 때라고 극히 올바르게 주장했다는 것이다.

　　그러나 이 모든 전통은 마르크스주의적인 것이든 무정부주의적인 것이든 또는 상황주의적인 것[10]이든, 어떠한 사회가 자유로운 사회가 될 것인지에 대해서, 자유로운 사회란 한없이 창조적인 사회이지 않으면 안 된다는 것, 사람들 사이에서든 또는 그들 자신의 내부에서든 삶의 영역들 사이에서든 (노동은 유희와 동일하며, 정치는 사랑과 하나이며, 생활은 예술과 같다) 분열이 있어서는 안 된다는 것, 강제가 있어서는 안 되며 대표를 보내서도 안 된다는 것 등의 공허한 문구 이상의 어떠한 이념도 제공할 수 없다. 이러한 부정적인 성격 부여에서 행해지고 있는 모든 것은 인간의 전체 상황을 전혀 고려하지 않는 것이다. 따라서 이러한 자유가 내용을 갖지 않는다는 것은 조금도 놀랄 일이 아니다.

---

10　[역주] 1957년에 결성된 '상황주의자 인터내셔널(SI: Situationist International)'이 표방한 이념을 가리킨다. 상황주의자 인터내셔널은 기 드보르(Guy Debord)와 아스게르 요른(Asger Jorn)을 비롯한 유럽의 이론가, 작가, 화가, 건축가들로 구성된 급진적 문화 생산 단체로서, 시민들을 무기력한 소비자로 전락시키는 소비자본주의에 대한 비판을 주안점으로 삼고 있다. 그들은 예술을 통해서 진정한 욕망을 실현하는 데 적합한 환경을 창조하는 것을 '상황의 구축'이라고 불렀다. 상황주의는 1968년 5월의 학생운동에 큰 영향을 끼쳤지만 내부 불화로 1972년에 해체되었다.

투쟁의 열기 속과 바리케이드들의 뒤에는 표현의 실제적 해방, 창조적 행위를 위한 영역, 인간들 사이에 존재하는 장벽의 분쇄, 참된 참여 민주주의가 존재한다. 이것은 분명히 매우 현실적인 상황, 즉 기존의 규제 및 기구와 단절하고 '질서의 폭력'과 싸우는 상황 속에서 일어난다. 그러나 혁명이 승리한 후에는 다른 모든 상황과 마찬가지로 이러한 상황도 배제될 수밖에 없다.

1968년 5월의 반항자들은 아이로니컬하게도 옛 혁명가들의 논리로 옛 혁명가들에게 반항하도록 신에 의해서 보내진 것 같다. 절대적 자유의 이러한 딜레마야말로 헤겔이 깊이 사유했던 것이며, 또한 이것이 현대인들이 끊임없이 그에게 돌아가 그를 음미하는 이유 중의 하나이다. 그는 하나의 중요한 근대적 사상 경향의 원점에 서 있는 것이며, 그는 이러한 사상 경향이 갖는 근본적 딜레마를 그의 후계자들 대부분보다 깊이 파악했던 것이다.

그러나 지금까지 우리가 자유를 상황에 연관된 것으로서 논한 이러한 문제는 마르크스주의적 전통이나 모든 혁명적 전통보다 훨씬 큰 영역에 영향을 미친다는 문제이다. 그것은 모든 형태의 근대적 표현주의에서, 그리고 어떤 의미에서는 주체성에 관한 근대적 사유방식의 전체에서 나타나는 문제이다.

주체성에 관한 이러한 근대적 관념이 자유에 대한 많은 사상 ―이것들에서 자유는 인간이 장애물을 제거하거나 외부적인 방해, 속박 또는 분규에서 벗어남으로써 획득되는 것으로서 파악된다― 을 낳았다. 자유롭다는 것은 구속되지 않는다는 것, 즉 자신의 행동에서 자기 자신에게만 의존한다는 것이다. 더구나 이러한 자유관은 단지 부수적인 것이 아니라,

—자유가 근대에서 가장 호소력을 갖는 가치 중의 하나라는 데서 명확한 것처럼— 근대적 주체관을 규정하는 중심적 이념 중의 하나였다. 자기 규정적 주체로서의 새로운 정체성은 우주적 질서와 그것의 요구라는 더 큰 모체로부터의 이탈에 의해서 획득된 것이다.

이러한 유형의 자유관은 자유를 자기 의존이라고 정의한다. 그러한 자유관은 자유를 질서 또는 올바른 관계라는 관점에서 정의하는 고대의 (그리고 약간 후대의) 사유방식과 대조를 이룬다. 예컨대 아리스토텔레스에게서 함축적으로 표현된 자유관은 자유를 양극단의 무질서한 지배에 대립하는 것으로서의 조화, 균형, 중용과 관련되어 있다.

자유를 자기 의존으로 보는 자유관은 어떤 의미에서는 자유에 대한 소극적인 사유방식이다. 그러나 자기 의존으로서의 자유는 일반적으로 그것과 동일시되는 '소극적 자유'는 아니다.[11] 소극적 자유는 보통 외부적 간섭으로부터의 독립으로 정의되며, '적극적인' 자유는 참된 자기에서 유래하며 참된 자기를 표현하는 행위에 의해서 실현되는 것으로 정의된다. 그러나 근대에서 적극적인 사유방식은 자기 의존의 관념이었다. 자유는 내가 단지 나의 (참된) 자아에 복종하기 위해서 저급한 자아 또는 본능의 구속을 벗어남으로써 획득된다. 따라서 적극적인 자유관의 근원에 해당하는 이론을 제창했던 칸트는 자유를 타인의 의지, 외적인 권위 또는 본능에 따르는 의지와 대조적으로 이성적인 자아에 의해 형성된 법칙에 복종하는 것으로 정의한다.

---

11    I. Berlin, "Two concepts of liberty", in *Four Essays on Liberty* (Oxford: Univ. Press, 1969) 참조.

자유를 자기 의존으로 보는 이러한 사상 경향은 이처럼 근대적 자유관의 혁명적 전개의 근저에 존재하는 공통적인 기반이었다. 그것은 로크에서부터 벤담에 이르는 고전적 자유주의의 원래의 '소극적' 자유관과 자기 자신에만 복종하는 것으로서의 루소의 자유관, 칸트의 자율의 개념과 자유의 왕국이라는 마르크스적 이념에 이르는 자율의 관념의 후계자들에게 공통적인 것이었다. 그리고 마르크스의 이러한 자유의 왕국에서 인간은 모든 소외를 극복하고 자신이 거주하는 곳인 자연적 모체를 지배한 후 다시 자신의 운명을 스스로 결정한다. 그러나 여기에서의 자유의 주체는 개인적인 인간이 아니라 유적인 인간이다.

그러나 이러한 근본적 이념은 실제로는 발전을 거듭해 왔다. 그것의 최초의 형태인 경험주의적 또는 자연주의적 견해는 자아의 목표를 자연에 의해서 주어진 것 ─욕망 또는 충동─ 의 충족으로 보았다. 나중의 견해들은 단순히 주어진 것을 전부 넘어서려고 했다. 이 점에서의 분수령은 아마 칸트일 것이다. 헤겔에 의해서, 그리고 다시 마르크스에 의해서 칸트의 철저한 자율에 대한 열망은 인간의 본성이 단순히 주어진 것이 아니라 형성되어야만 한다는 이념으로 변한다. 완전히 자유롭기 위해서 인간은 자신의 본성을 재형성해야만 한다.

그런데 우리가 앞에서 마르크스주의와 관련해서 검토했던 딜레마를 발생시키는 것은 자유와 자기 의존을 동일시하는 이러한 일반적인 사유방식이다. 왜냐하면 이것은 완전한 자유를 모든 상황의 폐지, 즉 우리에게 어떤 과제를 부여하고 어떤 반응을 요구하는 것의 폐지를 의미하는 것으로 정의하기 때문이다. 이러한 견해가 인정할 수 있는 유일한 상황은 구속되지 않는 행위에 대한 외부의 압력, 사회에 의해 부과되는 부당한 요구, 소외, 자연적 제한 등의 방해물로서 정복되고 제거되지 않으면 안 되는 상황이다. 이런 종류의 상황은 오늘날 도처에서 끊임없이 주창되는 '해방'을 요구한다. 그러나 해방은 자유를 낳는 과정으로 간주된다. 이러한 견해에서는 다음과 같은 상황, 즉 그것이 요구하는 행위가 단지 자유로운 행위에 대한 장애물을 제거하는 것과는 달리 최대한으로 자유로운 행위일 수 있는 그러한 상황은 존재하지 않는다. 완전한 자유는 상황을 갖지 않는 것일 테다.

그리고 동일한 이유로 그것은 공허할 것이다. 완전한 자유는 실현할 가치가 있는 어떤 것도 포함하지 않는 공허일 것이다. 외부의 방해와 장애를 모두 제거하고 자유에 도달한 자기는 무성격적인 것이다. 이러한 사실이 소위 '합리성'이나 '창조성'과 같은 적극적인 용어들에 의해서 은폐될지라도, 그러한 자기는 규정된 어떠한 목적도 갖지 않는다. 그러한 용어들은 인간의 행위 또는 생활 양식에 대한 기준이 되기에는 지나치게 무규정적이다. 그것들은 우리에게 목표를 부여하고 이를 통해 합리성에 어떤 형태를 부여하며 창조성에 어떤 영감을 부여하는 상황 밖에서는 우리의 행위에 어떠한 내용도 제시할 수 없다.

우리는 목표들이 자연에 의해서 우리에게 주어져 있다고 생각함으로써, 즉 자기 의존으로서의 자유라는 근대적 사유방식의 더욱 초기의 변형으로 귀환함으로써 이러한 공허를 충족하려고 할지도 모른다. 이때 자유는 욕망의 무제약적인 충족이 될 것이며 또한 욕망의 형태는 자연에 의해서 주어진 것일 것이다. 그러나 이것은 자유에 대한 매우 부적합한 사유방식이다. 왜냐하면 만약 자유로운 활동이 우리의 자연적 본성과 상황에 대한 대립에 의해서 정의될 수 없다면[이 경우 자유는 공허한 것이 되어 버린다, 그것은 우리의 가장 강하거나 가장 지속적이며 또는 가장 총괄적인 욕망을 추구하는 것과 동일한 것으로도 간주될 수 없기 때문이다. 왜냐하면 그것은 우리의 자유가 일찍이 우리 자신의 강박 관념, 공포, 고정 관념에 의해서 방해되었다고 말하는 것을, 또는 자유는 의식이 고양되거나 열망이 각성됨에 따라 확대된다고 말하는 것을 불가능하게 만들 것이기 때문이다. 그리고 이러한 열망들은 우리가 삶에 관한 우리의 전前철학적 반성에서만 발견하게 되는 것은 아니다. 그것들은 비본래적인 욕망과 제한된 열망에 의한 자기 왜곡을 넘어서 충분한 자기표현의 성취에 관심을 갖는 표현주의적 사조에서는 본질적인 것이다. 우리는 단순한 강박 관념이나 공포 또는 탐닉을, 우리가 마음 깊은 곳에서 승인하는 우리 자신의 여러 열망으로부터, 어떤 양적인 기준에 의해서가 아니라 이 후자가 더 확실하게 우리 것이라는 사실을 보여 주는 방식에 따라 구별할 수 있어야만 한다. 이것이야말로 자기 의존으로서의 자유라는 급진적인 사유 방식이 우리의 본래적인 열망들을 단지 주어진 것으로서가 아니라 우리 자신에 의해서 선택된 것으로 봄으로써 의도했던 것이다. 그러나 이러한 급진적인 자유관은 어떠한 내용도 제시할 수 없다는 딜레마에 빠진다.

헤겔은 칸트의 도덕성과 절대적 자유의 정치를 비판함으로써 자유로운 자기와 순수한 이성적 의지라는 개념이 갖는 공허함을 폭로했다. 그리고 그는 이성적 의지라는 관념을 포기하지 않으면서도 이러한 공허함을 극복하고 인간에게 상황을 부여하기를 원했다. 이것은 인간이 자신을 스스로 분화시키는 우주적 이성의 매체라는 사실을 보여 줌으로써 이루어질 수 있었다.

그러나 일단 우주적 정신이란 관점에서의 이러한 해결이 우리가 앞에서 검토했던 이유들 때문에 의심스러운 것이 되었다면 딜레마는 다시 나타난다. 그리고 사실상 독일 관념론과 마르크스에 의한 독일 관념론의 유물론적 변환을 통해 자유란 관념이 심화하고 더 절박하고 총괄적인 것이 되었다는 점에서 그러한 딜레마는 보다 심각한 형태의 것이다.

표현주의의 한 조류는 의식적인 합리성이 규정하는 한계를 넘어서 표현적 실현을 본능적 또는 원초적인 심층을 해방하는 것으로 간주하는 견해를 주창했다. 그러나 이것은 근대적 의미에서나 고대적 의미에서의 자유의 이상과는 전적으로 배치되는 것이었다. 이러한 '초보적' 자유관은 자기 억제를, 특히 인간적인 의미의 자유를 용납할 여지가 없다.

쇼펜하우어의 철학은 이러한 '디오니소스적' 표현주의의 형성 과정에서 중요한 위치를 차지했다. 그러나 그의 이론은 어떤 의미에서 그것의 가장 염세주의적인 전도였다. 쇼펜하우어의 '의지'와 의지의 '객체화'로서의 신체라는 개념은 표현주의적 사조에서 유래하는 것이지만, 거기에는 표현적 실현이라는 이념이 없다. 오히려 의지의 원초적인 힘은 인간에게 고뇌와 타락을 가져다줄 뿐이다. 유일한 희망은 의지로부터의 해방에 있으며, 쇼펜하우어는 이것을 우파니샤드와 불교를 모델로 한, 모든 세속적인 사물에 대한 집착의 단절이라고 생각한다.

쇼펜하우어의 철학은, 인간의 본능적 본성은 이성적 자유와는 다르며 이성적 자유와 결합할 수 없고 동시에 정복될 수 없는 것이라는 의미에서 자유에 대한 극히 염세적인 견해의 전형이다. 바로 이 점이 쇼펜하우어를 그 스승 칸트로부터 구별하는 것이다.

이러한 인간관은, 그러한 본능적인 자아의 무제약적인 '자유'가 혐오스럽지는 않더라도 무가치하거나, 본능적인 것과 대립하는 자아가 상대적으로 무력한 것으로 생각되기 때문에 자기 의존으로 이해되는 자유에 대한 절망을 초래할 수 있다.

그리고 '절망'이라는 용어는 자기 자신을 기쁘게 받아들일 수 없다는 이러한 무력함과 관련하여 키르케고르가 그의 『죽음에 이르는 병 *Sickness unto Death*』에서 사용했던 용어이다. 말하자면 키르케고르는 이 점에서 자기 의존으로서의 자유라는 전통에서 벗어나고 있다. 절망은 자기 자신을 "전체적인 관계(즉 자기의 자기 자신에 대한 관계)를 규정했던 외적인 힘,"[12] 즉 신에 관련시키는 것에 의해서만 극복될 수 있다.

그러나 자유의 긍정은 더 심각한 딜레마를 낳는다. 그리고 이것을 가장 비타협적인 표현으로까지 밀고 나갔던 사람이 니체였다. 만약 급진적인 자기 의존의 자유가 결국 공허한 것이라면 그것은 허무주의로, 즉 '모든 가치'의 거부에 의한 자기 긍정으로 끝날 우려가 있다. 기독교적인 것이든 인도주의적인 것이든 삶의 권위적 한계들은 의지를 구속하는 것으로서 폐기된다. 오직 권력의지만이 남는다. 니체의 저작이 갖는 힘과 충격은 그가 극한까지 밀고 나간 이러한 파괴적 운동의 결론을 격렬하게 선언한 것에 있다.

그렇지만 그는 또한 자기 규정적 인간의 권력의지는 파멸적인 결과를 초래할 것이라고 생각했던 것 같다. 순수하게 자기 의존적인 권력의지로서의 인간은 차라투스트라의 표현을 빌리면 '극복'되지 않으면 안 된다. 니체는 그의 영원회귀설에서 인간의 의지와 세계의 진행 사이의 이러한 화해의 이념을 전개했다. 그러나 이러한 이념은, 순수한 자기 긍정은

---

12      Anchor edn (New York, 1954), 147.

틀림없이 곤경에 봉착할 것이며 그것은 어딘가에서 사태의 진행에 대한 마음으로부터의 승인과 결합하지 않으면 안 된다는 것을 내용으로 한 것 같다. "사람들을 과거로부터 구원하는 것 그리고 각각의 '과거에 그것은 이러했다'를 '그러므로 나는 그것을 원했다'로 변화시키는 것 ―나는 이러한 것만을 구원이라고 부른다."[13]

　　따라서 근대적 자유관은 두 측면에서 위협을 받고 있다. 한편으로는 인간에게 존재하는 비합리적이고 원초적인 것에 직면하여 자유의 실현에 대해 절망하거나 심지어는 자유에 대한 열망이 어떤 의미를 갖는지에 대해 의심하는 경향이다. 다른 한편으로 자기 의존적 자유의 궁극적 공허함은 허무주의로 이끄는 것 같다. 따라서 19세기의 많은 철학적 사유는 다음과 같은 문제에 몰두했다. 즉 자기 의존적 의지의 주체로서의 자아라는 관념을 넘어서, 그러한 자아가 우리 자신의 자연적 본성과 우리를 둘러싸고 있는 자연 속에 위치 지어져 있다는 것을 어떻게 분명히 할 것인가? 달리 말하여 자유를 어떻게 상황 지을 것인가?

　　이것은 자유로운 활동을, 자연적·사회적 존재로서의 우리의 조건이나 어떤 불가피한 소명 또는 목적으로 인해 우리 것으로 간주되는 상황에 의해 요구된 응답으로 보는 사유방식의 회복을 의미한다. 상황 속에 자리한 자유의 모든 다양한 관념에 공통적인 것은 그것들이 자유로운 활동을 규정하는 상황을 기쁘게 받아들이는 것으로 본다는 것이다. 제한, 억압, 내부와 외부의 왜곡으로부터 자유로워지기 위한 투쟁은 우리를 규

---

13　　"Die Vergangenen zu erlösen und alles 'Es war' umzuschaffen in ein 'So wollte ich es!' ― das hieße mir erst Erlösung"(*Also sprach Zarathustra*, part II, on Redemption).

정하는 상황을 우리의 것으로서 긍정함으로써 강화된다. 우리의 것으로서 긍정되는 상황은 극복돼야 할 일련의 한계, 또는 어떤 자유롭게 선택된 계획 —이것은 자기 의존으로서의 자유관이 인정할 수 있는 유일한 상황이다— 을 실행하기 위한 단순한 기회로 간주될 수는 없다.

상황 속에 자리한 자유에 대한 이러한 탐구에서 인간의 사상과 행동에 대한 환원주의적 기계론들은 전혀 쓸모가 없다. 사실 이러한 환원주의적 기계론들은 자유로운 활동을 자연 체계의 하나의 가능한 산물로 간주하기 때문에 자연 속에 위치시킨다. 그러나 그것들은 자유를 욕망의 무제약적인 충족으로 정의하는 것으로의 복귀라는 대가를 치르는 경우에만 그렇게 할 수 있다. 우리는 욕망의 무제약적인 충족으로서의 자유가 부적합하기 때문에 그것이 우리에게 어떤 본질적인 [사회적] 분절화의 형성을 허용하지 않는다는 것을 보았다. 우리의 자연적 본성에 뿌리를 내리고 있으면서도 우리 자신의 욕망 또는 우리의 제한된 열망에 의해서 좌절될 수도 있는 자유의 관념은 인간의 동기 부여에 관한 더 정교하고 다면적인 이론을 필요로 한다. 작용적인 인과 관계만을 인정하는 이론이 그러한 자유를 정당하게 취급할 수 있을 것인지는 상당히 의심스럽다. 우리에게는 우리가 찬성하거나 거부하고 해석하거나 왜곡시킬 수 있는 우리 상황 내의 경향에 대한 관념이 필요하다. 이것은 심리학자에 의해서 파악되는 욕망과는 매우 다른 것이며, 이러한 종류의 경향이 어떻게 기계론적으로 설명될 수 있는지를 이해하기는 매우 어렵다.

여러 환원주의적 이론은 자유를 자연에 연관시키는 데서 비롯되는 문제를 외면하려고 한다. 그러나 사실상 그 이론들은 이 문제를 피할 수 없다. 이러한 문제는 부지불식간에 되돌아온다. 왜냐하면 인간 본성의 과학적 객관화는 과학의 주체를 전제하고 있지만, 그러한 주체의 활동과 설명의 진리와 깊이에 대한 판단은 환원주의적인 이론으로는 설명될 수 없기 때문이다. 주체는 객체화된 생명의 흐름 외부에 있는 천사와 같은 관찰자로 머문다.

상황 속에 자리한 자유라는 문제가 더욱 두드러진 것이 되었다는 사실은 아마 3장 1절에서 언급한 정치적·사회적 발전과 무관하지 않을 것이다. 자연의 개발과 사회의 조직이 개인들의 효용을 위해 계획된 것처럼 부드럽게 운영되는 근대 사회에서는, 사람들이 자기 자신을 자유롭게 선택한 자신의 욕망과 목적의 실현에 몰두하는 자율적인 주체로 보는 것에 익숙해지는 것이 매우 자연스러운 일이다. 사실 과학적 관점에서는 사람들은 자기 자신을 여러 충동에 의해 움직여지며 또 자신들의 행동을 결정론적인 인과 체계의 일부로 볼지도 모른다. 그러나 이 두 관점은 아마 서로 양립할 수 없을지라도, 그것 중 어느 것도 자유에 관한 또는 자유와 자연의 관계에 관한 중대한 문제를 자신에게 제기하지 않는다. 첫 번째 관점은 자연을 객체화하는 주체의 관점이며, 이 주체는 자신의 자유를 당연한 것으로 생각하는 반면에 그의 목표들은 개인적 행복을 추구하는 생산적 대사업에서 그가 자신의 역할을 해야만 한다는 요구에 의해서 결정된다. 두 번째 관점에서는 자유를 자연에 관련시키는 문제가 우리가 지금 본 것처럼 애초부터 금해진다. 자유란 우리 안팎의 자연에 의해서 결정되는 욕망들의 진행에 따르는 것이다. 그리고 이러한 욕망들은 칸트적인 의미에서 자율적이지는 않을지라도 명확한 것이며 내가 나의 자연적 본성과 일체인 한 전적으로 분명히 나의 것이다.[14]

그러나 이러한 사회가 도전을 받고 자신의 균형을 상실하고, 전면적인 자유에 대한 보다 급진적인 표현주의적 열망이 많은 사람에게 호소력을 갖게 될 때, 사회적 그리고 개인적 생활이 비합리적인 힘들에 의해 압도되는 것 같을 때 ―사회의 메커니즘이 '합리적인' 방책에 따라서 작동되지 않게 되든가(예컨대 불황에서), 기술적으로 합리적인 협력 행위의 틀 자체를 위협하는 욕망과 열망(예컨대 광신적 애국심, 인종 차별, 전쟁열)이 대두하게 되든가 등의 이유로 인해― 그럴 때는 자율적 자아라는 관념은 의문시되지 않을 수가 없다. 절대적 자유에 대한 요구는 자기 의존의 딜레마를 그것의 가장 첨예한 형태로 부각시킨다. 그리고 비합리적이고 파괴적인 갈망이 새롭게 대두하게 될 때 자율성의 이념 그 자체는 의심스러운 것으로 생각된다. 또한 욕망이 나 자신에게 분명히 귀속되어 있다는 이념은, 다시 말해 우리 속에 있는 욕구하는 자연과의 명백한 일체화의 이념은 붕괴하게 된다. 현대사의 진행은 프로이트와 그 외의 사람들에 의해 우리에게 제시된 것과 같은 쇼펜하우어적인 관점을 매우 친밀하고 그럴 듯한 것으로 만들었다.

　　현상학적 운동의 짧은 역사는 주관성을 상황 속에 존재하는 것으로 보려는 시도로의 철학의 전회를 뚜렷하게 예증한다. 후설Edmund Husserl은 세기의 전환기에 심리주의, 즉 논리학을 심리학으로 환원하려는 사조에 대해서 이성적 자율을 수호하면서 출발한다. 다음에 그는 주

---

14　우리는 동기와 만족에 관한 환원주의적·기계론적 동기 이론들이 광범위하게 받아들여지는 것과 우리 문명의 원자론적·공리주의적·조작주의적인 경향 사이에 어떤 연관이 존재하는 이유에 대해서 알 수 있다. 우리가 위에서 보았던 것처럼, 실제로 이러한 이론들은 우리의 강박 관념이나 열망의 저지에서 비롯되는 자유의 좌절을 지적으로 다룰 수 없다. 따라서 여러 환원주의적 이론들은, 이러한 문제가 두드러지지 않을 경우에, 즉 사람들이 사회를 통해서 충족시키려고 하는 욕망들이 정상적이고 자발적인 경우에는 보다 쉽게 받아들여질 것이다. 이것과 상관적으로 루소 이래의 표현주의적 사상은 자유의 좌절이란 논제를 발전시켜 왔다.

관성의 구조에 대한 탐구로 나아간다. 예를 들어 1920년대 후반에도 그는 『데카르트적 성찰Cartesian Meditations』에서 자신을 어떤 의미에서 아직도 데카르트의 후계자로 보고 있다. 그러나 그의 마지막 저작은 '생활 세계', 즉 우리의 주관성은 자연적이고 구체화된 존재자들로 이루어진 우리의 상황 속에 위치 지어져 있다는 사실을 취급하는 것으로 향한다. 그것이 하이데거와 메를로퐁티와 같은 후계자들에 의해 받아들여져서 발전된 것이다. 결국 남는 것은 구체화된 사유에 관한 통찰이다. 주관성에 대한 '순수 기술'의 '방법'으로서의 현상학은 무대에서 사라지고 만다.

우리는 앵글로·색슨 철학에서도 이에 상응하는 전개를 볼 수 있다. 이러한 철학에서는 최근 수십 년 동안 사상, 감정, 지향 등과 그것들의 신체적 표현 및 선행 조건 사이의 개념적 결합의 추적에 대한 관심이 증대되었다.

그러나 아마 20세기 철학에서 보이는 가장 중요한 양상은 의미론과 언어철학에 대한 관심의 집중일 것이다. 나는 이것도 역시 부분적으로는 주관성을 상황 속에서 규정하려고 하는 욕구를 반영하고 있으며, 이러한 욕구가 새로운 출발을 위한 동기 중의 하나라고 생각한다.

물론 의식적이고 논증적인 사유의 매체로서의 언어는 철학에 의해 여러 가지 목적으로 연구될 수 있다. 그러나 의미 자체가 문제가 되었다는 점이 20세기 언어론의 특징이다. 즉 20세기 언어론은 단어나 언어 또는 다른 기호가 의미를 갖는 것은 왜인가라는 문제에 초점을 맞추었다.

인식 주체로서의 우리의 활동이, 즉 우리가 단어에 대해서 지각하고 생각한다는 사실이 명백하고 문젯거리가 될 것이 없는 것 같고 또한 주체의 그러한 활동과 우리가 살아 있는 존재로서 행하고 느끼는 것 사이의 관계가 당혹스럽게 느껴지지 않는 한, 언어의 기능 역시 명백한 것처럼 보인다. 단어는 사물을 지시하고 우리는 단어를 이용하여 사물에 대해서 생각한다. 단어는 세계 안의 또는 우리의 사고 안의 사물을 지시함으로써 의미를 갖는다. 지시 관계가 이렇게 자연스럽게 생각되는 것은, 여러 사물이 우리가 명칭과 술어를 적용하는 명백한 인식의 대상으로서 우리에게 나타난다는 사실에 대한, 다시 말해 주관성에 대한 의문이 제기되지 않기 때문이다.

그러나 이렇게 명백한 것 같은 사실이 우리에게 당연한 것으로 생각되지 않고 오히려 하나의 성취로서, 그것도 매우 중요한 성취로서 나타나게 될 때 우리의 언어관은 일변한다. 왜냐하면 이러한 성취는 매체인 언어에 의해서만 가능하기 때문이다. 따라서 언어는 우리가 사물을 지시할 때 사용하는 명사의 집합으로서뿐만 아니라, 무엇보다도 먼저 지적하는 것과 같은 활동을 가능하게 하는 것으로서, 즉 여러 사물을 주목하고 그것들을 단어로써 고정하는 것을 가능하게 하는, 명백한 인식의 영역을 형성하는 것으로서 적절한 연구 대상이 된다. 이러한 관점에서 의미는 단지 각각의 단어에 개별적으로 속하는 특성이 아니라 개개의 용어에 앞서 언어 활동 전체와 관련되어 있다.

일단 우리가 언어를 언어 행위를 통해 성취되는 어떤 일정한 의식 양식의 매체로 본다면, 언어가 다른 인식 양식과 생명의 다른 기능 및 활동에 대해서 갖는 관계에 대한, 즉 언어가 삶에서 갖는 자리Sitz im Leben 에 대한 수많은 의문이 제기된다. 언어는 여러 사물을 지시하고 기술하는 것이며 이것이 언어 활동의 전형이기에 다른 모든 언어 활동은 이것과 연관해서 설명되지 않으면 안 된다는 사실은 이제 더 이상 당연한 것으로 받아들여지지 않는다. 이와 반대로, 수행되기 위해서 언어 의식liguistic consciousness을 필요로 하는 다른 활동 —어떤 힘을 불러일으키는 것, 의식儀式의 집행, 어떤 사태의 초래, 견해의 명료화, 의사소통 영역의 확립— 도 그 이상은 아닐지라도 동등하게 원초적일 것이다. 즉 어떤 용어와 표현의 의미는 우리가 그것을 이러한 여러 활동의 맥락에서 일어나는 것으로 이해할 경우에만 명확해진다고 할 수 있다. 이 경우에 의미는 언어를 우리의 관심, 실천 및 활동의 맥락 속에 위치 지음으로써, 즉 우리의 '삶의 형식'에 연관시킴으로써만 설명될 수 있다.

그리고 만약 언어 의식이 우리가 덜 명백한 양식들을 통하여 획득하는 하나의 성취라면, 그리고 우리가 언어와 상징을 통해서 참여하는 활동들이 더욱 다양하다면, 단어와 기호들로 구체화될 수 있는 세계 인식에는 많은 유형과 차원이 있다. 특정한 어떤 문화에 속한 사람들은 이러한 다양한 차원, 예를 들어 예술, 담화, 의식儀式, 자기표현, 과학적 연구에서 자신의 역할을 수행할 수 있다. 그리고 역사상 많은 새로운 개념화와 의식 양식이 나타난다. 어떤 하나의 차원에서의 우리의 사상은 다른 차원들과의 관련에 의해서만 이해될 수 있다. 특히 우리의 '더 높고', 더 명백한 인식은 항상 암묵적이며 반성되지 않는 인식이라는 배경에 근거하고 있다.

우리는 여기에서 현대철학의 몇몇 주장을 쉽게 이해할 수 있을 것이다. 후기 비트겐슈타인은 명시적 정의에 대한 그의 논의에서 개개의 단어에 대한 언어의 우위성을 지지하는 논증을 보편화시켰다. 그리고 그는 어떻게 해서 의미의 설명이 삶의 형식들에 대한 언급으로 끝나지 않을 수 없는가를 보여 주고 있다. 폴라니Karl Polany는 우리의 명백한 생각을 암묵적이고 보조적인 인식에 의해 항상 둘러싸여 있는 하나의 성취로서 보았다. 하이데거는 언어 의식을 '드러냄disclosure', 즉 여러 사물이 나타날 수 있는 인식 영역의 창조라고 말하며, 사물에 대한 우리의 의식은 우리의 '관심Sorge'에 대해 형성되는 것이라고 말한다. 더 최근의 '구조주의적' 사상가들은 언어를, 세계에 대한 일정한 인식을 구체화하고 있는 하나의 '틀'로서 탐구했다.

　　언어적 사고를 이해하는 이러한 방식들은 언어적 사고를 '자연' 속에, 즉 구체화된 사회적 존재로서의 인간의 삶 안에 존재하는 것으로 보며, 한편으로는 다양한 인식 양식 사이의 모든 구별을 진술될 수 없는 것으로 간주함으로써 말소하는 기계론적 인과설 ─예를 들어 행태주의나 심리주의처럼─ 을 통해서 언어와 의미를 환원주의적으로 설명하는 것을 피한다. 그것들은 환원주의적·기계론적 이론과 신체를 이탈한 사고로서의 주관성에 관한 '천사적' 사유방식 사이의 양자택일을 초월해 있다. 그것들은 상황 속에 있는 주관성을 드러낸다. 물론 이것은 폴라니, 하이데거, 메를로퐁티와 같은 사상가들과 '유럽 대륙'의 다른 사상가들의 철학적 지향이다. 그러나 이러한 철학적 지향은 앵글로·색슨 세계에서도 현저하게 나타나게 되었다. 왜냐하면 행위와 감정이라는 주제를 신체를 갖춘 행위자에 속하는 것으로서 탐구해 온 현대의 저술가들은 후기 비트겐슈타인의 저작들에 의해 강한 영향을 받았기 때문이다.

　　헤겔 철학은 이러한 현대의 변화와 어떤 관계가 있는가? 헤겔의 이론에서는 우리가 보았듯이 구체화의 원리가 기본적인 것이었다. 주체성은 필연적으로 생명과 자연 속에, 그리고 여러 사회적 실천과 제도의 맥락 속에 위치 지어졌다. 우리가 1장 2절에서 강조했듯이 헤겔은 언어와 상징을 인식의 매체로 보았으며, 또한 예술, 종교, 철학을 상이한 단계들에 상응하는 상이한 매체로 보았다.

어떤 의미에서 헤겔은 언어 이해의 현대적 방식들에 도달하는 발전 선상에 위치 지어질 수 있다. 그러한 발전의 기원은 아마 앞에서 서술했던 것처럼 철저한 진로 변경을 시도했던 헤르더일 것이다. 그는 어떤 기호가 어떤 대상에 결합되는 지시 관계를 당연한 것으로 생각하지 않았으며, 또한 적어도 여러 기호가 있다는 사실과 우리가 충분히 이해할 수 없는 주목할 만한 인간의 힘으로서의 언어 의식에 관심을 집중시켰다. 언어는 단지 기호의 집합이 아니라 이러한 언어 의식의 매체이다. 콩디악 Étienne Bonnot de Condillac과 기존의 언어 이론에 대한 헤르더의 반발은 후기 비트겐슈타인의 논점들을 생각하게 한다. 헤르더는 언어를 어떤 일정한 의식의 표현 활동으로 봄으로써 그것을 주체의 삶의 형식 속에 존재하는 것으로 간주하면서, 상이한 언어들을 각 언어를 말하는 각 공동체의 특이한 세계관의 표현으로 보는 언어관을 전개하고 있다.

이러한 통찰은 낭만주의 시대에 훔볼트와 같은 표현주의적 사조의 영향을 받은 사상가들에 의해 발전되었다. 그러나 그것은 19세기 후반, 즉 확대된 기계론적 과학 속으로 낭만주의의 통찰이 흡수되었던 시기에는 중단된 것처럼 생각되었다. 의미에 대한 관심과 문제 제기는 19세기 말경에 다시 나타난다. 즉 딜타이와 더불어 시작하며 이해Verstehen를 목표로 하는 인간 과학에 대한 새로운 반성에 의해서, 의미라는 관념을 프로이트가 혁명적으로 확대한 것의 불가피한 부산물로서, 그리고 물리학에서의 새로운 발전에 의해서 제기되었으며 마하와 빈 학파에 의해서 탐구된 인식론적 문제들의 충격을 통해서 다시 나타난다. 그러한 관심과 문제 제기는 의미에 대한 고전적인 지시설의 부정합성에 대한 인식이 증대됨으로써 더욱 심화되었다. 이러한 사태는 프레게가 근본적으로 새로운 사상 방향을 개척하는 것을 가능하게 했다.

헤겔은 이러한 발전 선상에 위치 지어질 수 있지만, 그는 또한 어떤 의미에서는 그것에서 이탈했으며 19세기 후반의 균열에 대한 책임을 부분적으로 져야 할지도 모른다. 현대철학에서 다시 등장하게 된 헤르더적인 언어관은, 언어 행위를 우리가 사물들에 대해서 일종의 명백하고 자각적인 의식 ―이것은 그것에 선행하는 비非반성적 경험에 항상 관련되어 있으며 이것을 드러내고 또한 변형시킨다― 을 갖게 되는 활동으로 이해한다. 이것은 하이데거의 용법에 의하면 '드러냄'이라고 불릴 수 있으며, 언어 외적 경험에 대한 독자적인 충실성을 포함하고 있는 언어의 차원이다. 이에 반해 언어를 기호들의 집합으로 보는 언어관 ―그러한 언어관에서 가장 중요한 것은 지시적인 기호들이다― 에서는 다른 차원, 즉 기술적記述的 차원이 중요하면서도 유일하게 유의미한 차원으로 간주된다.

그런데 헤겔은 말할 나위도 없이 첫 번째 학파에 속한다. 그는 '예술과 종교, 그리고 논증적 사유의 상이한 언어들'을 절대자에 대한 인식을 표현하는 것으로 본다. 절대자에 대한 인식은 결코 단순히 기술적인 것이 아니다. 종교와 철학에서 절대자의 현시는 절대자의 실현을 완성하는 것이며 단순히 그것을 서술하는 것이 아니기 때문이다. 그렇지만, 절대자는 최후에 개념적 진술에서 완전하고 명백한 명석성에 도달하지 않으면 안 된다는 헤겔의 테제는 결국 기술적 차원의 우위를 인정한다. 이 경우 우리의 명백한 의식은 그것이 충실하게 표시하려고 노력하지만 충분하고 적합하게 드러낼 수 없는 암묵적인 의식과 반성되지 않은 생활 및 경험의 지평에 의해서 더 이상 둘러싸인 것이 아니다. 따라서 헤겔의 종합에서는 시원始原의 불명료한 의식 그 자체가 개념적 필연성의 연쇄의 일부가 된다. 명석하지도 분절화되지도 않은 것 자체가 외적이고 우연적인 것과 똑같이 필연적 존재를 갖는다는 것을 보여 준다. 근접한 것, 불완전하게 형성된 것 자체가 정확하고 분절된 개념들에서 도출된다.

이러한 개념적 명석성의 최종적 승리를 가능하게 하는 것은 물론 헤겔의 존재론으로서, 우리가 만물의 근저에서 최후에 발견하는 것은 〈이념〉, 개념적 필연성 자체라는 테제이다. 헤겔이 말하는 개념적 사유는 결정적으로 확인될 수 없는 기초를 갖는 현실을 재현하려고 노력하는 것도 아니고, 또한 충분히 발견될 수 없는 심오한 본능, 갈망, 열망을 갖는 주체의 사유도 아니다. 이와 반대로, 주체는 자기 자신의 심연에서뿐 아니라 현실의 근원에서 마침내는 명석한 개념적 필연성을 발견한다.

그러나 일단 이러한 존재론이 의문시될 경우에 남는 것은, 기술적인 개념적 사유는 전능하며 궁극적으로 자기 충족적이라는 관념, 즉 암묵적인 이해라는 배경에 의존할 필요가 없다는 관념이다. 그리고 이 점에서 헤겔은 기술적 담화의 존재를 전적으로 당연시하는 근대적 주체성의 중심적 전통에 속하는 것으로 나타난다. 왜냐하면 이러한 전통은 기술적 차원만이 과학적 또는 정보적 담화에서 적합하며, 명백한 사유와 비반성적 경험의 관계는 의미와는 아무런 관계도 없으며, 오직 (기계론적이고 객체화하는) 심리학에서만 문제가 될 수 있을 뿐이라고 생각하기 때문이다. 반면에 언어 의식을 비非반성적인 생활에 기반하는 것으로 보려는 사람들은 —일단 헤겔의 논리적 존재론logo-ontology이 도외시된다면— 명백한 사유가 결코 충분히 탐구될 수 없는 상황의 암묵적인 의미에 반드시 근거하고 있다고 볼 수밖에 없다.

　　달리 말해, 계몽주의에 반反하여 헤르더에 의해서 취해진 새로운 방향은 우리의 언어 의식이 더 깊은 비반성적 차원에 있는 경험에 대해서 갖는 관계라는 문제를 제기한다. 헤겔은〈정신〉의 완전한 자기 명석성을 주장하면서 이 문제가 결정적으로 해결된 것으로 볼 것을 주장한다. 그러나 그의 해결책이 의심스러운 것이 됨에 따라 개념적 사유에 대한 그의 지나친 요구로 인해, 우리 상황의 비반성적 경험은 충분히 명확해질 수 없다고 주장하는 헤르더의 현대판 후계자들은 그로부터 떨어져 나가고 또한 그는 이러한 문제를 한 번도 제기한 적이 없는 사람들의 일원이 되고 마는 것 같다.

## 4. 오늘날의 헤겔

　헤르더에게서 유래하는 전통에 대한 헤겔의 이중적 관계, 즉 그러한 전통의 본질적인 일부이면서도 그것과 대립하는 관계가 근대철학에 대해서 그의 철학이 갖는 유의미성을 예증한다. 내가 처음에 말했듯이, 그의 결론들은 사멸한 것이지만 그의 철학적 반성의 과정은 상당히 적절하다. 우리는 이제 그 이유를 더 명확히 알 수 있을 것이다.

　헤겔 철학은 근대적 자유관의 발전에서 중요한 일보이다. 그는 전면적 자기 창조로서의 자유라는 관념을 발전시키는 데 기여했으며 사실 이러한 자유는 그의 철학에서는 우주적 정신에만 귀속될 수 있는 것이었지만, 자기 의존으로서의 자유라는 관념이 부딪히는 궁극적인 딜레마를 드러내기 위해서는 단지 자유를 인간에게로 치환시키기만 하면 되었다. 이처럼 그는 근대적 자유관을 둘러싼 갈등을 심화시키는 데 중요한 역할을 했다. 왜냐하면 절대적 자유가 헤겔의 영향을 받은 마르크스와 그의 후계자들의 작업에 의해서 정치적 생활과 열망에 전대 미문의 충격을 주었기 때문이다. 또한 이러한 이념으로부터 허무주의라는 귀결을 도출했던 니체의 사상적 원천 중의 하나는 1840년대의 청년 헤겔파의 반항이었다.

동시에 헤겔은 이러한 자기 의존으로서의 자유라는 관념에 대한 가장 심원한 비판자 중의 한 사람이었다. 그는 그러한 자유가 갖는 공허함과 잠재적 파괴성을 참으로 주목할 만한 통찰과 선견지명에 의해서 폭로했다. 역설적으로 말하면 그는 이러한 근대의 학설이 그것의 가장 극단적인 표현을 얻게 하는 것에도 또한 그것이 부딪히는 딜레마를 보여 주는 것에도 기여했던 것이다.

그러나 무엇보다도 중요한 것은 이러한 딜레마를 초극하여, 주체성을 객체화된 자연의 한 기능으로 환원시키지 않고 그것을 구체화된 사회적 존재로서의 우리의 생활에 관련시킴으로써 주체성을 상황 속의 존재로 보려는 현대의 시도가 우리를 끊임없이 헤겔에게로 되돌아가게 한다는 것이다. 상황 속에 존재하는 주체성의 근대적 추구는 어떤 의미에서는 헤겔이 결정적으로 답하려고 노력했던 낭만주의 시대의 중심적 열망 —어떻게 충분한 표현적 통일을 유지하면서 철저한 자율과 자연을 결합할 것인가— 을 계승하는 것이다.[15] 자연은 우리에게는 그 시대에서처럼

---

15   따라서 하이데거 사상의 깊은 동기 중 하나는, 그가 우리의 형이상학적 전통과 그 파생물인 기술 문명의 근저에 암암리에 존재하는 자연에 대한 지배와 객관화라는 적대적 입장을 넘어서, '사물들을 있는 그대로 있게 하는' 방식, 즉 드러냄의 방식인 가장 높은 인식을 실현하는 존재 방식을 개시(開始)(또는 회복)하는 것이다. 하이데거는 헤겔의 친구이자 동시대 낭만주의 세대의 가장 위대한 시인인 휠덜린에게서 자신의 입장이 이미 나타나 있다고 주장한다(이어지는 각주 16번을 참조하기 바란다).
    이러한 사실을 고려할 때 하이데거가 헤겔에게 중추적인 위치를 부여하는 것은 놀라운 일이 아

정신적 힘들의 표현일 수 없기 때문에, 그 시대의 종합은 이제 더 이상 우리의 신뢰를 받을 수 없다.

그러나 그 세대의 관심을 모았던 문제, 즉 대립을 화해시킨다는 문제는, 여러 가지 형태로 오늘에까지 계속되고 있다. 그러한 문제는 계몽주의의 후계자로서 표현주의적 항의와 절대적 자유의 요구들을 끊임없이 환기시키는 근대 문명으로부터 근절될 수가 없을 것 같다. 이러한 요구들이 강력하게 주장되는 것이 상황 속에 존재하는 주체성에 대한 추구를 오히려 더욱 활기 있게 만들고 있다. 또한 그러한 추구의 필요성은 오늘날 집단의식 속에서 점점 더 심각하게 의식되어 가고 있는 생태학적 위기라는 충격 아래 더욱 첨예해지고 있다. 우리가 아직도 자유와 자연을 화해시키려고 노력하고 있다는 사실은 우리로 하여금 낭만주의 시대를 재고하게 만든다. 그들의 교설이 현대인에게는 아무리 기묘한 것으로 생각될지라도, 우리는 그들에게서 배울 만한 것이 있다.[16]

---

니다. 그는 헤겔을 '형이상학' 전통의 정점이라고 본다. 그러나 헤겔은 단순히 하이데거가 반대하는 것의 전형 이상의 것이다. 분명히 그는 헤겔에게서 많은 것을 받아들였다. 그중에서 특히 망각과 오류로부터의 귀환으로서의 진정한 인식에 대한 개념은 가장 주목할 만하다[「헤겔의 경험 개념 (Hegel's Concept of Experience)」, New York, 1970]; 『숲길(Holzwege)』, 5판, 프랑크푸르트, 1972, 3장의 번역이다)]에서 『정신현상학』 서론에 대한 하이데거의 논의를 참조할 것). 따라서 그의 독자적인 철학적 테제는 헤겔의 그것과 마찬가지로 철학사 해석과 불가분의 관계에 있다. 그러나 하이데거의 해석은 헤겔의 그것과는 체계적으로 다르다. 하이데거는 헤겔 철학에서 주체성이 자신에 대한 완전히 명료한 인식에 도달하게 된다는 것을 부정하기 때문이다. 그는 헤겔 철학에서 객관화라는 형이상학적 입장의 극단적이고 실로 그것의 절정에 해당하는 표현을 본다.

16  결국 낭만주의 시대의 모든 구성원 중 가장 의미 있는 사람은 헤겔의 친구이자 튀빙겐대학의 동급생이었던 휠덜린일 것이다. 휠덜린은 인간 이성의 명석함을 보존하면서 자연과의 통일을 추구했다. 그리고 그의 신들도 인간의 주체성에서만 자기 자신에 도달한다. 그러나 그러한 신들은 절대정신이라는 기초에 의존하지 않는다. 오히려 그들은 시와 노래의 힘을 통하여 여러 원소(元素)의 원시적 무질서 상태로부터 인간에 의해서 절도와 질서라는 빛 속으로 끌어들여진다.
이처럼 휠덜린은 어떤 의미에서 자연을 자유의 빛 속으로 보내면서, 인간의 가장 자유로운 표현을 자연의 자극에 따르게 하는 전망을 여는 것 같다. 그러나 이러한 자연은 〈정신〉의 발현이 아니며 또한 그것일 수도 없다. 그것은 무궁무진하고 끝을 측량할 수 없는 것이며, 그것에 빛을 주는 또한 상황 속에 존재하는 주체성에 대한 이러한 추구가 철학적 형태를 취하는 한, 헤겔의 사상은 그것이 반드시 참조해야 할 것 중의 하나일 것이다. 비록 그의 존재론이 우리의 것은 아닐지라도 ―그것은 사실상 우리가 오늘날 이해하고 있는 문제 자체를 부정하는 것처럼 보인다― 헤겔의 저작들은 구체화된 주체성이란 이상을, 즉 생명의 흐름으로부터 나타나 사회적 존재의 여러 형태 속에서 표현을 발견하고 자신을 자연과 역사와의 관계 안에서 발견하는 사유와 자유라는 이상을 완성하려고 하는 가장 심원하고 원대한 기도 중의 하나를 제공하기 때문이다. 만약 자유를 상황 속에 존재하는 것으로 보려는 철학적 기도가 자유로운 행위를 본래적인 우리에 대한 응답 ―또는 자연으로부터만 또는 자연을 넘어서 있는 신으로부터 유래하는(이 문제에 관한 논쟁은 끝나지 않을 것이다) 소명에 대한 응답― 으로 보는 인간관을 획득하려는 시도라면, 그것은 헤겔의 결론은 뒤에 남겨 두면서 구체화된 〈정신〉에 대한 그의 집요하고도 투철한 반성으로 되돌아갈 것이다.

창조적 활동에로 끊임없이 유혹하는 것이다.
횔덜린의 입장은 해석하기가 쉽지 않다. 어쩌면 그것은 철학적 진술로는 전혀 번역될 수 없을지도 모른다. 또한 그의 사상이 성숙한 표현을 얻기도 전에 그는 미치고 말았다. 헤겔만이 두 사람이 튀빙겐과 프랑크푸르트에서 공유했던 여러 사상과 통찰에 확정적인 형태를 부여할 수 있었다. 그러나 헤겔 세대의 과제를 다시 떠맡기를 원하는 사람들에게는 헤겔의 너무나 빨리 침묵해 버린 친구[횔덜린]가 한층더 확실한 길을 제시해 줄지도 모른다.

# 헤겔의 생애

게오르그 빌헬름 프리드리히 헤겔은 1770년 8월 27일에 슈투트가르트에서 뷔르템부르크 공국 정부公國政府 공무원의 아들로 태어났다. 그는 3남매 중 장남이었는데, 그 아래에 일생 동안 서로 밀접한 관계를 맺었던 누이 크리스티아네와 나중에 육군 장교가 되었던 동생 루트비히가 있었다. 어머니는 1884년 그가 10대였을 때 세상을 떠났다.

헤겔은 슈투트가르트에서 초등학교를 다녔으며, 1780년부터는 김나지움[중학교 겸 고등학교]에 다녔다. 그는 성실한 학생이었으며 고전 연구에 열중했고 반에서 수석으로 졸업했다.

1788년 그는 튀빙겐주립대학 부속의 신학부, 즉 튀빙거 슈티프트 Tübinger Stift에 다녔다. 이 학교는 청년들이 정부, 교회 또는 교육 분야에서 일할 수 있도록 준비시켰다. 헤겔은 공국의 장학금을 받는 학생으로서 신학교 안에서 생활했는데, 철학과 신학을 연구했다. 그가 민족종교

Volksreligion에 대한 착상을 전개하기 시작한 것은 여기에서였다. 그는 신학부에서 셸링과 횔덜린과 우정을 맺었다.

1793년에 신학부를 졸업하자마자, 그는 베른의 한 귀족 집안의 가정 교사가 되기 위해 베른으로 떠났다. 이것은 사실상 젊은 졸업생들에게는 그 당시에는 보통의 일이었으며, 많은 유명한 대학 교수도(칸트와 피히테를 포함하여) 졸업 후 처음 몇 년 동안을 이런 방식으로 보냈던 것이다. 베른에서 헤겔은 독서와 사색을 계속했지만, 세간世間으로부터 분리된 것처럼 느꼈다. 1797년 초에 그는 횔덜린이 프랑크푸르트에서 그를 위해 확보해 두었던 가정 교사 자리를 기쁘게 받아들였다.

다음 수년 동안 헤겔은 프랑크푸르트의 고무적인 분위기 속에서 횔덜린뿐 아니라 다른 친구들과도 교류하면서 지냈다. 1799년에 얼마간의 재산을 남기고 그의 아버지가 세상을 떠났다. 이 재산을 갖게 되자 헤겔은 대학에 남는 것을 생각하기 시작했다. 이즈음 그는 철학이 그가 구하고 있는 화해를 위한 불가피한 매체라고 느끼게 되었다. 이 당시 그의 철학은 셸링의 철학에 가까웠고 셸링은 그가 예나대학에서 자리를 잡도록 도와주었으며, 헤겔은 1801년에 예나대학에서 자리를 잡았다.

예나대학은 1790년대에는 독일에서 가장 활기찬 대학이었다. 헤겔이 그 대학에 들어갔을 때 그 대학은 쇠퇴하고 있었다. 피히테는 1799년에 그 대학을 떠났고 셸링 자신도 1803년에는 떠날 예정이었다. 그러나 헤겔은 예나대학에서 몇 년을 보내면서 자신의 철학적 체계의 기초를 확립할 수 있었으며, 몇 개의 소논문을 통해서 철학계에 알려지게 되었다.

헤겔은 처음에 사강사私講士, Privatdozent, 즉 학생들의 사례로 보수를 받는 무급 강사였다. 이 시기의 강의에서 그는 나중에 논리학과 정치철학으로 전개되는 초기의 견해를, 처음에는 어느 정도 셸링의 영향 아래서, 그러나 나중에는 점점 더 독립적으로 형성하기 시작했다. 예나 시기 초에 헤겔은 『피히테의 철학과 셸링의 철학 체계의 차이』와 『신앙과 인식』(이 책은 칸트, 피히테 그리고 야코비에 대한 비판이다), 그리고 몇 편의 논문을 발표했다.

1805년 그는 마침내 예나대학에서 조교수로 임명되었고 그의 체계를 보여 주는 대저에 착수했으며, 그 체계의 제1부가 『정신현상학』으로 나타났다. 그러나 1806년 10월에 그의 생활에는 갑작스럽게 차질이 빚어졌다. 나폴레옹이 예나 전투 후에 예나시를 점령했던 것이다. 그 결과 일어난 혼란스러운 상황에서 헤겔은 『정신현상학』 후반부의 원고를 싸 들고 하숙집을 떠나야만 했다. 헤겔의 생애에서 가장 혼란스러웠던 이 시기를 더욱 혼란스럽게 하려는 듯이 1807년 2월 5일, 예나에서의 그의 하숙집 주인 아내가 그의 사생아를 낳았다. 이 아들은 루트비히라고 불렸다.

헤겔은 이제 다시 직업을 찾고 있었고 그가 상속받은 재산도 탕진하였다. 1807년 『정신현상학』이 간행되면서 유명하게 되기 시작했을지라도, 이러한 혼란한 시대에 다른 대학에 임용될 희망은 거의 없었다. 헤겔의 친구 니트함마가 '밤베르크 신문'을 편집하는 일을 그에게 소개해 주었을 때, 헤겔은 즉시 그것에 응했다. 그는 신문 편집의 어떤 측면들은 즐겼지만, 그것은 그의 전문 분야는 아니었다. 따라서 그 후 니트함마가 뉘른베르크의 김나지움 교장 겸 철학 교사의 지위를 그에게 얻어 주었을 때 그는 기뻤다.

자존심의 문제를 제외하면 김나지움에서의 헤겔의 형편은 그렇게 나쁘지 않았다. 학교 예산은 부족했으며 그의 봉급은 종종 늦게 지불되었지만, 고등학생들에게 철학을 가르치는 경험은 그의 사상을 심화하고 체계화하는 데 분명히 도움이 되었다. 이 시기(1808-1816년)는 수확이 매우 많은 시기였다. 그가 『논리학』(WL)을 써서 출간했던 것도 이 시기였다 (1812-1816년).

그의 생활은 이제 상당히 안정되었고 그는 성숙한 사상과 그것에 대한 적절한 표현을 갖게 되었다. 그는 대학에서 매력적인 제안을 받으리라는 희망을 계속해서 갖게 되었다. 그는 1811년 그의 나이 41세 때 결혼했는데, 그의 신부는 누렘베르크시 의회 참사원의 딸로서 당시 20세였던 마리 폰 투허Marie von Tucher였다. 그들은 두 아들(카를과 임마누엘)을 낳았고, 서자인 루트비히를 가정에 받아들였다.

1816년 헤겔은 마침내 그가 일찍부터 기대하고 있었던 제안, 즉 하이델베르크대학의 철학 교수로 초빙 제안을 받았다. 동시에 1814년 피히테가 죽은 후 공석이 된 베를린대학에서도 헤겔의 의향을 타진하는 사람들이 파견되었다. 베를린대학이 훨씬 권위 있고 매력적이었지만, 헤겔은 확실한 쪽을 선택하여 하이델베르크대학으로 갔다. 헤겔은 대학 강의에 열중했다. 하이델베르크대학에서의 첫해에 그는 자신의 전 체계의 서술, 즉 『철학적 학문의 백과사전』(EL, EN, EG)을 준비했다. 이것은 1817년에 출간되었다.

그러나 베를린대학에서는 피히테의 자리가 여전히 공석으로 남아 있었고 독일에서의 헤겔의 명성은 계속해서 높아갔다. 프러시아의 문교 장관 폰 알텐슈타인이 확고하게 자리를 보장하자 헤겔은 기쁘게 받아들였다. 1818년에 그는 베를린대학에서 교수직에 취임했고, 죽을 때까지 그 직을 맡았다.

베를린대학에서 헤겔은 자신의 역량을 유감 없이 발휘했다. 베를린은 독일 연방의 두 강대국[1]의 한 수도인 동시에 주요한 문화적 중심지의 하나가 되어 있었다. 베를린에 충격을 주는 것은 독일 연방 전역에 영향력을 끼치는 것이었는데, 헤겔은 실로 충격을 주었던 것이다. 그는 독일 철학에서 주요한 인물로 급속히 부상했으며, 그의 사상의 영향력은 다른 연관 분야, 즉 법률, 정치사상, 신학, 미학, 역사학에까지 미쳤다. 많은 사람이 그의 강의를 들으러 왔고 그의 제자가 되었다. 헤겔의 사상은 1820년대와 1830년대의 20년 동안 다소간에 독일 철학을 지배했다. 그는 다행히도 이러한 정점頂點이 끝날 때가 아니라 그것이 한창일 때 죽었다.

헤겔은 베를린 시기에 『법철학 강요』(PR, 1821년 출간)를 썼고, 역사철학, 미학, 종교철학, 철학사에 관한 그의 강의들은 그의 사후에 집성되어 출간되었다.

1829년 그의 명성이 절정에 달해 있었을 때, 헤겔은 대학 총장으로 선출되었다. 그러나 1831년 11월 14일 그는 예기치 않게 갑자기 죽었다. 그 당시에는 콜레라가 사인이라고 진단되었지만, 오히려 과거 수년 동안 그에게 고통을 주어 왔던 위병에 의한 것일 가능성이 높다. 그는 학생, 동료 및 제자의 긴 행렬이 그의 마지막 여행을 동반하는 가운데 피히테 곁에 묻혔다.

---

1    [역주] 프러시아와 오스트리아를 가리킨다.

◇◇◇
## 헤겔의 저작들

*Sämtliche Werke*, Jubilee edition in 20 vols., ed. Hermann Glockner, Stutt-
　　gart, 1927-1930.

*Hegels theologische Jugendschriften*, ed. H. Nohl, Tübingen, 1907, 1790년대의
　　미발간 원고들을 모은 것. 일부가 토머스 녹스(T. M. Knox)에 의해 영어
　　로 번역되어 있다. *Early Theological Writings*, Chicago, 1948.

*Differenz des Fichte'schen und Schelling'schen Systems*, ed. G. Lasson, Leipzig,
　　1928. 헤겔이 처음으로 출간한 철학서로 1801년에 예나에서 처음으로
　　출간되었다.

*Glauben und Wissen*, ed. G. Lasson, Leipzig, 1928. 헤겔이 예나 시기 초에 셸
　　링과 함께 편집한 『철학 비판지(*Critical Journal of Philosophy*)』에 1802-1803년
　　에 실린 글. 이 글에서 헤겔은 칸트, 야코비, 피히테를 비판하고 있다.

*Schriften zur Politik und Rechtsphilosophie*, ed. G. Lasson, Leipzig, 1932. 「독
　　일 헌법」과 「영국의 개혁 법안」을 비롯하여 헤겔이 가끔 쓴 정치 관련
　　글들이 다수 포함되어 있다. 또한 예나 시기에 쓴 미출간 이론적인 작
　　품들인 「자연권의 학문적인 취급방식에 관하여(Über die wissenschaftlichen
　　Behandlungsarten des Naturrechts)」와 「인륜성의 체계(System der Sittlichkeit)」
　　도 포함되어 있다[후자는 별도로 출판된 적이 있다(Meiner Verlag, Hamburg,

1967)]. 펠친스키(Z. Pelczynski)의 서론이 붙어 있는, 토머스 녹스에 의한 영역본이 있다. *Political Writings*, Oxford, 1964.

*Jenenser Realphilosophie*, I, ed. J. Hoffmeister, Leipzig, 1932. 헤겔이 출간하지 않았던 1803/1804년 강의 노트들을 편집한 것.

*Jenenser Realphilosophie*, II, ed. J. Hoffmeister, Leipzig, 1931 (*Jenaer Realphilos-ophie*로 재출간되었음, Hamburg, 1967). 헤겔이 출간하지 않았던 1805/1806년 강의 노트들을 편집한 것.

*Phänomenologie des Geistes*, ed. G. Lasson/J. Hoffmeister, Hamburg, 1952. 1807년 출간되었지만, 예나 시기 말에 쓰였다. 아놀드 밀러(A. V. Miller)에 의한 영역본이 있다. *Hegel's Phenomenology of Spirit*, Oxford, 1977. 또 다른 번역이 켄리 도브(Kenly R. Dove)에 의해 진행 중이다. 그가 번역한 서문은 다음 책에 실려 있다. M. Heidegger, *Hegel's Concept of Experience*, New York, 1970.

『정신현상학』의 매우 중요한 서문에 대한 발터 카우프만(Walter Kaufmann)의 번역은 그가 쓴 다음 책에 실려 있다. *Hegel: Texts and Commentary*, Anchor edition, New York, 1966.

*Nürnberger Schriften*, ed. J. Hoffmeister, Leipzig, 1938. 이것은 뉘른베르크 시기의 **Philosophical Propaedeutic**을 포함하고 있다.

*Wissenschaft der Logik*, ed. G. Lasson, Hamburg, 1963, 1812-1816년에 뉘른베르크에서 출간되었다. I권은 헤겔이 죽기 전에 두 번째 판을 위해 개정되었다. 종종 '대논리학'이라고도 불린다. 영역본들로는 다음과 같은 것들이 있다. *Hegel's Science of Logic*, trans., W. H. Johnston/L. G. Struthers, London, 1929; *Hegel's Science of Logic*, trans., A. V. Miller,

London, 1969.

*Encyclopädie der philosophischen Wissenschaften im Grundrisse*, Sämtliche Werke[전집]에서 *System der Philosophie*(vols. VIII, IX and X, ed. H. Glockner, Stuttgart, 1927-1930)으로 출간되었다. 1817년 하이델베르크에서 처음 출간되었고, 1827년과 1830년에 저자에 의해서 준비된 두 번째 판들이 나왔다. 논리학(소논리학), 자연철학, 정신철학이 포함되어 있다. 논리학의 영어 번역본으로는 *The Logic of Hegel*(trans., William Wallace, Oxford, 1874), 더 최근에는 *Hegel's Logic*(trans., J. N. Findlay, Oxford, 1975)이 있다. 자연철학의 영어 번역본으로는 *Hegel's Philosophy of Nature*(trans., M. J. Peery, London, 1970)이 있고, 정신철학의 영어 번역본으로는 *Hegel's Philosophy of Mind*(trans., William Wallace/A. V. Miller, Oxford, 1971)가 있다.

*Grundlinien der Philosophie des Rechts*, ed. J. Hoffmeister, Hamburg, 1955, 1821년에 베를린에서 출간되었다. 토머스 녹스에 의한 영어 번역본 *Hegel's Philosophy of Right* (Oxford, 1942)가 있다.

*Berliner Schriften*, ed. J. Hoffmeister, Hamburg, 1956, 베를린 시기의 강연과 논문 등을 모은 것.


## 헤겔 사후 편집된 강의류

역사철학에 관한 것들: *Sämtliche Werke*, vol. XI, also ed. G. Lasson/J. Hoffmeister in 4 volumes: *Die Vernunft in der Geschichte*, Hamburg, 1955; *Die orientalische Welt*, Leipzig, 1923; *Die griechische und römische Welt*, Leipzig, 1923; *Die germanische Welt*, Leipzig, 1920. English translation: by J. Sibtree, *Lectures on the Philosophy of History*, Dover edition,

New York, 1956; of the introduction, by H. B. Nisbet and Duncan Forbes, *Lectures on the Philosophy of World History. Introduction*, Cambridge, 1975.

미학에 관한 것들: *Sämtliche Werke*, vols. XII, XIII and XIV, also Lasson, edition of the introductory part, *Die Idee und das Ideal*, Leipzig, 1921. English translation: by T. M. Knox, *Hegel's Aesthetics*, Oxford, 1975.

종교철학에 관한 것들: *Sämtliche Werke*, vols. XV and XVI; also eds. G. Lasson/J. Hoffmeister in 4 volumes: *Begriff der Religion*, Leipzig, 1925; *Die Naturreligion*, Leipzig, 1927; *Die Religionen der geistigen Individualität*, Leipzig, 1927; *Die absolute Religion*, Leipzig, 1929. English translation: by E. B. Speirs/J. B. Sanderson, *Lectures on the Philosophy of Religion*, 3 vols., New York, 1962.

역사철학에 관한 것들: *Sämtliche Werke*, vols. XVII, XVIII and XIX; also Lasson edition of the introductory part, *Geschichte der Philosphie*, Leipzig, 1940. English translation: by E. S. Haldane/F. H. Simson, *Hegel's Lectures on the History of Philosophy*, 3 vols., London, 1896.


## 읽을 거리들

전기

Fischer, Kuno, *Hegels Leben, Werke und Lehre*, 2 vols., Heidelberg, 1911.

Haering, T., *Hegel: Sein Wollen und sein Werk*, 2 vols., Leipzig and Berlin, 1929, 1938.

Haym, R., *Hegel und seine Zeit*, Berlin, 1957.

Rosenkranz, Karl, *Georg Wilhelm Friedrich Hegels Leben*, Berlin, 1844.

Wiedmann, F., *Hegel: an Illustrated Biography*, New York, 1968.


일반적인 해설서들

Bloch, Ernst, *Subjekt-Objekt: Erläuterungen zu Hegel*, Berlin, 1951.

Colleti, Lucio, *Marxism and Hegel*, London, 1973.

Findlay, J. N., *Hegel: a Re-Examination*, London, 1958.

Kaufmann, Walter, *Hegel: a Re-Interpretation*, New York, 1965.

Kroner, R., *Von Kant bis Hegel*, 2 vols., Tübingen, 1921, 1924.

Marcuse, Herbert, *Reason and Revolution*, New York, 1955.

Mure, G. R. G., *An Introduction to Hegel*, Oxford, 1940. *The Philosophy of
    Hegel*, London, 1965.

Rosen, Stanley, *G. W. F. Hegel: an Introduction to the Science of Wisdom*, New
    Haven, Conn., 1974.

Taylor, Charles, *Hegel*, Cambridge, 1975.


논문집들

Gadamer, H. -G., *Hegel's Dialectic*, New Haven, Conn., 1976.

Grégoire, Franz, *Etudes Hegeliennes*, Louvain and Paris, 1958.

Henrich, Dieter, *Hegel im K on text*, Frankfurt, 1967.

Hypollite, Jean, *Etudes sur Marx et Hegel*, Paris, 1955. English translation: by
    John O'Neill, *Studies on Marx and Hegel*, New York, 1969.

MacIntyre, A. (ed.), *Hegel*, New York, 1972.

Steinkraus, W. E. (ed.), *New Studies in Hegel's Philosophy*, New York, 1971.

Travis, D. C. (ed.), *A Hegel Symposium*, Austin, Texas, 1962.

헤겔의 사상적 발전과 청년 시절에 관한 책들

Asveld, Paul, *La pensée religieuse du jeune Hegel*, Louvain and Paris, 1953.

Dilthey, Wilhelm, "Die Jugendgeschichte Hegels'" in vol. IV of his *Gesammelte Schriften*, Stuttgart, 1962-5.

Haering, T., *Hegel: Sein Wollen und sein Werk*, 2 vols., Leipzig and Berlin, 1929, 1938.

Harris, H. S., *Hegel's Development*, Oxford, 1972.

Lukács György, *Der junge Hegel*, Berlin, 1954. English translation: by Rodney Livingstone, *The Young Hegel*, London, 1975.

Peperzak, Adrien, *Le jeune Hegel et la vision morale du monde*, The Hague, 1960.

Rohrmoser, G., *Théologie et Aliénation dans la pensée du jeune Hegel*, Paris, 1970.


『정신현상학』에 관한 글들

Heidegger, M., 'Hegels Begriff der Erfahrung' in *Holzwege*, Frankfurt, 1950. English translation : *Hegel's Concept of Experience*, New York, 1970.

Hyppolite, Jean, *Genèse et structure de la Phénoménologie de l'Esprit de Hegel*, Paris, 1946.

Kojéve, Alexandre, *Introduction à la lecture de Hegel*, Paris, 1947. English translation: by Allan Bloom, *Introduction to the Reading of Hegel*, New York, 1969.

Shklar, Judith, *Freedom and Independence: a Study of the Political Ideas of Hegel's 'Phenomenology of Mind'*, Cambridge, 1976.

논리학에 관한 책들

Fleischmann, Eugène, *La science universelle*, Paris, 1968.

Hyppolite, Jean, *Logique et Existence*, Paris, 1953.

Mure, G. R. G., *A Study of Hegel's Logic*, Oxford, 1950.

역사와 정치

Avineri, Shlomo, *Hegel's Theory of the Modem State*, Cambridge, 1972.

Bourgeois, Bernard, *La pensée politique de Hegel*, Paris, 1969.

Fleischmann, Eugène, *La philosophie politique de Hegel*, Paris, 1964.

Hyppolite, Jean, *Introduction à la philosophie de l'histoire de Hegel*, Paris, 1947.

Kaufmann, Walter (ed.), *Hegel's Political Philosophy*, New York, 1970.

Kelly, George Armstrong, *Idealism, Politics and History*, Cambridge, 1969.

Marcuse, H., *Reason and Revolution*, New York, 1955.

Pelczynski, Z. (ed.), *Hegel's Political Philosophy*, Cambridge, 1971.

Plant, Raymond, *Hegel*, London, 1973.

Riedel, Manfred, *Studien zu Hegels Rechtsphilosophie*, Frankfurt, 1969.

*Bürgerliche Gesellschaft und Staat bei Hegel*, Neuwied and Berlin, 1970.

Ritter, Joachim, *Hegel und die französische Revolution*, Cologne, 1957.

Rosenzweig, Franz, *Hegel und der Staat*, Berlin and Munich, 1920.

Weil, E., *Hegel et l'Etat*, Paris, 1950.


미학에 관한 책들

Kedney, J. S., *Hegel's Aesthetics*, Chicago, 1885.

Knox, Israel, *The Aesthetic Theories of Kant, Hegel and Schopenhauer*, New
  York, 1936.


종교철학에 관한 책들

Chapelle, Albert, *Hegel el la religion*, Paris, 1967.

Christensen, Darrel (ed.), *Hegel and the Philosophy of Religion*, The Hague,
  1970.

Fackenheim, Emil, *The Religious Dimension of Hegel's Thought*, Bloomington
  and London, 1967.

Iljin, Iwan, *Die Philosophie Hegels als kontemplative Gotteslehre*, Bern, 1946.

Leonard, Andre, *La foi chez Hegel*, Paris, 1970.

Reardon, Bernard, *Hegel's Philosophy of Religion*, London, 1977.

\*인용된 저작에 대한 국내 번역본의 현황은 다음과 같다.


*Glauben und Wissen* ⇒ 『믿음과 지식』

*Hegels theologische Jugendschriften* ⇒ 『청년 헤겔의 신학론집』

*Jenenser Realphilosophie III* ⇒ 『예나 체계기획』 III

*Differenz des Fichte'schen und Schelling'schen Systems* ⇒ 『피히테와 셸링 철학
　　체계의 차이』

*Phänomenologie des Geistes* ⇒ 『정신현상학』

*Wissenschaft der Logik* ⇒ 『대논리학』

*Encyclopädie der philosophischen Wissenschaften im Grundrisse* ⇒ 『철학강요』

*Grundlinien der Philosophie des Rechts* ⇒ 『법철학』